Papst Franziskus

Ein Buch wie Feuer

Die Bibel lesen und leben

PAPST FRANZISKUS

Ein Buch wie Feuer

Die Bibel lesen und leben

herausgegeben von
Stefan von Kempis

In memoriam Dr. Reiner von Kempis
(Katzenelnbogen 1922 – Godesberg 2016) r. i. p.

Stefan von Kempis ist Redakteur in der deutschsprachigen
Abteilung von Radio Vatikan.

Umschlaggestaltung: Finken & Bumiller, Stuttgart
Umschlagmotiv: © sthutterstock, Valeev
Satz: post scriptum | www.post-scriptum.biz
Druck und Bindung: finidr s. r. o., Český Těšín
Printed in the Czech Republic

www.bibelwerk.de

ISBN 978-3-460-32153-3

Inhalt

NEUES TESTAMENT

Vorwort

Der hl. Franz von Assisi hatte ein sehr spezielles Verhältnis zur Bibel. Einerseits hieß er es gut, »die Zeugnisse der Schrift zu lesen« und »den Herrn, unsern Gott, in ihnen zu suchen«. Für sich selbst aber befand er andererseits, nach Angaben seines ersten Biografen Thomas von Celano: »Ich habe mir schon so viel von der Schrift angeeignet, dass es mir zur Betrachtung und Erwägung vollauf genügt. Mehr brauche ich nicht …« Die »Dreigefährtenlegende« des hl. Bonaventura bezeugt eine eigenwillige Art der Bibellektüre des *Poverello* (des »kleinen Armen«), wie der hl. Franz in der frühen Literatur oft genannt wird: Franziskus pflegte die gleichzeitige Meditation verschiedener Schriftstellen, die sich durch das dreimalige Aufschlagen des heiligen Textes ergaben, ein Orakel für seine ersten Begleiter. Zum Gesamtbild gehört dann noch, dass einige der Schriften des hl. Franziskus, etwa das »Offizium vom Leiden des Herrn«, nur so gespickt sind mit Bibelzitaten. Wie gesagt: ein sehr spezielles Verhältnis zum Text der Heiligen Schrift.

Papst Franziskus ist der Erste dieses Namens auf dem Petrusstuhl und er scheint in vielem die Haltung seines Namenspatrons zu teilen. Gegenüber Jugendlichen entfährt ihm schon mal der Satz »Die Seligpreisungen und *Matthäus* 25 – ihr braucht nichts anderes mehr zu lesen« (in Rio, 25.7.13); und immer wieder empfiehlt er, jeder solle doch am besten ein kleines Evangelium in der Jacken- oder Handtasche bei sich tragen und bei Gelegenheit (im Bus oder im Zahnarzt-Wartezimmer) darin lesen – Worte, die stark an das dreimalige Bibelorakel des heiligen Franz erinnern.

Da gibt's noch mehr, was *San* Francesco und *Papa* Francesco in diesem Bereich eint: Nehmen wir das Misstrauen gegenüber wissenschaftlicher Beschäftigung mit der Heiligen Schrift.

»Wer den Gipfel der Armut erreichen will, muss nicht nur auf die Klugheit dieser Welt, sondern im gewissen Sinne auch auf wissenschaftliche Kenntnisse verzichten«, zitiert Bonaventura den Heiligen. Und ganz ähnlich urteilt Papst Bergoglio: Theologie habe, bitte schön, »auf Knien« stattzufinden und der Teufel selbst kenne sich »besser in der Theologie aus als alle Theologen zusammen« (Frühmesse, 26.9.14). Überhaupt solle man nicht glauben, man könne Gott allein durch Lektüre, »in der Bibliothek« (Frühmesse, 26.9.13), begegnen.

Das ist unser erster Befund: Auf den sensiblen Exegeten Benedikt XVI., der als erster Papst der Geschichte Bücher über Jesus schrieb, ist ein lateinamerikanischer Papst gefolgt, der eine ganz andere Einstellung zur Bibel hat. Der ein gerüttelt Maß Misstrauen gegenüber dem in unseren Breiten gern praktizierten Schriftstellen-Sezieren hegt. Und der uns trotzdem (oder vielleicht gerade deswegen?) sehr viel Überraschendes über diese altgewohnten Texte zu sagen hat. Denn gerade weil Franziskus einen neuen, frischen Blick auf die Bibel hat, weil er aus einer anderen Perspektive auf sie sieht, kann er auch uns zu einem neuen Zugang zur Bibel verhelfen. Der Blick macht den Unterschied.

Vor einem Kurzschluss sei allerdings gleich gewarnt. Dieser Papst formuliert elegischer, unschärfer als seine unmittelbaren Vorgänger, ja – aber zugleich weder simpel noch unreflektiert. Wir haben schon bemerkt, dass auch der heilige Franz von Assisi, so sehr er sich auch als Wissenschaftsverächter gerierte, dennoch ein guter Kenner der Schrift war. Mit Papst Franziskus verhält es sich bei näherem Hinhören genauso: Vor allem seine spontanen Ansprachen belegen, dass er ein genauer Kenner der Bibel ist. Aber er hat sie, so scheint's, weniger studiert als meditiert – »bebetet«, wie eine meiner Tanten immer zu sagen pflegte. Und ihn interessiert immer ganz unmittelbar der Sprung vom Lesen (oder Beten) des Textes zum Handeln.

Das ist wohl vor allem der Tatsache geschuldet, dass der erste Jesuit auf dem Stuhl des heiligen Petrus die ignatianische Methode des biblischen Meditierens zutiefst verinnerlicht hat. Als Jesuit hat er sie selbst durchlaufen, als Exerzitienmeister vielen anderen in seinem Orden weitervermittelt. Ignatius, der Gründer des Jesuitenordens, lädt in seinen »Geistlichen Exerzitien« zu einem intensiven Hineinversetzen in die Schilderungen der Evangelien ein; drei der insgesamt vier Exerzitienwochen dienen der Betrachtung von Jesu Leben, Leiden und Auferstehung. Charakterisch für den Ansatz des baskischen Heiligen ist, dass sich der Betrachtende nicht nur jedes Detail der jeweiligen biblischen Episode vergegenwärtigen, sondern sich selbst darin einzeichnen soll. »Die Geschichte der Sache herbeibringen, die ich zu betrachten habe«, nennt Ignatius das.

Hier haben wir das Grundmuster, das auch den Zugang von Papst Franziskus SJ auf die Schrift bestimmt. Die Bibel so zu lesen, ist nicht Analyse, sondern Anverwandlung. Der Text wird als perforativ, als unmittelbar auf die eigene Lebensführung einwirkend erfahren. Wie viel Franziskus diesem Ansatz verdankt, zeigt sich immer wieder in seinen Predigten und Ansprachen. Zum Gleichnis Jesu vom armen Lazarus erklärt er in einer (leider nicht offiziell ins Deutsche übersetzten) Frühmessenpredigt, der reiche Prasser sei vermutlich in einer Limousine mit verdunkelten Scheiben herumgefahren – ein besonders sprechendes Beispiel für das Sichhineinversetzen in die Vorlage. Ähnlich verhält es sich, wenn Franziskus an einem Palmsonntag die Passionserzählung zur Rasterfahndung nach sich selbst mitten im Jerusalemer Geschehen nutzt: »Wer bin ich? … Bin ich wie die Soldaten, die den Herrn schlagen, ihn bespucken, ihn beleidigen, sich mit der Demütigung des Herrn amüsieren? Bin ich wie Simon von Zyrene, der müde von der Arbeit kam, aber den guten Willen hatte, dem Herrn zu helfen, das Kreuz zu tragen? Bin ich wie die, welche am Kreuz vorbeikamen und sich über Jesus lustig machten? ... Bin ich wie jene mutigen Frauen und wie die Mutter Jesu, die dort waren und schweigend litten?« (Predigt, 13.4.14)

In seiner Programmschrift »Evangelii Gaudium« von 2013 gibt der Papst einige ganz konkrete Hinweise, wie man in der Bibel lesen sollte. Zwar spricht er in diesem Zusammenhang speziell Prediger an, doch lassen sich seine Ratschläge problemlos auf jeden Bibelleser beziehen. Zunächst einmal, so schlägt der Papst vor, sollte man mit einem kurzen Gebet den Heiligen Geist anrufen, das Bibellesen also in einen Gebetsrahmen setzen. Und dann sollte man sich richtig Zeit nehmen für einen Textausschnitt: »Um einen biblischen Text auslegen zu können, braucht es Geduld, muss man alle Unruhe ablegen ..., jegliche Besorgnis, die einen bedrängt, beiseiteschieben, um in ein anderes Umfeld gelassener Aufmerksamkeit einzutreten« (Nr. 146). Auf die Haltung kommt es also an; wie der junge Samuel sollten wir sagen: »Rede, Herr, dein Diener hört« (*1 Sam* 3,9).

Und wenn dann der Bibeltext redet, doch ich verstehe ihn nicht? Auch damit muss man rechnen, weiß Franziskus. Er rät dazu, sich zunächst einmal um die »wörtliche Bedeutung« des Abschnitts zu bemühen. »Ich möchte etwas betonen, das offenkundig scheint, aber nicht immer berücksichtigt wird: Der biblische Text, den wir studieren, ist zwei- oder dreitausend Jahre alt, seine Sprache ist ganz verschieden von der, die wir heute benutzen« (Nr. 147). Dem Papst scheint es eher das Problem zu sein, dass wir einen Bibelabschnitt zu schnell in eine bestimmte Richtung deuten – und dass wir allzu schnell meinen, alles verstanden zu haben. »So sehr es uns auch scheinen mag, die Worte zu verstehen, die in unsere Sprache übersetzt sind, bedeutet das nicht, dass wir auch richtig verstehen, was der heilige Verfasser ausdrücken wollte.«

Franziskus weist auf ein paar »Mittel« hin, »die die literarische Analyse« bietet: »auf die Worte achten, die sich wiederholen oder die hervorstechen, die Struktur und die eigene Dynamik eines Textes erkennen, den Platz bedenken, den die Personen einnehmen usw.« Aber Vorsicht: Bei zu viel Analysieren entsteht lediglich »eine Summe verschiedener unzusammenhängender Ideen« – dann ist ein Bibeltext nicht mehr imstande, uns als Ganzes anzurühren. Es sei nicht nötig, »alle kleinen Details eines Textes zu verstehen«, so der Papst: »Das Wichtigste ist, zu entdecken, was die Hauptbotschaft ist, die dem Text Struktur und Einheit verleiht.«

Die Autoren der Bibel hatten beim Verfassen aber auch eine bestimmte »Wirkung« im Blick, die sie beim Leser hervorrufen wollten. Neben der Hauptbotschaft des Textes sollte man also diese angepeilte Wirkung bedenken – und den Text dementsprechend nicht gegen seine ursprüngliche Absicht lesen. »Wenn ein Text geschrieben wurde, um zu trösten, sollte er nicht verwendet werden, um Fehler zu korrigieren … wenn er geschrieben wurde, um etwas über Gott zu lehren, sollte er nicht verwendet werden, um verschiedene theologische Meinungen zu erklären.« Lasst dem Bibeltext sein eigenes Recht, bittet Franziskus sozusagen.

Aber darf man beim »betenden(n) Lesen der Bibel« auch im Hinterkopf haben, was man in der Schule gelernt und in der Predigt darüber gehört hat, oder ist es falsch, das in den Text hineinzutragen? Nein, schreibt der Papst. Es ist sogar nötig, jeden Bibeltext »mit der von der Kirche überlieferten Lehre der gesamten Bibel in Zusammenhang zu bringen«. »Das ist ein wichtiges Prinzip der Bibelauslegung, das die Tatsache berücksichtigt, dass der Heilige Geist nicht nur einen Teil, sondern die ganze Bibel inspiriert hat.« Und trotzdem, dieser Punkt ist ihm sehr wichtig: »Das bedeutet nicht, den eigenen und besonderen Akzent des Textes … abzuschwächen.« Jeder Text der Heiligen Schrift hat nun mal seine »eigene Kraft«, die muss man ihm lassen (Nr. 148).

Es ist eine Kraft, die durch eine Gewissenserforschung nutzbar gemacht werden sollte fürs Leben. »Es ist gut, sich in der Gegenwart Gottes bei einer ruhigen Lektüre des Textes zum Beispiel zu fragen: Herr, was sagt *mir* dieser Text? Was möchtest du mit dieser Botschaft an meinem Leben ändern? … (Gott) lädt immer ein, einen Schritt mehr zu tun … Er möchte einfach, dass wir ehrlich auf unser Leben schauen und es ohne Täuschungen vor seine Augen führen; dass wir bereit sind, weiter zu wachsen, und dass wir ihn um das bitten, was wir noch nicht zu erlangen vermögen« (Nr. 152 f.).

Wer immer wieder in der Heiligen Schrift liest und sich von ihr herausfordern lässt, dem dringt das Wort Gottes nach der festen Überzeugung von Papst Franziskus »tief in seine Gedanken und Gefühle ein … und (erzeugt) in ihm eine neue Gesinnung« – das ist eine Formulierung, die er bei seinem Vorgänger Johannes Paul II. entlehnt (Nr. 150). Das durchdachte, durchbetete, »vernommene und – vor allem in der Eucharistie – gefeierte Wort Gottes nährt und kräftigt die Christen innerlich und befähigt sie zu einem echten Zeugnis des Evangeliums im Alltag« (Nr. 174).

Stefan von Kempis — Rom, im Frühjahr 2016

Hinweis

Die in diesem Buch zusammengetragenen Schriftauslegungen von Papst Franziskus geben in der Regel den vom Vatikan veröffentlichten offiziellen Wortlaut wieder; eigene Übersetzungen sind ausdrücklich ausgewiesen. Die Texte stammen von der Vatikan-Homepage www.vatican.va bzw. aus der Vatikanzeitung »L'Osservatore Romano« (Wochenausgabe in deutscher Sprache). Die Bibelstellen werden nach der Einheitsübersetzung der Hl. Schrift zitiert. Auslassungen sind durch … gekennzeichnet, Hinzufügungen durch ( ).

Die Bibel lesen und leben mit Papst Franziskus Einleitung

Wenn ihr meine Bibel sehen würdet, könnte es sein, dass sie euch nicht besonders imponiert: Was – das ist die Bibel des Papstes? So ein altes, abgegriffenes Buch! Ihr könntet mir eine neue schenken, eine für 1000 Dollar, aber ich würde sie nicht wollen. Ich liebe meine alte Bibel, die mich mein halbes Leben lang begleitet hat. Sie hat meinen Jubel gesehen und sie wurde von meinen Tränen benetzt. Sie ist mein kostbarster Schatz. Ich lebe aus ihr. Für nichts in der Welt würde ich sie hergeben …

Heute gibt es mehr verfolgte Christen als in den Anfangszeiten der Kirche. Und warum werden sie verfolgt? Sie werden verfolgt, weil sie ein Kreuz tragen und Zeugnis für Jesus ablegen. Sie werden verurteilt, weil sie eine Bibel besitzen. Die Bibel ist also ein äußerst gefährliches Buch. So gefährlich, dass man in manchen Ländern so behandelt wird, als würde man Handgranaten im Kleiderschrank horten. Es war ein Nichtchrist, Mahatma Gandhi, der einmal gesagt hat: »Ihr Christen habt in eurer Obhut ein Dokument mit genug Dynamit in sich, die gesamte Zivilisation in Stücke zu blasen, die Welt auf den Kopf zu stellen, dieser kriegszerrissenen Welt Frieden zu bringen. Aber ihr geht damit so um, als ob es bloß ein Stück guter Literatur wäre – sonst weiter nichts.«

Was haltet ihr also in Händen? Ein Stück Literatur? Ein paar schöne alte Geschichten? Dann müsste man den vielen Christen, die sich für die Bibel einsperren und foltern ließen, sagen: Wie dumm wart ihr, es ist doch bloß ein Stück Literatur! Nein, durch das Wort Gottes ist das Licht in die Welt gekommen. Und es wird nie wieder verlöschen. In Evangelii Gaudium (175) habe ich gesagt: »Wir tappen nicht in der Finsternis und müssen nicht darauf warten, dass Gott sein Wort an uns richtet, denn ›Gott hat gesprochen, er ist nicht mehr der große Unbekannte, sondern er hat sich gezeigt‹. Nehmen wir den erhabenen Schatz des geoffenbarten Wortes in uns auf.«

Ihr haltet also etwas Göttliches in Händen: ein Buch wie Feuer! Ein Buch, durch das Gott spricht. Also merkt euch: Die Bibel ist nicht dazu da, um in ein Regal gestellt zu werden, sondern um sie zur Hand zu haben, um oft in ihr zu lesen, jeden Tag, sowohl allein als auch gemeinsam ...

Lest mit Aufmerksamkeit! Bleibt nicht an der Oberfläche wie bei einem Comic! Das Wort Gottes niemals bloß überfliegen! Fragt euch: »Was sagt das meinem Herzen? Spricht Gott durch diese Worte zu mir? Berührt er mich in der Tiefe meiner Sehnsucht? Was muss ich tun?« Nur auf diese Weise kann das Wort Gottes Kraft entfalten. Nur so kann sich unser Leben ändern, kann groß und schön werden.

Ich will euch sagen, wie ich in meiner alten Bibel lese. Oft nehme ich sie her, lese ein bisschen darin, dann lege ich sie weg und lasse mich vom Herrn betrachten. Nicht ich betrachte den Herrn, sondern ER betrachtet mich. ER ist ja da. Ich lasse mich von ihm anblicken. Und ich spüre – das ist keine Sentimentalität –, ich spüre zutiefst die Dinge, die der Herr mir sagt. Manchmal spricht er auch nicht. Ich fühle dann nichts, nur Leere, Leere, Leere ... Aber ich bleibe geduldig da und so warte ich. Lese und bete. Bete im Sitzen, denn es tut mir weh niederzuknien. Manchmal schlafe ich beim Gebet sogar ein. Aber das macht nichts. Ich bin wie ein Sohn beim Vater, und das ist wichtig.

(Vorwort zur Youcat-Jugendbibel, 2015)

ALTES TESTAMENT

Die fünf Bücher des Mose

Genesis

Im Anfang: Der Schöpfungsbericht

1 [1]Im Anfang schuf Gott Himmel und Erde; [2]die Erde aber war
wüst und wirr, Finsternis lag über der Urflut und *Gottes* Geist
schwebte über dem Wasser. [3]Gott sprach: Es werde Licht. Und
es wurde Licht. [4]Gott sah, dass das Licht gut war. Gott schied
das Licht von der Finsternis [5]und Gott nannte das Licht Tag und
die Finsternis nannte er Nacht. Es wurde Abend und es wurde
Morgen: erster Tag.

Gen 1,1–5

Die Schöpfung geht weiter, Jahrhundert um Jahrhundert

Wenn wir im Buch Genesis den Schöpfungsbericht lesen, so riskieren wir, uns vorzustellen, Gott sei ein Magier gewesen mit einem Zauberstab, der alle Dinge verwirklichen kann. Dem ist nicht so. Er hat die Wesen erschaffen und er hat sie entwickeln lassen gemäß den inneren Gesetzen, die er jedem gegeben hat, damit sie sich weiterformen und ihre eigene Fülle erreichen. Er hat den Wesen des Universums die Unabhängigkeit gegeben und hat sie gleichzeitig seiner fortwährenden Präsenz versichert, indem er jeder Realität das Sein gegeben hat. Auf diese Weise dauerte die Schöpfung Jahrhundert um Jahrhundert, Jahrtausend um Jahrtausend fort, bis sie zu der geworden ist, wie wir sie heute kennen, eben weil Gott weder ein Demiurg noch ein Magier ist, sondern der Schöpfer, der allen Dinge das Sein verleiht.

Der Anfang der Welt ist nicht das Werk des Chaos, das seinen Ursprung einem anderen verdankt, nein, es entstammt direkt einem Obersten Prinzip, das die Dinge aus Liebe schafft. Der »Big-Bang«, der Urknall, den man heute an den Anfang der Welt setzt, steht nicht in Widerspruch zum göttlichen Schöpfungsplan, er verlangt nach ihm. Die Evolution in der Natur steht nicht im Kontrast zum Begriff Schöpfung, denn die Evolution setzt die Erschaffung der Wesen voraus, die sich entwickeln.

Was jedoch den Menschen angeht, so gibt es eine Änderung und eine Neuheit. Als am sechsten Tag in der Erzählung der Genesis die Erschaffung des Menschen kommt, gibt Gott dem menschlichen Wesen eine andere Art von Autonomie, eine Autonomie, die sich von jener der Natur unterscheidet: Es ist die Freiheit. Er sagt dem Menschen, allen Dingen den Namen zu geben und im Lauf der Geschichte voranzugehen. Er überträgt ihm die Verantwortung für die Schöpfung, damit er über sie herrscht und sie weiterentwickelt bis ans Ende der Zeiten.

An die Päpstliche Akademie der Wissenschaften, 27.10.14

Jeder ist gewollt

In der ersten Schilderung des Schöpfungswerkes im Buch Genesis schließt der Plan Gottes die Erschaffung der Menschheit ein. Nach der Erschaffung des Menschen heißt es: »Gott sah alles an, was er gemacht hatte: Es war sehr gut« (*Gen* 1,31). Die Bibel lehrt, dass jeder Mensch aus Liebe erschaffen wurde, als Abbild Gottes und ihm ähnlich (vgl. *Gen* 1,26). Diese Aussage macht uns die unermessliche Würde jedes Menschen deutlich; er ist nicht bloß etwas, sondern jemand. Er ist imstande, sich zu erkennen, über sich Herr zu sein, sich in Freiheit hinzugeben und in Gemeinschaft mit anderen Personen zu treten … Was für eine wunderbare Gewissheit ist es, dass das Leben eines jeden Menschen sich nicht in einem hoffnungslosen Chaos verliert, in einer Welt, die dem puren Zufall unterliegt oder Zyklen, die sich sinnlos wiederholen! Der Schöpfer kann zu jedem von uns sagen: »Noch ehe ich dich im Mutterleib formte, habe ich dich ausersehen« (Jer 1,5). Wir wurden im Herzen Gottes »entworfen« und darum gilt: Jeder von uns ist Frucht eines Gedankens Gottes. Jeder ist gewollt, jeder ist geliebt, jeder ist gebraucht. Enzyklika Laudato Si', 24.5.15

Unter der Lupe

1 [27]Gott schuf also den Menschen als sein Abbild; als Abbild Gottes schuf er ihn. Als Mann und Frau schuf er sie.

Gen 1, 27

Mann und Frau: das Meisterwerk der Schöpfung

Wenn eine Liebe scheitert, dann dürfen die Menschen nicht verurteilt werden, sondern sie müssen begleitet werden. Das empfahl Papst Franziskus in der heiligen Messe … (Er) erläuterte, dass »der Herr vom Meisterwerk der Schöpfung spricht«. In der Tat »schuf Gott das Licht und sah, dass es gut war«. Dann »schuf er die Tiere, die Bäume, die Sterne: alles war gut«. Aber »als er den Menschen erschaffen hatte«, da ging er so weit, zu sagen, »dass er sehr gut war«. In der Tat »stellt die Erschaffung des Mannes und der Frau das Meisterwerk der Schöpfung dar«.

Auch deshalb, weil Gott »nicht wollte, dass der Mensch allein bleibt: Er wollte, dass er eine Gefährtin habe, seine Weggefährtin.« Das sei auch der Augenblick gewesen, so sagte der Papst, in dem »die Liebe anfing«. Und gerade die Begegnung zwischen Adam und Eva sei »sehr poetisch«. Gott empfehle ihnen, gemeinsam voranzugehen »als ein Fleisch« … Aber, so der Papst, »dieses Meisterwerk des Herrn ist damals, in den Tagen der Schöpfung, noch nicht beendet worden«. In der Tat habe der

Herr gerade »dieses Bild gewählt, um die Liebe zu erklären, die er seinem Volk entgegenbringt, die Liebe, die ihn mit seinem Volk verbindet«. Eine Liebe, die so groß ist, »dass er, als das Volk ihm untreu wird«, dennoch weiterhin »mit den Worten der Liebe zu ihm spricht« …

Auf diese Art, so erläuterte er, »nimmt der Herr diese Liebe zum Meisterwerk der Schöpfung, um die Liebe zu erklären, die er zu seinem Volk hegt. Und noch einen Schritt weiter: Als Paulus das Mysterium Christi erläutern will, da tut er dies auch im Hinblick auf seine Braut. Denn Christus ist verheiratet: Er hatte die Kirche geheiratet, sein Volk.«

»Das«, so bekräftigte der Papst, »ist die Geschichte der Liebe. Das ist die Geschichte des Meisterwerks der Schöpfung. Und angesichts dieses Wegs der Liebe, angesichts dieses Bildes, fällt die Kasuistik weg und wird Schmerz.« Schmerz angesichts des Scheiterns: »Wenn das Verlassen von Vater und Mutter, um sich mit einer Frau zu vereinen, um ein Fleisch zu sein und so gemeinsam weiterzugehen, wenn diese Liebe scheitert – denn sehr oft scheitert sie –, dann müssen wir den Schmerz dieses Scheiterns spüren.« Und genau in diesem Augenblick müssen wir auch »jene Personen begleiten, die in ihrer Liebe dieses Scheitern erlebt haben«. Man darf sie nicht »verurteilen«, sondern man muss »mit ihnen gehen«. Vor allem aber »mit ihrer Lage keine Kasuistik betreiben«.

All das, so fuhr der Papst fort, lasse uns an »einen Plan der Liebe« denken, an »den Weg der Liebe der christlichen Ehe, die Gott im Meisterwerk seiner Schöpfung gesegnet hat, mit einem Segen, den er niemals wieder entzogen hat. Nicht einmal der Sündenfall hat ihn zerstört.« Und »wenn man daran denkt«, so präzisierte der Papst, dann finde man es ganz natürlich anzuerkennen, »wie schön die Liebe ist, wie schön die Ehe ist, wie schön die Familie ist, wie schön dieser Weg ist«. Frühmesse, 28. 2. 14

Der zweite Schöpfungsbericht

2 [21]Da ließ Gott, der Herr, einen tiefen Schlaf auf den Menschen
fallen, sodass er einschlief, nahm eine seiner Rippen und verschloss ihre Stelle mit Fleisch. [22]Gott, der Herr, baute aus der
Rippe, die er vom Menschen genommen hatte, eine Frau und
führte sie dem Menschen zu. [23]Und der Mensch sprach: Das
endlich ist Bein von meinem Bein / und Fleisch von meinem
Fleisch. / Frau soll sie heißen, / denn vom Mann ist sie genommen.

Gen 2,21–23

Lasst uns Hüter der Schöpfung und unserer Mitmenschen sein
Die Berufung zum Hüten geht … nicht nur uns Christen an; sie hat eine Dimension, die vorausgeht und die einfach menschlich ist, die alle betrifft. Sie besteht darin, die gesamte Schöpfung, die Schönheit der Schöpfung zu bewahren, wie uns im Buch Genesis gesagt wird und wie es uns der heilige Franziskus von Assisi gezeigt hat: Sie besteht darin, Achtung zu haben vor jedem Geschöpf Gottes und vor der Umwelt, in der wir leben. Die Menschen zu hüten, sich um alle zu kümmern, um jeden Einzelnen, mit Liebe, besonders um die Kinder die alten Menschen, um die, welche schwächer sind und oft in unserem Herzen an den Rand gedrängt werden. Sie besteht darin, in der Familie aufeinander zu achten: Die Eheleute behüten sich gegenseitig, als Eltern kümmern sie sich dann um die Kinder und mit der Zeit werden auch die Kinder zu Hütern ihrer Eltern. Sie besteht darin, die Freundschaften in Aufrichtigkeit zu leben; sie sind ein Einander-Behüten in Vertrautheit, gegenseitiger Achtung und im Guten. Im Grunde ist alles der Obhut des Menschen anvertraut und das ist eine Verantwortung, die alle betrifft. Seid Hüter der Gaben Gottes!

Predigt in der Messe zum Amtsantritt, 19.3.13

Der Sündenfall

3 9Gott, der Herr, rief Adam zu und sprach: Wo bist du? 10Er
antwortete: Ich habe dich im Garten kommen hören; da geriet
ich in Furcht, weil ich nackt bin, und versteckte mich. 11Darauf
fragte er: Wer hat dir gesagt, dass du nackt bist? Hast du von
dem Baum gegessen, von dem zu essen ich dir verboten habe?
12Adam antwortete: Die Frau, die du mir beigesellt hast, sie hat
mir von dem Baum gegeben und so habe ich gegessen.

Gen 3,9–12

Drei zerbrochene Beziehungen

Die Schöpfungsberichte im Buch Genesis enthalten in ihrer symbolischen und narrativen Sprache tiefgründige Lehren über das Menschsein und seine historische Wirklichkeit. Diese Erzählungen deuten an, dass sich das menschliche Dasein auf drei fundamentale, eng miteinander verbundene Beziehungen gründet: die Beziehung zu Gott, zum Nächsten und zur Erde. Der Bibel zufolge sind diese drei lebenswichtigen Beziehungen zerbrochen, nicht nur äußerlich, sondern auch in unserem Innern. Dieser Bruch ist die Sünde. Die Harmonie zwischen dem Schöpfer, der Menschheit und der gesamten Schöpfung wurde zerstört durch unsere Anmaßung, den Platz Gottes einzunehmen, da wir uns geweigert haben anzuerkennen, dass wir begrenzte Geschöpfe sind. Diese Tatsache verfälschte auch den Auftrag, uns die Erde zu »unterwerfen« (vgl. *Gen* 1,28) und sie zu »bebauen« und zu »hüten« (vgl. *Gen* 2,15). Als Folge verwandelte sich die ursprünglich harmonische Beziehung zwischen dem Menschen und der Natur in einen Konflikt (vgl. *Gen* 3,17–19) …

Wir sind nicht Gott. Die Erde war schon vor uns da und ist uns gegeben worden. Das gestattet, auf eine Beschuldigung gegenüber dem jüdisch-christlichen Denken zu antworten: Man hat gesagt, seit dem Bericht der Genesis, der einlädt, sich die Erde zu »unterwerfen« (vgl. *Gen* 1,28), werde die wilde Ausbeutung der Natur begünstigt durch die Darstellung des Menschen als herrschend und destruktiv. Das ist keine korrekte Interpretation der Bibel, wie die Kirche sie versteht. Wenn es stimmt, dass wir Christen die Schriften manchmal falsch interpretiert haben, müssen wir heute mit Nachdruck zurückweisen, dass aus der Tatsache, als Abbild Gottes erschaffen zu sein, und dem Auftrag, die Erde zu beherrschen, eine absolute Herrschaft über die anderen Geschöpfe gefolgert wird. Es ist wichtig, die biblischen Texte in ihrem Zusammenhang zu lesen, mit einer geeigneten Hermeneutik, und daran zu erinnern, dass sie uns einladen, den Garten der Welt zu »bebauen« und zu »hüten« (vgl. *Gen* 2,15). Während »bebauen« kultivieren, pflügen oder bewirtschaften bedeutet, ist mit »hüten« schützen, beaufsichtigen, bewahren, erhalten, bewachen gemeint. Das schließt eine Beziehung verantwortlicher Wechselseitigkeit zwischen dem Menschen und der Natur ein. Jede Gemeinschaft darf von der Erde das nehmen, was sie zu ihrem Überleben braucht, hat aber auch die Pflicht, sie zu schützen und das Fortbestehen ihrer Fruchtbarkeit für die kommenden Generationen zu gewährleisten. Denn »dem Herrn gehört die Erde« (*Ps* 24,1), ihm gehört letztlich »die Erde und alles, was auf ihr lebt« (*Dtn* 10,14). Darum lehnt Gott jeden Anspruch auf absolutes Eigentum ab: »Das Land darf nicht endgültig verkauft werden; denn das Land gehört mir und ihr seid nur Fremde und Halbbürger bei mir« (*Lev* 25,23) …

Während wir die Dinge in verantwortlicher Weise gebrauchen dürfen, sind wir zugleich aufgerufen zu erkennen, dass die anderen Lebewesen vor Gott einen Eigenwert besitzen und ihn »schon allein durch ihr Dasein preisen und verherrlichen«, denn der Herr freut sich seiner Werke (vgl. *Ps* 104,31). Gerade wegen seiner einzigartigen Würde und weil er mit Vernunft begabt ist,

ist der Mensch aufgerufen, die Schöpfung mit ihren inneren Gesetzen zu respektieren, denn »der Herr hat die Erde mit Weisheit gegründet« (*Spr* 3,19). Heute sagt die Kirche nicht einfach, dass die anderen Geschöpfe dem Wohl des Menschen völlig untergeordnet sind, als besäßen sie in sich selbst keinen Wert und wir könnten willkürlich über sie verfügen. Darum lehren die Bischöfe Deutschlands: Bei den anderen Geschöpfen »könnte man von einem Vorrang des Seins vor dem Nützlichsein sprechen«.

Enzyklika Laudato Si', 24.5.15

Kain und Abel

4 8Hierauf sagte Kain zu seinem Bruder Abel: Gehen wir aufs
Feld! Als sie auf dem Feld waren, griff Kain seinen Bruder Abel
an und erschlug ihn. 9Da sprach der Herr zu Kain: Wo ist dein
Bruder Abel? Er entgegnete: Ich weiß es nicht. Bin ich der Hüter
meines Bruders? 10Der Herr sprach: Was hast du getan? Das Blut
deines Bruders schreit zu mir vom Ackerboden. Gen 4,8–10

Meditation: Die Geschichte von Kain und Abel auf dem Hintergrund der Flüchtlingsdramen von heute
»Wo ist dein Bruder?« Sein Blut schreit bis zu mir, sagt Gott. Das ist keine Frage, die an andere gerichtet ist, es ist eine Frage, die an mich, an dich, an jeden von uns gerichtet ist. Diese Brüder und Schwestern von uns suchten, schwierigen Situationen zu entkommen, um ein wenig Sicherheit und Frieden zu finden; sie suchten einen besseren Ort für sich und ihre Familien, doch sie fanden den Tod. Die dies suchen, wie oft finden sie kein Verständnis, finden sie keine Aufnahme und Solidarität! Und ihre Stimmen dringen bis zu Gott! Und noch einmal danke ich euch, den Einwohnern von Lampedusa, für eure Solidarität. Neulich

habe ich einen von diesen Brüdern gehört. Bevor sie hierherkamen, passierten sie die Hände der Menschenhändler, welche die Armut der anderen ausnutzen, diese Leute, für die die Armut der anderen eine Einnahmequelle ist. Wie viel haben sie gelitten! Und einige haben es nicht geschafft, hierherzukommen …

Gott fragt einen jeden von uns: »Wo ist dein Bruder, dessen Blut zu mir schreit?« Niemand in der Welt fühlt sich heute dafür verantwortlich; wir haben den Sinn für brüderliche Verantwortung verloren … Die Wohlstandskultur, die uns dazu bringt, an uns selbst zu denken, macht uns unempfindlich gegen die Schreie der anderen; sie lässt uns in Seifenblasen leben, die schön, aber nichts sind, die eine Illusion des Nichtigen, des Flüchtigen sind, die zur Gleichgültigkeit gegenüber den anderen führen, ja zur Globalisierung der Gleichgültigkeit …

»Adam, wo bist du?«, »Wo ist dein Bruder?« sind die zwei Fragen, die Gott am Anfang der Geschichte der Menschheit stellt und die er ebenso an alle Menschen unserer Zeit, auch an uns richtet. Ich möchte aber, dass wir eine dritte Frage anfügen: »Wer von uns hat darüber und über Geschehen wie diese geweint?« Wer hat geweint über den Tod dieser Brüder und Schwestern? Wer hat geweint um diese Menschen, die im Boot waren? Um die jungen Mütter, die ihre Kinder mit sich trugen? Um diese Männer, die sich nach etwas sehnten, um ihre Familien unterhalten zu können? Wir sind eine Gesellschaft, die die Erfahrung des Weinens, des »Mit-Leidens« vergessen hat!

Predigt beim Besuch auf Lampedusa, 8.7.13

Noach und die Sintflut

6 [13]Da sprach Gott zu Noach: Ich sehe, das Ende aller Wesen
aus Fleisch ist da; denn durch sie ist die Erde voller Gewalttat.

Nun will ich sie zugleich mit der Erde verderben. [14]Mach dir eine Arche aus Zypressenholz! Statte sie mit Kammern aus und dichte sie innen und außen mit Pech ab! [17]Ich will nämlich die Flut über die Erde bringen …

Genesis 6,13–14.17

Ein guter Mensch ist genug, um die Hoffnung nicht untergehen zu lassen

Die Unachtsamkeit in dem Bemühen, eine angemessene Beziehung zu meinem Nächsten zu pflegen und zu erhalten, für den ich sorgen und den ich behüten muss, zerstört meine innere Beziehung zu mir selbst, zu den anderen, zu Gott und zur Erde. Wenn alle diese Beziehungen vernachlässigt werden, wenn die Gerechtigkeit nicht mehr im Lande wohnt, dann – sagt uns die Bibel – ist das gesamte Leben in Gefahr. Das ist es, was uns die Erzählung von Noach lehrt, als Gott droht, die Menschheit zu vernichten wegen ihrer andauernden Unfähigkeit, entsprechend den Anforderungen von Gerechtigkeit und Frieden zu leben: »Ich sehe, das Ende aller Wesen aus Fleisch ist da; denn durch sie ist die Erde voller Gewalttat« (*Gen* 6,13). In diesen so alten, an tiefem Symbolismus überreichen Erzählungen war schon eine heutige Überzeugung enthalten: dass alles aufeinander bezogen ist und dass die echte Sorge für unser eigenes Leben und unsere Beziehungen zur Natur nicht zu trennen ist von der Brüderlichkeit, der Gerechtigkeit und der Treue gegenüber den anderen.

Obwohl »auf der Erde die Schlechtigkeit des Menschen zunahm« (*Gen* 6,5) und es Gott »reute […], auf der Erde den Menschen gemacht zu haben« (*Gen* 6,6), entschied er doch, über Noach, der noch rechtschaffen und gerecht geblieben war, einen Weg zur Rettung zu öffnen. So gab er der Menschheit die Möglichkeit zu einem neuen Anfang. Ein guter Mensch ist genug, um die Hoffnung nicht untergehen zu lassen!

Enzyklika Laudato Si', 24.5.15

Der Turmbau von Babel

11 [4]Dann sagten sie: Auf, bauen wir uns eine Stadt und einen Turm mit einer Spitze bis zum Himmel und machen wir uns damit einen Namen, dann werden wir uns nicht über die ganze Erde zerstreuen. Gen 11,4

Rückblick auf Babel, vom Pfingstfest aus
In Babel hatte, dem biblischen Bericht zufolge, die Zerstreuung der Völker und die Verwirrung der Sprachen begonnen, Frucht der Geste des Hochmuts und des Stolzes des Menschen, der nur aus eigenen Kräften und ohne Gott »eine Stadt und einen Turm mit einer Spitze bis zum Himmel« bauen wollte (*Gen* 11,4). An Pfingsten werden diese Spaltungen überwunden. Es gibt keinen Hochmut gegenüber Gott mehr und auch nicht die Verschlossenheit der einen gegenüber den anderen, sondern es gibt die Öffnung für Gott, es gibt das Herausgehen, um sein Wort zu verkündigen: eine neue Sprache, die Sprache der Liebe, die der Heilige Geist in die Herzen ausgießt (vgl. *Röm* 5,5); eine Sprache, die alle verstehen können …

Manchmal scheint sich heute das zu wiederholen, was in Babel geschehen ist: Spaltungen, Unfähigkeit, einander zu verstehen, Konkurrenzdenken, Neid, Egoismus. Was tue ich mit meinem Leben? Schaffe ich Einheit um mich herum? Oder spalte ich, durch Geschwätz, Kritik, Neid? Was tue ich? Denken wir darüber nach! Generalaudienz, 22.5.13

Abraham hört Gottes Ruf und bricht auf

12 [1]Der Herr sprach zu Abram: Zieh weg aus deinem Land, von deiner Verwandtschaft und aus deinem Vaterhaus in das Land,

das ich dir zeigen werde. [2]Ich werde dich zu einem großen Volk machen, dich segnen und deinen Namen groß machen. Ein Segen sollst du sein.
Gen 12,1–2

Gott bildet sich ein Volk

In dieser Berufung ruft Gott Abraham nicht allein, als Einzelnen, sondern er bezieht von Anfang an seine Familie, seine Verwandtschaft und alle ein, die im Dienst an seinem Haus stehen. Als er erst einmal unterwegs ist – ja, so macht sich die Kirche auf den Weg –, erweitert Gott dann den Horizont noch mehr und erfüllt Abraham mit seinem Segen, verheißt ihm eine Nachkommenschaft, die so zahlreich sein wird wie die Sterne am Himmel und wie der Sand am Meer. Der erste wichtige Punkt ist genau dies: Von Abraham ausgehend, bildet Gott ein Volk, damit es allen Familien der Erde seinen Segen bringen möge. Und in diesem Volk wird Jesus geboren …

Ein zweites Element: Nicht Abraham ist es, der ein Volk um sich gründet, sondern Gott ist es, der diesem Volk Leben schenkt. Gewöhnlich wandte sich der Mensch an die Gottheit: er versuchte, die Distanz zu überwinden, und bat um Unterstützung und Schutz. Die Menschen beteten zu den Göttern, den Gottheiten. In diesem Fall dagegen erlebt man etwas nie Dagewesenes: Gott selbst ergreift die Initiative. Hören wir das: Gott selbst klopft an Abrahams Tür und sagt zu ihm: Vorwärts, zieh weg aus deinem Land …

Und das ist der Anfang der Kirche … Gott ergreift die Initiative und richtet sein Wort an den Menschen, stellt zu ihm eine Bindung und eine neue Beziehung her. »Aber Vater, wie geht das? Gott spricht mit uns?« »Ja.« »Und wir können mit Gott sprechen?« »Ja.« »Können wir denn mit Gott ein Gespräch führen?« »Ja.« Das nennt man Gebet, aber Gott hat es von Anfang an getan. So bildet Gott ein Volk mit allen, die sein Wort hören und sich im Vertrauen auf ihn auf den Weg machen. Das ist die einzige Bedingung: Gott vertrauen. Wenn du Gott vertraust, hörst du auf ihn und machst dich auf den Weg. Das bedeutet, Kirche zu schaffen. Generalaudienz, 18.6.14

Abraham teilt das Land mit Lot und erhält eine Verheißung Gottes

13 [8]Da sagte Abram zu Lot: Zwischen mir und dir, zwischen
meinen und deinen Hirten soll es keinen Streit geben; wir sind
doch Brüder. [9]Liegt nicht das ganze Land vor dir? Trenn dich
also von mir! Wenn du nach links willst, gehe ich nach rechts;
wenn du nach rechts willst, gehe ich nach links. Gen 13,8–9

Wir sind im Singular berufen worden

Der Weg zum Frieden im Nahen Osten ist jener, den die »Weisheit« Abrahams, des gemeinsamen Vaters im Glauben für Juden, Christen und Muslime, uns gewiesen hat. Das sagte Papst Franziskus bei der Messe … unter Bezug auf Kapitel 13 der Genesis. »Wenn ich diesen Text lese, dann denke ich an den Nahen Osten und bitte den Herrn sehr darum, dass er uns allen Weisheit verleihe, diese Weisheit: Streiten wir nicht – du dort, ich hier – um den Frieden«, sagte er zu Beginn der Predigt. Und Abraham, so ergänzte er, erinnere uns auch daran, dass »niemand nur zufällig ein Christ ist«, da Gott uns bei unserem Namen und mit »einer Verheißung« rufe …

Abraham, so betonte der Papst, »bricht mit einer Verheißung aus seiner Heimat auf. Seine ganze Reise besteht darin, dieser Verheißung entgegenzugehen. Und sein Weg ist auch ein Vorbild für unseren Weg. Gott ruft Abraham, einen einzelnen Menschen, und aus diesem Menschen lässt er ein Volk werden. Wenn wir zum Buch Genesis gehen, an den Anfang, zur Schöpfung, können wir lesen, wie Gott die Sterne erschafft, die Pflanzen erschafft, die Tiere erschafft.« Alles im Plural. Aber »er schafft den Menschen: Singular. Einen. Gott spricht immer im Singular zu uns, weil er uns nach seinem Bild und ihm ähnlich erschaffen hat. Und Gott spricht im Singular zu uns und hat zu Abraham gesprochen, er hat ihm etwas verheißen und hat ihn dazu aufgefordert, sein Land zu verlassen.« Auch »wir Christen«, so fuhr der Papst fort, »sind im Singular berufen worden. Niemand von uns ist Christ durch einen bloßen Zufall: Niemand. Es gibt einen Ruf für dich, für dich, für dich.« Es sei ein Ruf »beim Namen, mit einer Verheißung: Geh voran, ich bin bei dir, ich gehe an deiner Seite« …

Frühmesse, 25.6.13

Saras später Segen

17 15 Weiter sprach Gott zu Abraham: Deine Frau Sarai sollst du
nicht mehr Sarai nennen, sondern Sara (Herrin) soll sie heißen.
16 Ich will sie segnen und dir auch von ihr einen Sohn geben. Ich
segne sie, sodass Völker aus ihr hervorgehen; Könige über Völker sollen ihr entstammen. 17 Da fiel Abraham auf sein Gesicht
nieder und lachte. Er dachte: Können einem Hundertjährigen
noch Kinder geboren werden und kann Sara als Neunzigjährige
noch gebären?

Gen 17,15–17

Der Herr kommt nicht immer auf dieselbe Weise

(In diesem Text) »sehen wir, wie der Herr Schritt für Schritt, ganz langsam, ins Leben Abrahams tritt. Als Abraham bereits 89 Jahre alt war«. Gott habe ihm die Geburt eines Sohnes zugesichert. »Heute haben wir gelesen, dass er ihm im Alter von 99 Jahren, zehn Jahre später, einen Sohn verspricht. Zehn Jahre sind vergangen. Die Weisen sagen uns: Ein Tag ist für den Herrn wie tausend Jahre und tausend Jahre sind wie ein Tag«, betonte der Papst.

»Der Herr«, so fügte er hinzu, »folgt immer seiner eigenen Methode, um in unser Leben einzutreten. Oft tut er das so langsam, dass wir Gefahr laufen, ein wenig die Geduld zu verlieren: ›aber, Herr, wann?‹ Und wir beten und beten, aber sein Eingriff in unser Leben erfolgt nicht.« Andere Male hingegen »denken wir an das, was uns der Herr verheißen hat, aber das ist so großartig, dass wir ein wenig misstrauisch sind, ein wenig skeptisch, und dass wir wie Abraham insgeheim darüber lachen«. Tatsächlich »sagt uns« die Passage aus der Genesis, »dass Abraham sein Gesicht verbarg und lachte. Ein wenig Skepsis: Können einem Hundertjährigen noch Kinder geboren werden und kann meine Frau als Neunzigjährige noch gebären?« Und »dasselbe«, so fügte der Papst hinzu, »wird Sara bei den Eichen von Mambre tun, als die drei Engel dem Abraham« die Verkündigung wiederholen, »während sie ein wenig hinter dem Zelteingang verborgen war; sie spionierte im Verborgenen, um zu hören, wovon die Männer sprachen, aber das ist schon immer so gewesen … Und als sie das hörte, lachte sie. Sie lachte aus Skepsis.«

Papst Franziskus machte darauf aufmerksam, dass bei uns dasselbe zu geschehen pflegt: »Wie oft werden wir, wenn der Herr nicht kommt, keine Wunder tut und nicht das tut, was wir gerne hätten, dass er tun solle, entweder ungeduldig – ›Aber er tut es nicht!‹ – oder skeptisch: ›Er kann es nicht tun!‹« »Der Herr lässt sich seine Zeit«, so fuhr der Papst fort, »aber auch er hat in dieser Beziehung mit uns sehr viel Geduld. Wir sind keineswegs die Einzigen, die Geduld haben müssen. Er hat Geduld, er wartet auf uns. Und er wartet auf uns bis ans Lebensende, gemeinsam mit dem guten Schächer, der genau am Ende Gott erkannt hat. Der Herr geht mit uns, aber oft lässt er sich nicht sehen, wie im Fall der Jünger von Emmaus.« »Der Herr«, sagte der Papst weiter, »ist in unser Leben involviert, das ist gewiss, aber oft sehen wir ihn nicht. Und das verlangt uns Geduld ab. Aber der Herr, der mit uns geht, hat selbst auch sehr viel Geduld mit uns: das Mysterium der Geduld Gottes, der sich im Gehen unserem Schritttempo anpasst.« Frühmesse, 28.6.13

Abraham feilscht mit Gott

> **18** [23]Er trat näher und sagte: Willst du auch den Gerechten mit den Ruchlosen wegraffen? [25]Das kannst du doch nicht tun, die Gerechten zusammen mit den Ruchlosen umbringen. Dann ginge es ja dem Gerechten genauso wie dem Ruchlosen. Das kannst du doch nicht tun. Sollte sich der Richter über die ganze Erde nicht an das Recht halten? Gen 18,23.25

Wie in einem phönizischen Laden
Abraham wende sich so an Gott, wie er sich an jeden beliebigen Menschen wende, er lege das Problem dar und insistiere: »Vielleicht gibt es fünfzig Gerechte in der Stadt? Und wenn sich vierzig fänden ... dreißig ... zwanzig ... zehn?« Der Papst erinnerte daran, dass Abraham bereits über hundert Jahre alt gewesen sei. Er habe seit ungefähr fünfundzwanzig Jahren mit dem Herrn gesprochen und in ihm sei eine gründliche Kenntnis Gottes herangereift. Und folglich wende er sich an den Herrn, um ihn zu fragen, »was er mit dieser sündigen Stadt tun wird. Abraham verspürt die Kraft, von Angesicht zu Angesicht mit dem Herrn zu sprechen, und er versucht, diese Stadt zu verteidigen. Er ist beharrlich.« Er verspüre, so erläuterte der Papst weiter, dass ihm dieses Land gehöre, und folglich versuche er, das zu retten, was sein Eigentum sei. Aber, so warnt er, er spürt auch, dass er das verteidigen muss, was ein Eigentum des Herrn sei. »Abra-

ham«, so erläuterte Papst Franziskus, »ist ein mutiger Mann und er betet mutig.« Im Übrigen sei das Erste, was man in der Bibel bemerke, gerade die Bekräftigung, dass »das Gebet mutig sein muss«. Wenn wir von Mut sprechen, »dann denken wir immer an den apostolischen Mut«, an den Mut, der uns dazu bringt, »hinzugehen und das Evangelium zu verkündigen«.

Gleichwohl existiere aber »auch der Mut vor dem Herrn, die *Parrhesia* vor dem Herrn: mutig vor den Herrn treten, um etwas von ihm zu erbitten«. Und »Abraham spreche auf eine ganz besondere Art mit dem Herrn, mit eben dieser Art von Mut«. Der Papst vergleicht Abrahams Gebet mit einem »phönizischen Laden«, in dem man über Preise feilsche und ihn bitte, einem so weit wie möglich entgegenzukommen, um den Preis zu drücken. Abraham insistierte und »es ist ihm gelungen, den Preis von fünfzig auf zehn zu drücken«, obwohl er wusste, dass es unmöglich war, zu verhindern, dass die sündigen Städte bestraft würden. Aber er musste sich für sie verwenden, um »einen Gerechten, seinen Vetter« zu retten. Mutig, beharrlich, aber er machte weiter.

Wie oft, erinnerte der Papst, mag es einem jeden von uns passiert sein, dass wir für jemanden gebetet haben, indem wir gesagt hätten: »Herr, ich bitte dich für diesen, für jenen …« Aber »wenn man will, dass der Herr eine Gnade gewähre«, so unterstrich der Bischof von Rom, »dann muss man mutig hingehen und das tun, was Abraham getan hat, mit Nachdruck. Jesus selbst sagt zu uns, dass wir auf diese Art beten sollen« …

»Beharrlich sein, mutig [im Gebet]. Das ist ermüdend, das ist war, aber das ist das Gebet. Das heißt, von Gott eine Gnade zu erlangen.« Der Papst hielt sich dann auch dabei auf, in welcher Form sich Abraham an den Herrn wende: »Er sagt nicht ›ach die Ärmsten, sie werden verbrannt werden … vergib ihnen doch. Möchtest du das tun?‹ Er greift hingegen die Beweggründe von

Gottes eigenem Herzen auf… Die Anregung bestehe also darin, das Herz des Herrn anzusprechen. Frühmesse, 1.7.13

Josef und seine Brüder

42 [1]Als Jakob erfuhr, dass es in Ägypten Getreide zu kaufen gab,
sagte er zu seinen Söhnen: Warum schaut ihr einander so an?
[2]Und er sagte: Ich habe gehört, dass es in Ägypten Getreide zu
kaufen gibt. Zieht hin und kauft dort für uns Getreide, damit
wir am Leben bleiben und nicht sterben müssen. [7]Als Josef seine
Brüder sah, erkannte er sie. Gen 42,1–2.7

Statt Nahrung fanden sie einen Bruder
Die Christen ohne Hoffnung schweifen im Leben umher; sie sind nicht fähig voranzugehen. Wir sind nur dann sicher, wenn wir in der Gegenwart Jesu, des Herrn, wandeln. Er erleuchtet uns, er schenkt uns seinen Geist, um gut voranzugehen. Ich denke an Jakob, den Enkel Abrahams. Er lebte dort in aller Ruhe mit seinen Kindern. Aber an einem bestimmten Punkt kam die Hungersnot und er sagte zu seinen Söhnen, zu seinen elf Söhnen, von denen zehn des Verrats schuldig waren, weil sie ihren Bruder verkauft hatten: »Zieht nach Ägypten, geht dorthin, um Nahrung zu kaufen, denn wir haben Geld, aber wir haben keine Nahrung. Nehmt Geld mit und kauft sie dort, wo es sie geben soll.« Und sie machten sich auf den Weg: Statt Nahrung zu finden, haben sie einen Bruder gefunden! Und das ist wunderschön!

Wenn man in der Gegenwart Gottes geht, gibt es diese Brüderlichkeit. Wenn wir dagegen stillstehen, schauen wir einander zu sehr an, geraten wir auf einen anderen Weg … einen ganz schlechten, schlimmen! Den Weg des Geschwätzes.

In der pfingstkirchlichen Gemeinde von Caserta, 28.7.14

Exodus

Gott erscheint dem Mose

> **3** [3]Mose sagte: Ich will dorthin gehen und mir die außergewöhn-
> liche Erscheinung ansehen. Warum verbrennt denn der Dorn-
> busch nicht? [4]Als der Herr sah, dass Mose näher kam, um sich
> das anzusehen, rief Gott ihm aus dem Dornbusch zu: Mose,
> Mose! Er antwortete: Hier bin ich.
>
> Ex 3,3–4

Gott sagt nicht: Ich bin der Allmächtige …

Wir sind nicht isoliert und wir sind keine individuellen Christen, jeder für sich, nein, unsere christliche Identität ist Zugehörigkeit! Wir sind Christen, weil wir zur Kirche gehören. Es ist wie ein Nachname: Wenn der Name lautet »Ich bin Christ«, so lautet der Nachname »Ich gehöre zur Kirche.« Es ist sehr schön zu sehen, dass diese Zugehörigkeit auch in dem Namen zum Ausdruck kommt, den Gott sich selbst gibt. In seiner Antwort an Mose, im wunderschönen Bericht vom »brennenden Dornbusch« (vgl. *Ex* 3,15), bezeichnet er sich nämlich als »der Gott eurer Väter«. Er sagt nicht: Ich bin der Allmächtige …, nein: Ich bin der Gott Abrahams, der Gott Isaaks, der Gott Jakobs. Auf diese Weise offenbart er sich als der Gott, der mit unseren Vätern einen Bund geschlossen hat und der seinem Pakt immer treu bleibt und uns auffordert, einzutreten in diese Beziehung, die uns vorausgeht. Diese Beziehung Gottes mit seinem Volk geht uns allen voraus, kommt aus jener Zeit. In diesem Sinne geht der Gedanke an erster Stelle, mit Dankbarkeit, an jene, die uns vorausgegangen sind und uns in die Kirche aufgenommen haben. Keiner wird Christ aus sich heraus! Ist das klar?

Generalaudienz, 25.6.14

Durchzug durch das Rote Meer

14 21 Mose streckte seine Hand über das Meer aus und der Herr
trieb die ganze Nacht das Meer durch einen starken Ostwind
fort. Er ließ das Meer austrocknen und das Wasser spaltete sich.
22 Die Israeliten zogen auf trockenem Boden ins Meer hinein,
während rechts und links von ihnen das Wasser wie eine Mauer
stand.

Ex 14,21–22

Gott bringt Neues

Das *Neue* macht uns immer ein wenig Angst, denn wir fühlen uns sicherer, wenn wir alles unter Kontrolle haben, wenn wir es sind, die unser Leben nach unseren Mustern, unseren Sicherheiten, nach unserem Geschmack aufbauen, programmieren und planen. Und das geschieht auch gegenüber Gott. Oft folgen wir ihm, nehmen ihn an, aber nur bis zu einem gewissen Punkt. Es fällt uns schwer, uns in vollem Vertrauen ihm hinzugeben und zuzulassen, dass der Heilige Geist die Seele unseres Lebens ist und die Führung über all unsere Entscheidungen übernimmt. Wir haben Angst, Gott könne uns neue Wege gehen lassen, uns herausführen aus unserem oft begrenzten, geschlossenen, egoistischen Horizont, um uns für seine Horizonte zu öffnen. Doch in der gesamten Heilsgeschichte ist es so: Wenn Gott sich offenbart, bringt er Neues – Gott bringt immer Neues –, verwandelt und verlangt, dass man ihm völlig vertraut: Noach baut eine von allen belächelte Arche und wird gerettet; Abraham verlässt sein Land und hat nichts in der Hand als eine Verheißung; Mose nimmt es mit der Macht des Pharao auf und führt das Volk in die Freiheit …

Fragen wir uns heute: Sind wir offen für die »Überraschungen Gottes«? Oder verschließen wir uns ängstlich vor der Neuheit des Heiligen Geistes? Sind wir mutig, die neuen Wege zu beschreiten, die die Neuheit Gottes uns anbietet, oder verteidigen wir uns, eingeschlossen in vergängliche Strukturen, die ihre Aufnahmefähigkeit verloren haben? Es wird uns guttun, diese Fragen im Tagesverlauf immer vor Augen zu haben.

Predigt, 19. 5. 13

Israels Kampf gegen Amalek

> **17** [11]Solange Mose seine Hand erhoben hielt, war Israel stärker; sooft er aber die Hand sinken ließ, war Amalek stärker.

Ex 17,11

Unsere Waffe ist das Gebet

Tag und Nacht zu Gott schreien! Dieses Bild des Betens beeindruckt uns. Doch fragen wir uns: Warum will Gott das? Kennt er nicht schon unsere Bedürfnisse? Welchen Sinn hat es, bei Gott nicht nachzulassen? Das ist eine gute Frage, die uns einen sehr wichtigen Aspekt des Glaubens vertiefen lässt: Gott lädt uns nicht zum beharrlichen Gebet ein, weil er nicht weiß, wessen wir bedürfen, oder weil er uns nicht zuhört. Im Gegenteil, er hört immer und kennt uns alle, mit Liebe. Auf unserem täglichen Weg, besonders in den Schwierigkeiten, beim Kampf gegen das Böse in uns und um uns ist der Herr nicht fern, er steht an unserer Seite. Wir kämpfen zusammen mit ihm, der neben uns ist, und unsere Waffe ist gerade das Gebet, das uns seine Gegenwart neben uns, sein Erbarmen, auch seine Hilfe verspüren lässt. Doch der Kampf gegen das Böse ist hart und lang, er fordert Geduld und Widerstandskraft – wie Mose, der seine Hand erhoben halten musste, um sein Volk siegen zu lassen (vgl. *Ex* 17,8–13). So ist es: Es ist ein Kampf, den es jeden Tag auszutragen gilt …

Angelus, 20. 10. 13

Die Zehn Gebote

20 [1]Dann sprach Gott alle diese Worte: [2]Ich bin Jahwe, dein
Gott, der dich aus Ägypten geführt hat, aus dem Sklavenhaus.
[3]Du sollst neben mir keine anderen Götter haben. [18]Das ganze
Volk erlebte, wie es donnerte und blitzte, wie Hörner erklangen
und der Berg rauchte. Da bekam das Volk Angst, es zitterte und
hielt sich in der Ferne.

Ex 20,1–3.18

Ein Hymnus an das Ja zum Leben

Vielleicht erscheint er uns als ein strenger Richter, als jemand, der unsere Freiheit zu leben einschränkt. Aber die ganze Heilige Schrift erinnert uns doch daran, dass Gott der Lebende ist, derjenige, der das Leben schenkt und den Weg zum erfüllten Leben weist … Ich denke auch an das Geschenk der Zehn Gebote: ein Weg, den Gott uns weist, zu einem wirklich freien Leben, zu einem erfüllten Leben. Sie sind kein Hymnus an das Nein – dies darfst du nicht tun, dies darfst du nicht tun, dies darfst du nicht tun … Nein! Sie sind ein Hymnus … an das Ja zu Gott, zur Liebe, zum Leben. Liebe Freunde, nur in Gott ist unser Leben erfüllt, denn nur er ist der Lebende!

Predigt, 16.6.13

Zum ersten Gebot: Zeit verlieren mit Gott

Anbeten. In unserer Welt, in der die Leistungsfähigkeit zählt, haben wir den Sinn für die Anbetung verloren – auch im Gebet. Gewiss, wir beten, wir loben den Herrn, wir bitten ihn, wir danken ihm … Die Anbetung jedoch, dieses Verharren vor dem einen Gott, vor dem Einzigen, der keinen Preis hat, der nicht verhandelbar ist, der sich nicht verändert … Und all das, was sich außerhalb von ihm befindet, ist ein Imitat aus Pappmaché, ist ein Götze. Anbeten. Bemüht euch in dieser Form des Gebets zu wachsen: in der Anbetung.

Betet ihn an, betet Gott an. Das ist ein Mangel der Kirche in diesem Augenblick, aufgrund fehlender Unterweisung. Der Sinn für die Anbetung, den wir im ersten Gebot der Bibel sehen: den einen Gott anbeten. »Zeit verlieren«: ohne zu bitten, ohne zu danken, ja selbst ohne zu loben – nur anbeten, die Seele in Demut gebeugt. Ich weiß nicht, warum ich euch das sagen will, aber ich spüre, dass ich es euch sagen muss, es kommt aus meinem Innern.

Ansprache, 11.9.15

Das Goldene Kalb

32 [1]Als das Volk sah, dass Mose noch immer nicht vom Berg
herabkam, versammelte es sich um Aaron und sagte zu ihm:
Komm, mach uns Götter, die vor uns herziehen. [9b] Weiter sprach
der Herr zu Mose: Ich habe dieses Volk durchschaut: Ein störrri-
sches Volk ist es. [11] Da versuchte Mose, den Herrn, seinen Gott,
zu besänftigen …

Ex 32,1.9b.11

Das Volk erträgt nicht die Wartezeit
Die Geschichte Israels zeigt uns (auch) die Versuchung des Unglaubens, der das Volk mehrmals verfällt. Das Gegenteil des Glaubens erscheint hier als Götzendienst. Während Mose auf dem Sinai mit Gott spricht, erträgt das Volk das Geheimnis des verborgenen Antlitzes Gottes nicht, es erträgt nicht die Wartezeit. Von seiner Natur her verlangt der Glaube, auf den unmittelbaren Besitz zu verzichten, den die Vision anzubieten scheint – es ist eine Einladung, sich der Quelle des Lichtes zu öffnen, indem man das Geheimnis eines Angesichts respektiert, das sich auf persönliche Weise und zum richtigen Zeitpunkt offenbaren will. Martin Buber zitiert die Worte, mit denen der Rabbiner von Kotzk den Götzendienst definierte: »Wenn ein Mensch ein

Gesicht macht vor einem Gesicht, das kein Gesicht ist, das ist Götzendienst.« Anstelle des Glaubens an Gott zieht man vor, den Götzen anzubeten, dem man ins Gesicht blicken kann, dessen Herkunft bekannt ist, weil er von uns gemacht ist. Vor dem Götzen geht man nicht das mögliche Risiko eines Rufes ein, der einen aus den eigenen Sicherheiten herausholt, denn die Götzen »haben einen Mund und reden nicht« (Ps 115,5). So begreifen wir, dass der Götze ein Vorwand ist, sich selbst ins Zentrum der Wirklichkeit zu setzen, in der Anbetung des Werkes der eigenen Hände. Wenn der Mensch die Grundorientierung verloren hat, die seinem Leben Einheit verleiht, verliert er sich in der Vielfalt seiner Wünsche; indem er sich weigert, auf die Zeit der Verheißung zu warten, zerfällt er in die tausend Augenblicke seiner Geschichte.

Enzyklika Lumen Fidei, 29. 6. 13

Exodus 32,7–14: Das kleine Handbuch des Gebets

Das Beten ist so, wie wenn man mit einem Freund spricht: Deshalb »soll das Gebet frei, mutig, beharrlich« sein, selbst um den Preis, so weit zu gehen, den Herrn zu »tadeln«. Im Bewusstsein, dass der Heilige Geist immer präsent ist und dass er uns lehrt, wie wir uns verhalten sollen. Es ist der Stil des Gebets des Mose …

Auf dieses kleine »Handbuch« des Gebets ist der Papst nach der Lesung aus dem *Buch Exodus* (32,7–14) eingegangen. Es berichtet vom »Gebet des Mose für sein Volk«, »das in die schwere Sünde des Götzendienstes verfallen war«. Der Herr, so erläuterte der Papst, »tadelt gerade Mose« und sagt zu ihm: »Geh, steig hinunter, denn dein Volk, das du aus Ägypten heraufgeführt hast, läuft ins Verderben.«

Das sei der Augenblick, in dem Mose sein Gebet beginnt …

Im Grunde habe Mose »mit vielen Argumenten versucht, Gott davon zu ›überzeugen‹, seine Meinung zu ändern. Und diese Argumente sucht er im Gedächtnis.« So »sagt er zu Gott: Du hast dies, das und jenes für dein Volk getan, aber wenn du es jetzt in der Wüste umkommen lässt, was werden dann unsere Feinde sagen?« Sie würden sagen, so fahre er fort, »dass du böse bist, dass du nicht treu bist«. Auf diese Weise »versucht« Mose »den Herrn zu ›überzeugen‹«, indem er einen »Kampf« beginne, in dessen Mittelpunkt er zwei Elemente rücke: »Dein Volk und mein Volk«.

Das Gebet sei erfolgreich, denn »am Ende gelingt es Mose, den Herrn zu ›überzeugen.‹« Der Papst hob hervor, dass »es schön ist, wie diese Zeilen« der Schrift »enden: Der Herr bereute das Böse, das er seinem Volk anzutun gedroht hatte«. Gewiss, so erläuterte er, »hatte der Herr genug von diesem untreuen Volk«. Aber »wenn man am Ende der Schriftlesung liest, dass der Herr bereute« und dass er »sich geändert hat«, dann müsse man sich doch die Frage stellen: Wer habe sich hier wirklich geändert? Habe sich der Herr geändert? »Ich glaube nicht«, so lautete die Antwort des Bischofs von Rom: Wer sich geändert habe, sei vielmehr Mose. Denn er, so bekräftigte der Papst, habe geglaubt, dass der Herr das Volk vernichtet habe. Und »er suchte in seinem Gedächtnis nach Beispielen für die Güte des Herrn seinem Volk gegenüber, wie er es aus der Gefangenschaft in Ägypten herausgeführt habe, um es mit einer Verheißung voranzubringen.« Und es sei gerade »mit diesen Argumenten, dass er versuche, Gott ›zu überzeugen‹. Im Verlauf dieses Prozesses findet er die Erinnerung seines Volkes wieder und findet die Barmherzigkeit Gottes.« »Mose«, so fuhr der Papst fort, »hatte wirklich Angst, dass Gott etwas Schreckliches tun würde.« Aber »schließlich steigt er vom Berg herab« mit einer großen Gewissheit in seinem Herzen: »Unser Gott ist voller Erbarmen, er weiß zu verzeihen, er ändert seine Entscheidungen, er ist ein Vater!« All das seien Dinge, die Mose bereits »wusste, aber er wusste sie mehr oder weniger unbewusst. Gerade im Gebet findet er sie wieder.«

Frühmesse, 3.4.14

Levitikus

»Seid heilig, denn ich, euer Gott, bin heilig«

19 [18]An den Kindern deines Volkes sollst du dich nicht rächen und ihnen nichts nachtragen. Du sollst deinen Nächsten lieben wie dich selbst. Ich bin der Herr. Lev 19,18

Zwei Gebote? Nein, zwei Gesichter:
Blick voraus ins Neue Testament

Der Evangelist Matthäus berichtet, dass einige Pharisäer übereinkamen, Jesus auf die Probe zu stellen (vgl. 22,34–35). Einer von diesen, ein Gesetzeslehrer, wandte sich an ihn mit der Frage: »Meister, welches Gebot im Gesetz ist das wichtigste?« (V. 36). Jesus antwortete, indem er das Buch *Deuteronomium* zitierte: »Du sollst den Herrn, deinen Gott, lieben mit ganzem Herzen, mit ganzer Seele und mit all deinen Gedanken. Das ist das wichtigste und erste Gebot« (V. 37–38).

Und er hätte es dabei belassen können. Indessen fügt Jesus etwas hinzu, wonach ihn der Gesetzeslehrer nicht gefragt hatte. Er sagt nämlich: »Ebenso wichtig ist das zweite: Du sollst deinen Nächsten lieben wie dich selbst« (V. 39). Auch dieses zweite Gebot erfindet Jesus nicht, sondern er entnimmt es dem Buch *Levitikus.* Seine Neuheit besteht gerade darin, dass er diese beiden Gebote – die Liebe zu Gott und die Liebe zum Nächsten – zusammenführt und offenbart, dass sie untrennbar sind und einander ergänzen, sie sind die zwei Seiten derselben Medaille. Man kann Gott nicht lieben, ohne den Nächsten zu lieben, und man kann den Nächsten nicht lieben, ohne Gott zu lieben …

Bereits im Alten Testament umfasste die Forderung, heilig zu sein, nach dem Bild Gottes, der heilig ist, auch die Pflicht, sich der schwächsten Menschen wie des Fremden, des Waisen, der Witwe anzunehmen (vgl. *Ex* 22,20–26). Jesus bringt dieses Gesetz des Bundes zur Erfüllung, er, der in sich selbst, in seinem Fleisch, Gottheit und Menschheit in einem einzigen Geheimnis der Liebe eint.

Im Licht dieses Wortes Jesu ist nun die Liebe das Maß des Glaubens und der Glaube ist die Seele der Liebe. Wir können das religiöse Leben, das Leben der Frömmigkeit, nicht mehr vom Dienst an den Brüdern und Schwestern trennen, an jenen konkreten Brüdern und Schwestern, denen wir begegnen. Wir können das Gebet, die Begegnung mit Gott in den Sakramenten nicht mehr vom Hören auf den anderen, von der Nähe zu seinem Leben, besonders zu dessen Wunden, trennen …

Inmitten des Dickichts von Geboten und Vorschriften – inmitten des Legalismus von gestern und heute – reißt Jesus etwas auf, sodass es möglich ist, zwei Gesichter auszumachen: das Antlitz des Vaters und das Gesicht des Bruders. Er übergibt uns nicht zwei Formeln oder zwei Vorschriften: Es handelt sich nicht um Vorschriften oder Formeln. Er übergibt uns zwei Gesichter, vielmehr: ein einziges Gesicht, das Antlitz Gottes, das sich in vielen anderen Gesichtern widerspiegelt, da im Gesicht eines jeden Bruders und einer jeden Schwester, besonders in den kleinsten, gebrechlichsten, wehrlosesten und bedürftigsten, das Bild Gottes selbst gegenwärtig ist.

Angelus, 26.10.14

Numeri

Der Segen des Aaron

6 [23]Sag zu Aaron und seinen Söhnen: So sollt ihr die Israeliten segnen; sprecht zu ihnen: [24]Der Herr segne dich und behüte
dich. [25]Der Herr lasse sein Angesicht über dich leuchten und sei
dir gnädig. [26]Der Herr wende sein Angesicht dir zu und schenke
dir Heil.

Num 6,23–26

Diese Hoffnung hat ihren Grund

Es sind Worte der Kraft, des Mutes und der Hoffnung – nicht einer illusorischen Hoffnung, die sich auf zerbrechliche menschliche Versprechen gründet, und auch nicht einer einfältigen Hoffnung, die sich die Zukunft besser vorstellt, einfach weil sie Zukunft ist. Diese Hoffnung hat ihren Grund genau im Segen Gottes, einem Segen, der den bedeutendsten Wunsch enthält, den Wunsch der Kirche für jeden von uns, die Fülle des liebevollen Schutzes des Herrn und seiner vorsehenden Hilfe.

Predigt, 1.1.14

Die Kupferschlange

21 [7]Die Leute kamen zu Mose und sagten: Wir haben gesündigt,
denn wir haben uns gegen den Herrn und gegen dich aufge-
lehnt. Bete zum Herrn, dass er uns von den Schlangen befreit.
Da betete Mose für das Volk. [8]Der Herr antwortete Mose: Mach
dir eine Schlange und häng sie an einer Fahnenstange auf! Jeder,
der gebissen wird, wird am Leben bleiben, wenn er sie ansieht.

Num 21,7–8

Gott beseitigt die Schlangen nicht – er bietet ein Gegengift

(Dieser Text) berichtet uns vom Weg des Volkes durch die Wüste. Denken wir an jene Menschen, die unter der Führung des Mose unterwegs sind. Es waren vor allem Familien: Väter, Mütter, Kinder, Großeltern; Männer und Frauen jeden Alters, viele Kinder, mit den Alten, die sich abmühten …

An einem bestimmten Punkt des Weges »verlor das Volk den Mut« (*Num* 21,4). Sie sind müde, es fehlt an Wasser und sie essen nur das Manna, eine von Gott geschenkte wunderbare Speise, die aber in diesem Moment der Krise zu wenig zu sein scheint. Und so beklagen sie sich und lehnen sich gegen Gott und gegen Mose auf: »Warum habt ihr uns überhaupt aufbrechen lassen? …« (vgl. *Num* 21,5). Es besteht die Versuchung, zurückzukehren und die Wanderung aufzugeben.

Da kommt der Gedanke an die Ehepaare auf, die »den Weg nicht durchstehen«, den Weg des Ehe- und Familienlebens. Die Mühe des Weges wird zu einer inneren Müdigkeit; sie verlieren den Geschmack an der Ehe, schöpfen das Wasser nicht mehr aus der Quelle des Sakramentes. Das Alltagsleben wird drückend und oft zum »Überdruss«.

In diesem Moment der Demotivation – sagt die Bibel – kommen die giftigen Schlangen, die die Menschen beißen, und viele sterben. Das löst im Volk die Reue aus; sie bitten Mose, ihnen zu verzeihen und zum Herrn zu beten, damit er die Schlangen entfernt. Mose fleht zum Herrn und dieser schenkt das Heilmittel: eine Schlange aus Bronze, aufgehängt an einem Pfahl; wer sie ansieht, wird vom tödlichen Gift der Schlangen geheilt.

Was bedeutet dieses Symbol? Gott beseitigt die Schlangen nicht, sondern er bietet ein »Gegengift«: Durch jene bronzene Schlange, die Mose angefertigt hat, übermittelt Gott seine Heilkraft: die Barmherzigkeit, die stärker ist als das Gift des Versuchers.

Wie wir im Evangelium gehört haben, identifiziert Jesus sich mit diesem Symbol: Aus Liebe hat nämlich der Vater ihn, seinen eingeborenen Sohn, den Menschen »gegeben«, damit sie das Leben haben (vgl. *Joh* 3,13–17); und diese unermessliche Liebe des Vaters drängt den Sohn, Mensch zu werden, sich zum Sklaven zu machen, für uns zu sterben, und zwar am Kreuz zu sterben. Darum hat der Vater ihn auferweckt und ihm die Herrschaft über das ganze Universum verliehen … Wer sich dem gekreuzigten Jesus anvertraut, empfängt die Barmherzigkeit Gottes und wird durch sie vom tödlichen Gift der Sünde geheilt. Predigt, 14.9.14

Deuteronomium

»Welche Nation hätte Götter, die ihr so nah sind?«

4 [7]Denn welche große Nation hätte Götter, die ihr so nah sind, wie Jahwe, unser Gott, uns nah ist, wo immer wir ihn anrufen?

Dtn 4,7

Öffnung der Grenzen
Unterwegs sein … Gott wollte unterwegs sein, er wollte nicht ruhig verharren. Vom ersten Augenblick an war er mit seinem Volk unterwegs. Was Mose so schön zum Ausdruck gebracht hat, erinnert ihr euch? »Denkt daran: Welches Volk hat einen Gott, der ihm so nahe ist, dass er mit ihm unterwegs ist?« Unterwegs sein. Und unterwegs sein bedeutet, Grenzen zu öffnen, hinauszugehen, Türen zu öffnen, Wege zu suchen. Unterwegs sein. Nicht sitzen bleiben. Sich nicht niederlassen – im schlechtesten Sinne des Wortes. Es stimmt, dass Dinge organisiert werden müssen,

dass es Arbeiten gibt, die in Ruhe verrichtet werden müssen: aber mit der Seele, dem Herzen und dem Kopf unterwegs sein, suchen. Zu den Grenzen gehen, zu den Grenzen jeder Art, auch zu denen des Denkens … Ansprache, 11.9.15

Das Manna vom Himmel

> **8** [3]Durch Hunger hat er dich gefügig gemacht und hat dich dann mit dem Manna gespeist, das du nicht kanntest und das auch deine Väter nicht kannten. Er wollte dich erkennen lassen, dass der Mensch nicht nur von Brot lebt, sondern dass der Mensch von allem lebt, was der Mund des Herrn spricht. Dtn 8,3

Das Manna, die Eucharistie – und das falsche Brot
Diese Worte aus dem *Buch Deuteronomium* beziehen sich auf die Geschichte Israels, das Gott aus Ägypten, aus der Situation der Sklaverei, herausgeführt hatte und vierzig Jahre lang durch die Wüste in das verheißene Land führte. Nachdem das auserwählte Volk sich dort im Land niedergelassen hat, erreicht es eine gewisse Autonomie, einen gewissen Wohlstand und läuft Gefahr, die traurigen Geschehnisse der Vergangenheit zu vergessen, die es dank des Eingreifens Gottes und seiner unendlichen Güte überwunden hatte. Dann ruft die Heilige Schrift zur Erinnerung auf, zum Gedenken an den ganzen in der Wüste zurückgelegten Weg, in der Zeit der Hungersnot und des Kummers. Es geht um einen Aufruf der Rückkehr zum Wesentlichen, zur Erfahrung der totalen Abhängigkeit von Gott, als das Überleben seiner Hand anvertraut war, damit der Mensch verstehen sollte, dass er »nicht nur von Brot lebt, sondern … von allem, was der Mund des Herrn spricht« (*Dtn* 8,3).

Über den körperlichen Hunger hinaus trägt der Mensch einen anderen Hunger in sich, einen Hunger, der mit gewöhnlicher Speise nicht gestillt werden kann. Es ist ein Hunger nach Leben, Hunger nach Liebe, Hunger nach Ewigkeit. Und das Zeichen des Manna umfasste – wie die gesamte Erfahrung des Exodus – auch diese Dimension: Es war Urbild einer Speise, die diesen tiefen Hunger stillt, den es im Menschen gibt. Jesus gibt uns diese Nahrung, ja vielmehr ist er selbst das lebendige Brot, das der Welt Leben schenkt (vgl. *Joh* 6,51) …

Wenn wir den Blick auf die Welt um uns richten, dann merken wir, dass sehr viel Nahrung angeboten wird, die nicht vom Herrn kommt und die scheinbar mehr befriedigt. Manche ernähren sich von Geld, andere von Erfolg und Eitelkeit, wieder andere von Macht und Stolz. Aber die Speise, die uns wahrhaft nährt und sättigt, ist nur die, die der Herr uns gibt! Die Speise, die der Herr uns schenkt, ist anders als alle anderen und vielleicht scheint sie uns nicht so schmackhaft zu sein wie gewisse Nahrungsmittel, die die Welt uns anbietet. Dann träumen wir von anderen Speisen, wie die Juden in der Wüste, die dem Fleisch und den Zwiebeln nachtrauerten, die sie in Ägypten gegessen hatten. Aber sie vergaßen, dass sie diese am Tisch der Sklaverei gegessen hatten. In diesen Augenblicken der Versuchung hatten sie eine Erinnerung, aber die eines kranken Gedächtnisses, eines selektiven Gedächtnisses. Ein versklavtes, kein freies Gedächtnis.

Jeder von uns kann sich heute fragen: Und ich? Wo will ich essen? Von welchem Tisch will ich mich ernähren? Vom Tisch des Herrn? Oder träume ich davon, schmackhafte Speisen zu essen, aber in der Sklaverei? Und dann kann sich jeder von uns fragen: Wem gilt meine Erinnerung? Dem Herrn, der mich rettet, oder dem Knoblauch und den Zwiebeln der Sklaverei? Mit welcher Erinnerung sättige ich meine Seele?

Der Vater sagt uns: »Ich habe dich mit Manna genährt, das du nicht kanntest.« Erlangen wir unser Gedächtnis zurück. Das ist die Aufgabe: das Gedächtnis wiedererlangen. Und lernen wir das falsche Brot zu erkennen, das falsche Hoffnungen weckt und korrupt macht, weil es Frucht des Egoismus, der Selbstgenügsamkeit und der Sünde ist! … Predigt an Fronleichnam, 19. 6. 14

Mose stirbt auf dem Berg Nebo

34 4Der Herr sagte zu ihm: Das ist das Land, das ich Abraham,
Isaak und Jakob versprochen habe mit dem Schwur: Deinen
Nachkommen werde ich es geben. Ich habe es dich mit deinen
Augen schauen lassen. Hinüberziehen wirst du nicht. 5Danach
starb Mose, der Knecht des Herrn, dort in Moab, wie es der Herr
bestimmt hatte. Dtn 34,4–5

Am Ende ist er ganz allein

Mose ist »jenes mutige Oberhaupt des Volks Gottes, das gegen die Feinde kämpfte und selbst mit Gott rang, um das Volk zu retten. Er ist stark, am Ende aber ist er ganz allein auf dem Berge Nebo, um das verheißene Land zu sehen«, das er aber nicht betreten kann« … Frühmesse, 18. 10. 13

Die Bücher der Geschichte Israels

Erstes Buch Samuel

Hanna und Eli im Heiligtum von Schilo

> **1** 12So betete sie lange vor dem Herrn. Eli beobachtete ihren
> Mund; 13denn Hanna redete nur still vor sich hin, ihre Lippen
> bewegten sich, doch ihre Stimme war nicht zu hören. Eli hielt
> sie deshalb für betrunken … 1 Sam 1,12–13

Eine gewisse Sympathie für Eli
(Der Papst befasste sich) mit Elis Verhaltensweise, »einem alten … bedauernswerten« Mann, dem der Papst, wie er gestand, »eine gewisse Sympathie entgegenbringe«, der aber trotzdem »kein wirklich guter Mann gewesen sei: Er war ein armer Priester, schwach, lau und er hat den Dingen halt ihren Lauf gelassen, er hatte keine Kraft. Er ließ es zu, dass seine Söhne viele hässliche Dinge taten.« Der Heilige Vater erzählte die Geschichte, wie Eli eine bedauernswerte Frau, die ein stilles Gebet verrichtete und dabei kaum ihre Lippen bewegte, um den Herrn um die Gnade eines Sohnes zu bitten, für eine Betrunkene gehalten habe. Sie »betete so, wie das einfache Volk betet, ganz einfach, von Herzen, voller Verzweiflung, und sie bewegte dabei die Lippen. Viele gute Frauen beten so in unseren Kirchen und in unseren Wallfahrtsorten.

Und diese Frau betete auf diese Art, sie bat um ein Wunder. Und der betagte Eli, der Ärmste, hatte gerade nichts zu tun. So schaute er sie an und dachte: Das ist eine Betrunkene. Und er verachtete sie. Er repräsentierte den Glauben«, er war derjenige, der sie ihm Glauben hätte unterweisen sollen, aber »sein Herz brachte nicht viel Empfindung auf und er verachtete diese Frau. Er sagte zu ihr: Geh weg, schlaf deinen Rausch aus!« »Wie oft geschieht es«, so stellte der Heilige Vater fest, »dass das Volk Gottes sich ungeliebt fühlt seitens derer, die als Christen, als christliche Laien, als Priester, als Bischöfe Zeugnis ablegen sollten!«

Zu Eli zurückkehrend, erläuterte Papst Franziskus, weshalb er eine gewisse Sympathie für diesen aufbringe: »Denn in seinem Herzen hatte er immer noch die Salbung. Als die Frau ihm ihre Lage schildert, sagt Eli zu ihr: ›Geh in Frieden. Der Gott Israels möge dir die Bitte erfüllen, die du an ihn gerichtet hast.‹ Da kommt seine Salbung als Priester wieder zum Vorschein. Armer Mann, er hatte sie hinter seiner Faulheit versteckt. Er ist ein lauer Priester. Und er nimmt ein übles Ende, der Ärmste!«

Frühmesse, 14.1.14

Der Herr ruft Samuel

3 [4]Da rief der Herr den Samuel und Samuel antwortete: Hier bin
ich. [5]Dann lief er zu Eli und sagte: Hier bin ich, du hast mich
gerufen. Eli erwiderte: Ich habe dich nicht gerufen. Geh wieder
schlafen! Da ging er und legte sich wieder schlafen.

1 Sam 3,4–5

Wenn Prophetie fehlt, droht der Klerikalismus

Wenn der prophetische Geist verschwindet, dann wird dessen Platz vom Klerikalismus eingenommen, vom starren Schema der Befolgung der Gesetze, das dem Menschen die Tür vor der Nase zuschlägt ... »Wenn beim Volk Gottes die Prophezeiung fehlt, dann fehlt etwas: Es fehlt das Leben des Herrn.«

Exemplarisch hierfür ist etwa die Geschichte des jungen Samuel, der »den Ruf des Herrn vernommen hatte, während er schlief, aber er wusste nicht, womit er es zu tun hatte. Und die Bibel sagt es: In jenen Tagen waren Worte des Herrn selten; Visionen waren nicht häufig« (*1 Sam* 3,1). Es war eine Zeit, zu der »Israel keine Propheten hatte« ...

Gewiss, so erklärte der Papst, »vielleicht weinte das Volk Gottes, das glaubte, das zum Beten in den Tempel ging, in seinem Herzen, weil es den Herrn nicht fand. Es fehlte die Prophezeiung. Es weint in seinem Herzen so, wie Hanna, die Mutter Samuels, weinte, als sie um Fruchtbarkeit für das Volk bat.« Jene Fruchtbarkeit, so führte der Papst weiter aus, »die aus der Kraft Gottes kommt, wenn er unsere Erinnerung an seine Verheißung wiedererweckt und uns hoffnungsvoll zur Zukunft hindrängt. Das ist der Prophet ...«

Papst Franziskus beendete seine Predigt mit der Anregung, »während dieser Tage ... zu beten«. Ein Gebet zum Herrn, damit, wie er forderte, »es deinem Volke nicht an Propheten mangeln möge. Wir alle, die wir getauft sind, sind Propheten. Herr, lasse uns deine Verheißung nicht vergessen; lass uns nicht müde werden, vorwärtszugehen; lass uns nicht in der Befolgung der Gesetze verschlossen sein, die die Türen schließt. Herr, befreie dein Volk vom Geist des Klerikalismus und hilf ihm mit dem prophetischen Geist!« Frühmesse, 16.12.13

Samuel salbt David

16 [11]Samuel fragte Isai: Sind das alle deine Söhne? Er antwortete:
Der jüngste fehlt noch, aber der hütet gerade die Schafe. Samuel

sagte zu Isai: Schick jemand hin und lass ihn holen; wir wollen uns nicht zum Mahl hinsetzen, bevor er hergekommen ist. [12]Isai schickte also jemand hin und ließ ihn kommen. David war blond, hatte schöne Augen und eine schöne Gestalt. Da sagte der Herr: Auf, salbe ihn! Denn er ist es. 1 Sam 16,11–12

Heiliger und Sünder

»Wir sind so oft Sklaven des äußeren Scheins, Sklaven des Eindrucks, und davon lassen wir uns hinreißen … Aber der Herr weiß die Wahrheit. Und darum diese Geschichte: Alle sieben Söhne des Isai treten auf, aber keinen von ihnen wählt der Herr. Den Samuel bringt das ein bisschen in Schwierigkeiten, er sagt zum Vater: Sind das denn alle deine Söhne, diese sieben? – Na ja, einen gibt's da noch, den Kleinen, aber der zählt nicht, der ist bei der Herde. – In den Augen der Menschen zählte dieser Junge nicht.«

Doch ausgerechnet diesen Jungen hatte sich der Herr erwählt und darum weist er Samuel an, diesen zu salben. Von diesem Tag an, so paraphrasierte Franziskus den Bibeltext, sei »der Geist des Herrn über David« gewesen, sein ganzes Leben lang – aber was heiße das eigentlich genau? »Hatte der Herr ihn etwa zu einem Heiligen gemacht?« Nein, gab der Papst selbst die Antwort. »König David wird zwar zum heiligen König David, das stimmt – aber erst nach einem langen Leben«, einem Leben auch vieler Sünden.

»Heiliger und Sünder! Ein Mann, der das Reich zu einen wusste, der das Volk Israel voranzubringen verstand. Aber er hatte so seine Versuchungen … er hatte seine Sünden: Sogar ein Mörder war er! Um seine Sünde des Ehebruchs zu vertuschen, hat er einen Mord befohlen. – Was denn – der heilige König David hat getötet? – Aber als Gott ihm den Propheten Natan geschickt hat, um ihm diese Realität vor Augen zu stellen (weil ihm diese Barbarei, die er angeordnet hatte, nicht völlig zu Bewusstsein gekommen war), da hat er eingestanden: Ich habe gesündigt. Und er hat um Vergebung gebeten.« …

Ihn bewege »das Leben dieses Mannes«, sagte der Papst, es lasse ihn an unser aller Leben denken: »Wir alle sind vom Herrn durch die Taufe dazu auserwählt, zu seinem Volk zu gehören und Heilige zu sein; wir alle sind vom Herrn Gesalbte auf diesem Weg der Heiligkeit. Wenn ich diese Vita lesen, vom Jugendlichen bis zum alten Mann, der so viel Gutes und so viel nicht so Gutes getan hat, dann denke ich mir, dass es auf dem christlichen Weg keinen Heiligen ohne Vergangenheit gibt. Und keinen Sünder ohne Zukunft …« Frühmesse, 19.1.16 – eigene Übs.

König Saul verfolgt David

24 16 Der Herr soll unser Richter sein und zwischen mir und dir
entscheiden. Er blicke her, er soll meinen Rechtsstreit führen
und mir dir gegenüber Recht verschaffen. 17 Als David das zu
Saul gesagt hatte, antwortete Saul: Ist das nicht deine Stimme,
mein Sohn David? Und Saul begann laut zu weinen 18 und sagte
zu David: Du bist gerechter als ich; denn du hast mir Gutes
erwiesen, während ich böse an dir gehandelt habe.

1 Sam 24,16–18

Ich habe Angst vor diesen Mauern

David habe »sehr wohl gewusst«, dass er »in Gefahr war. Er wusste, dass der König ihn töten wollte. Und dann fand er sich selbst gerade in dieser Situation, dass er den König hätte töten können: und damit wäre die Geschichte zu Ende gewesen.« Und doch »hat er einen anderen Weg gewählt«. Er zog es vor, »sich ihm zu nähern, die Situation zu klären, seine Haltung zu erklären: den Weg des Dialogs, um Frieden zu schließen«.

König Saul dagegen habe »in seinem Herzen über diese Bitterkeiten gegrübelt«, er habe David beleidigt, »weil er glaubte, dass er sein Feind sei. Und das wuchs in seinem Herzen.« Leider, so der Papst, »wachsen diese Fantasien immer mehr, wenn wir in unserem Inneren auf sie hören. Und sie werden zu einer Mauer, die uns von dem anderen trennt.« So blieben wir letztendlich »in dieser bitteren Brühe unseres Grolls isoliert«. Und da durchbreche David, »vom Herrn inspiriert«, diesen Mechanismus des Hasses »und sagt: Nein, ich will mit dir einen Dialog führen!«

Auf diese Weise, so erläuterte der Papst, »beginnt der Weg des Friedens: mit dem Dialog«. Aber zugleich warnte er: »Einen Dialog führen ist nicht leicht, es ist schwer.« Dennoch könne man »nur mit dem Dialog Brücken in den Beziehungen bauen und nicht Mauern, die uns trennen«. Um einen Dialog zu führen, sei »an erster Stelle Demut nötig«, unterstrich der Heilige Vater. Das zeige das Beispiel »Davids, der demütig war und zum König gesagt hat: Aber sieh, ich hätte dich töten können, ich hätte dir das antun können, aber ich will das nicht tun! Ich will dir nahe sein, weil du die Autorität bist, weil du der Gesalbte des Herrn bist!« Was David tue, sei »ein Akt der Demut«.

Um einen Dialog zu führen, sei es also nicht notwendig, laut zu werden, sondern: »Notwendig ist die Sanftmut.« Und dann »ist es notwendig zu denken, dass der andere etwas mehr hat als ich selbst«, so wie es David getan habe, der auf Saul geblickt und zu sich selbst gesagt habe: »Er ist der Gesalbte des Herrn, er ist wichtiger als ich.« …

Der Papst gab dann einen weiteren praktischen Ratschlag: Um den Dialog zu beginnen, »ist es notwendig, dass nicht sehr viel Zeit vergeht«. Die Probleme müssten »so schnell wie möglich« in Angriff genommen werden, »in dem Augenblick, wenn der Sturm vorüber ist«. Dann müsse man »sich sofort dem Dialog nähern, weil die Zeit die Mauer wachsen lässt«, genauso »wie sie das Unkraut wachsen lässt, das das Wachstum des Weizens verhindert«. Und er warnte: »Wenn die Mauern wachsen, dann ist die Versöhnung sehr schwer: Sie ist sehr schwer!« Der Bischof von Rom nahm Bezug auf die Berliner Mauer, die so lange Zeit ein Zeichen der Teilung gewesen sei, und bemerkte: »Auch in unserem Herzen« besteht die Möglichkeit, so zu werden wie Berlin, mit einer gegen die anderen errichteten Mauer. Deshalb forderte er dazu auf, »nicht zuzulassen, das so viel Zeit vergeht« und »den Frieden so schnell wie möglich zu suchen« …

»Ich habe Angst vor diesen Mauern, die jeden Tag wachsen und den Groll begünstigen und auch den Hass«, so der Papst. Und er verwies erneut auf den Entschluss des »jungen David: Er hätte sich sehr wohl rächen können«, er hätte den König töten können, aber »er hat den Weg des Dialogs gewählt, mit Demut, Sanftmut, Milde.« Frühmesse, 24.1.14

Zweites Buch Samuel

David wird König

5 [3]Alle Ältesten Israels kamen zum König nach Hebron; der König David schloss mit ihnen in Hebron einen Vertrag vor dem Herrn und sie salbten David zum König von Israel. 2 Sam 5,3

Kein demokratischer Beschluss

Alle Ältesten des Volkes »haben gesehen, dass David der Einzige war, der König sein konnte«. Deshalb »gingen sie zu ihm, um einen Vertrag zu schließen«. Sicherlich »haben sie darüber geredet und diskutiert, wie dieser Vertrag gemacht werden sollte.

Und letztendlich fassten sie den Beschluss, ihn zum König zu machen.« Aber »diese Entscheidung war kein – sagen wir es so – demokratischer Beschluss.« Vielmehr sei es eine einstimmige Entscheidung gewesen: »Du bist König!« Und das, so erläuterte der Papst, »ist der erste Schritt. Dann kommt der zweite: König David schloss mit ihnen einen Vertrag« und die Ältesten des Volkes »salbten David zum König von Israel«. Das sei die Bedeutung der Salbung: »Ohne diese Salbung wäre David nur der Chef, der Manager einer Firma gewesen, der diese politische Gemeinschaft, die das Reich Israel ist, vorwärtsbringt.« Dagegen sei »die Salbung etwas ganz anderes«, gerade »die Salbung« sei es, »die David zum König weiht«.

»Worin liegt der Unterschied«, so fragte sich der Papst, »der politische Chef des Landes oder ein gesalbter König zu sein?« Als David »durch Samuel zum König von Juda gesalbt worden war, da war er noch jung, ein kleiner Junge. Die Bibel sagt, dass nach der Salbung der Geist des Herrn auf David herabgekommen sei.« Und so »bewirkt die Salbung, dass der Geist des Herrn auf die Person herabkommt und bei ihr bleibt«.

Auch die Passage aus der Schriftlesung, so merkte der Papst an, »sagt dasselbe: David wurde immer mächtiger und der Herr, der Gott der Heere, war mit ihm.« Und »eben das ist das Besondere der Salbung.«

Der Bischof von Rom erinnerte in diesem Zusammenhang an das Verhalten von David gegenüber König Saul, »der ihn aus Eifersucht, aus Neid töten wollte«. David »hatte Gelegenheit, König Saul zu töten, aber er wollte es nicht tun: Der Herr bewahre mich davor, dem Gesalbten des Herrn so etwas anzutun und Hand an ihn zu legen; denn er ist der Gesalbte des Herrn!« Seine

Worte zeigen »das Gespür für die Heiligkeit und Unantastbarkeit eines Königs«.

»In der Kirche«, so bekräftigte der Papst, »haben wir dies in der Person der Bischöfe und der Priester geerbt.«

Frühmesse, 27.1.14

David tanzt vor der Bundeslade

> **6** [14]Und David tanzte mit ganzer Hingabe vor dem Herrn her
> und trug dabei das leinene Efod. [15]So brachten David und das
> ganze Haus Israel die Lade des Herrn unter Jubelgeschrei und
> unter dem Klang des Widderhorns hinauf. 2 Sam 6,14–15

Auch Tanzen ist ein Gebet

Es ist schwer, die zu rechtfertigen, die sich genieren, das Lob des Herrn zu singen, während sie sich zu Freudenschreien hinreißen lassen, wenn ihre Fußballmannschaft ein Tor geschossen hat … »König David opferte zu Ehren Gottes; er betete. Dann wurde sein Gebet immer jubelnder … es war ein Lobgebet, ein Gebet der Freude. Und er begann zu tanzen. Die Bibel sagt: ›David tanzte mit ganzer Hingabe vor dem Herrn.‹« Und David war so voller Freude bei diesem Lobgebet, dass er »jede Haltung« verlor und begann, »mit ganzer Hingabe vor dem Herrn zu tanzen«. »Genau dies war ein Lobgebet«, unterstrich der Papst. Angesichts dieser Szene »habe ich gleich an jenes Wort der Sara gedacht«, so der Bischof von Rom, »das sie sagte, nachdem sie Isaak zur Welt gebracht hatte: ›Der Herr hat mich vor Freude tanzen lassen.‹ Diese alte, 90-jährige Frau hat vor Freude getanzt.« David sei jung gewesen, so wiederholte er, aber auch er »tanzte vor dem Herrn.

Das ist ein Beispiel für ein Lobgebet.« Das etwas anderes ist als jenes Gebet, so erläuterte der Papst, das wir für gewöhnlich sprechen, »um etwas vom Herrn zu erbitten« oder auch nur »um dem Herrn zu danken«, so wie es auch nicht weiter schwer sei, den Sinn des Anbetungsgebets zu verstehen. Aber »das Lobgebet«, so bemerkte der Heilige Vater, »das lassen wir beiseite.« Es komme uns nicht so spontan über die Lippen. Manche Menschen, so fügte er hinzu, könnten meinen, es handle sich dabei um ein Gebet, »das für jene geeignet ist, die den Bewegungen zur Erneuerung im Heiligen Geist angehören, nicht für alle Christen. Das Lobgebet ist ein christliches Gebet für uns alle. In der Messe, wenn wir jeden Tag singen ›Heilig, heilig …‹: das ist ein Lobgebet, wir loben Gott für seine Größe, denn er ist groß. Und wir sagen ihm schöne Dinge, weil es uns gefällt, dass er so ist.« Und es sei unwichtig, ob wir gute Sänger seien oder nicht. Tatsächlich, so erläuterte Papst Franziskus, ist es unmöglich zu meinen, dass »du in der Lage bist, aus vollem Hals zu schreien, wenn deine Mannschaft ein Tor schießt, und dass du unfähig bist, den Lobpreis des Herrn zu singen, ein wenig deine Haltung aufzugeben, um ihn zu singen«. Gott zu loben »ist absolut unentgeltlich«, so fuhr er fort. »Wir bitten um nichts, wir danken nicht. Wir lobpreisen: Du bist groß. Ehre sei dem Vater und dem Sohn und dem Heiligen Geist.« …

Frühmesse, 28.1.14

Davids Ehebruch mit Batseba

11 [3]Man sagte ihm: Das ist Batseba, die Tochter Ammiëls, die Frau des Hetiters Urija. [4]Darauf schickte David Boten zu ihr und ließ sie holen; sie kam zu ihm und er schlief mit ihr – sie hatte sich gerade von ihrer Unreinheit gereinigt. Dann kehrte sie in ihr Haus zurück.

2 Sam 11,3–4

Den Urijas unserer Zeit eine Blume aufs Grab legen

In Wirklichkeit »ist das größte Problem in dieser Bibelstelle nicht so sehr die Versuchung oder der Verstoß gegen das neunte Gebot; das größte Problem ist vielmehr, wie David sich verhält«. Tatsächlich verliere er in dieser Lage das Bewusstsein für das, was Sünde sei, und spreche schlicht und einfach von einem »Problem«, das es zu lösen gälte. Und diese Einstellung Davids »ist ein Zeichen«, denn »wenn das Reich Gottes abnimmt, dann ist eines der Anzeichen dafür die Tatsache, dass man das Gespür für die Sünde verliert«. David, so erläuterte der Papst, begeht »eine große Sünde« und doch »empfindet er sie nicht« als solche. Für ihn ist es nur ein »Problem«. Deshalb »kommt es ihm nicht in den Sinn, um Vergebung zu bitten«. Er kümmere sich nur darum, das Problem zu lösen – nach dieser Beziehung mit Batseba wird sie schwanger – und fragt sich: »Wie kann ich den Ehebruch vertuschen?«

So überlegt er sich eine Strategie, um Urija glauben zu lassen, dass das Kind, das seine Frau erwarte, tatsächlich sein Sohn sei. Urija, so führte der Papst weiter aus, »war ein guter Israelit, er dachte an seine Leute und wollte nicht feiern, während das Heer Israels im Feld stand«. Aber nachdem David vergeblich versucht habe, ihn »durch ein Bankett, mit Wein« zu überreden, habe er als »entschlossener Mann, als Mann, der das Herrschen gewohnt ist, eine Entscheidung getroffen« und einen Brief an Joab, den Feldhauptmann, geschrieben. Diesem habe er befohlen, Urija an die Stelle der Schlacht zu schicken, wo die größte Gefahr herrsche, um so zu erreichen, dass dieser falle. »Und so ist es geschehen. Urija fällt. Und er fällt, weil er genau da aufgestellt worden war, damit er fallen sollte«: Es handle sich um »einen Mord«.

Und doch »bleibt König David, als er erfährt, wie die Geschichte ausgegangen ist, ganz ruhig und setzt sein Leben fort wie immer«. Der Grund dafür? David »hatte das Sündenbewusstsein verloren und in genau demselben Augenblick hat das Reich Gottes angefangen«, aus seinem Horizont »zu verschwinden« … Das sei eine Denkweise, so bemerkte der Papst, die »unser alltägliches Brot ist«. Daher müsse unser »alltägliches Gebet zu Gott« lauten: »Dein Reich komme! Dein Reich wachse!« Denn »das Heil erwächst nicht aus unseren Listen, aus unseren Schlauheiten, aus unserer Intelligenz bei der Regelung unserer Angelegenheiten.« Nein, »das Heil kommt aus göttlicher Gnade und aus dem alltäglichen Training, das wir in dieser Gnade machen«, das heißt durch »das christliche Leben« …

»Ich muss gestehen, dass ich – wenn ich solche Ungerechtigkeiten, diesen Hochmut des Menschen sehe« oder »wenn ich die Gefahr spüre, selbst das Bewusstsein für die Sünde zu verlieren – denke, dass es guttut, an die unzähligen Urijas der Geschichte zu denken, an die vielen Urijas, die auch heute noch unter unserer Mittelmäßigkeit als Christen leiden.« Eine Mittelmäßigkeit, die dann Überhand nehme, wenn »wir das Gespür für das verlieren, was Sünde ist, und es zulassen, dass das Reich Gottes untergeht«. Menschen wie Urija, so sagte er, »sind die nicht anerkannten Märtyrer unserer Sünden«.

Deshalb, so fügte der Papst hinzu, »tut es uns heute gut, für uns selbst zu beten, dass der Herr uns stets die Gnade gewähren möge, nicht das Gespür für die Sünde zu verlieren und dafür, dass das Reich Gottes in uns nicht untergehe«. Und er schloss mit der Aufforderung, »diesen Urijas unserer Zeit eine geistliche Blume auf ihr Grab zu legen, da sie die Rechnung für das Bankett der Selbstsicheren bezahlen, jener Christen, die sich sicher fühlen. Und die, ob absichtlich oder unabsichtlich, den Mord am Nächsten verursachen«.

Frühmesse, 31.1.14

Abschaloms Aufstand gegen David

15 [30]David stieg weinend und mit verhülltem Haupte den Ölberg hinauf; er ging barfuß und alle Leute, die bei ihm waren, verhüllten ihr Haupt und zogen weinend hinauf. 2 Sam 15,30

Gott und das Volk nicht benutzen

Wie verhält sich David angesichts des Verrats seines Sohnes? ... Vor allem, so erläuterte (der Papst), akzeptiert David, ein Herrscher, die Wirklichkeit so, wie sie ist. Er weiß, dass dieser Krieg sehr heftig geführt werden wird, dass viele Männer des Volkes sterben werden, da »ein Teil des Volkes gegen den anderen kämpft«. Und mit viel Wirklichkeitssinn trifft er »die Entscheidung, sein Volk nicht sterben zu lassen«. Gewiss, er hätte »in Jerusalem gegen die Streitkräfte seines Sohnes kämpfen können. Aber er hat gesagt: Nein, ich will nicht, dass Jerusalem zerstört wird!« Und er habe sich auch seinen Leuten widersetzt, die die Bundeslade hätten fortschaffen wollen, er befahl ihnen, sie an ihrem Platz zu lassen: »Die Lade Gottes soll in der Stadt bleiben!« All das zeige Davids »erste Verhaltensweise«, der »weder Gott noch sein Volk benutzt, um sich selbst zu verteidigen«, denn für beide empfinde er »eine sehr große Liebe«.

»In den dunklen Augenblicken des Lebens«, so bemerkte der Papst, »geschieht es, dass man vielleicht aus Verzweiflung versucht, sich zu verteidigen, so gut man eben kann«, selbst »indem man Gott und das Volk benutzt«. David hingegen habe uns gezeigt, dass »sein erstes Verhaltensmuster« genau das war, »Gott und sein Volk gerade nicht zu benutzen«.

Das zweite Verhaltensmuster sei eine »Haltung der Buße«, die David annehme, als er aus Jerusalem fliehe. An der entsprechenden Stelle im Buch Samuel steht zu lesen: »David stieg weinend« auf den Ölberg, »er ging mit verhülltem Haupt; er ging barfuß.«

Aber, so kommentierte der Papst, »stellt euch vor, was es bedeutet, barfuß den Berg zu besteigen!« Dasselbe taten alle Leute, die bei ihm waren: »Alle Leute, die bei ihm waren, verhüllten ihr Haupt und zogen weinend hinauf.« Es handle sich um »einen Weg der Buße« … Wenn dagegen uns, so sagte der Papst, »etwas Derartiges in unserem Leben widerfährt, dann versuchen wir – das ist ein angeborener Instinkt –, uns zu rechtfertigen«. Im Gegensatz dazu »rechtfertigt David sich nicht. Er ist ein Realist. Er versucht, die Bundeslade Gottes zu retten, sein Volk zu retten. Und er tut Buße«, als er den Berg besteigt. Aus diesem Grunde »ist er ein großer Mann: ein großer Sünder und ein großer Heiliger«. Sicher, so fügte der Heilige Vater hinzu, Gott allein wisse, »wie diese beiden Dinge Hand in Hand gehen könnten. Aber das ist die Wahrheit!« …

Frühmesse, 3.2.14

Erstes Buch der Könige

Davids Tod

2 [10]David entschlief zu seinen Vätern und wurde in der Davidstadt begraben.

1 Kön 2,10

Was hinterlassen wir anderen?
Der Bericht über Davids Tod veranlasste den Papst zu drei Überlegungen, die »von Herzen« kamen. Zunächst stellte er fest, dass »David … inmitten seines Volkes stirbt. Sein Tod ereilt ihn nicht außerhalb seines Volkes«, sondern »in dessen Mitte«. Und so lebe »seine Zugehörigkeit zum Volk Gottes«. Und doch hatte David

»gesündigt: Er selbst nennt sich einen Sünder«. Aber »niemals hatte er das Volk Gottes verlassen: ein Sünder: Ja! Ein Verräter? Nein!« … Indem er diesen Aspekt betonte, lud der Papst dazu ein, »um die Gnade zu bitten, zu Hause zu sterben: zu Hause sterben, in der Kirche«. Und er betonte, dass »das eine Gnade ist« und dass man »sie nicht kauft«, denn sie »ist ein Geschenk Gottes«. Wir »müssen um sie bitten: Herr, gib mir das Geschenk, zu Hause zu sterben, in der Kirche!« …

Papst Franziskus fügte eine zweite Reflexion über Davids Tod hinzu. »In diesem Bericht«, so bemerkte er, »sieht man, dass David ganz ruhig ist, in Frieden, gelassen«. So sehr, dass er »seinen Sohn ruft und zu ihm sagt: Ich gehe nun den Weg alles Irdischen«. Mit anderen Worten, David gesteht: »Jetzt ist die Reihe an mir!« … Und »das ist eine weitere Gnade: die Gnade, in der Hoffnung zu sterben«, im »vollen Bewusstsein, dass das ein Schritt ist« und dass »wir auf der anderen Seite erwartet werden«. In der Tat geht auch nach dem Tod »das Zuhause, die Familie, weiter: Ich werde nicht allein sein!« …

Deshalb sei es so wichtig, »um die Gnade zu bitten, in der Hoffnung zu sterben, und zu sterben, indem man sich Gott überantwortet«. Aber das »Sich-Gott-Anvertrauen«, so bekräftigte der Papst, »beginnt schon jetzt, in den kleinen Dingen des Lebens und auch in den großen Problemen: sich stets dem Herrn anvertrauen. So wird es einem zur Gewohnheit, sich dem Herrn anzuvertrauen, und die Hoffnung wächst.« Folglich, so erklärte er, sind »das zu Hause sterben, in der Hoffnung sterben zwei Dinge, die uns Davids Tod lehrt«.

Der dritte Gedanke des Papstes betraf »das Problem des Erbes«. Was das anbelangt, so präzisierte er, »sagt uns die Bibel nicht, dass bei Davids Tod alle Enkel und Urenkel herbeigeeilt seien, um das Erbe einzufordern!« Oft gäbe es »viele Skandale, die die Erbschaft betreffen, viele Skandale, die die Familien spalten«. Aber das Erbe, das David hinterlasse, bestehe nicht aus weltlichen Gütern. In der Tat stehe in der Heiligen Schrift: »Und seine Herrschaft festigte sich mehr und mehr.« Vielmehr hinterlasse David »das Erbe einer vierzigjährigen Regierung für sein Volk und ein gefestigtes, starkes Volk«.

Im Hinblick darauf erinnerte der Papst an »das Sprichwort«, demzufolge »jeder Mann im Laufe seines Lebens einen Sohn zeugen, einen Baum pflanzen und ein Buch schreiben soll: und das ist die beste Erbschaft«. Der Papst lud alle Anwesenden ein, sich die Frage zu stellen: »Was für eine Erbschaft hinterlasse ich denen, die nach mir kommen? Ein Erbe des Lebens? Habe ich so viel Gutes getan, dass die Menschen mich zum Vater oder zur Mutter wollen?« Vielleicht habe ich keinen »Baum gepflanzt« oder »kein Buch geschrieben«, »aber habe ich Leben geschenkt, Weisheit verbreitet?« Frühmesse, 6.1.14

Salomo bittet um Weisheit

3 [9]Verleih deinem Knecht ein hörendes Herz, damit er dein Volk zu regieren und das Gute vom Bösen zu unterscheiden versteht. Wer könnte sonst dieses mächtige Volk regieren? 1 Kön 3,9

Alles mit den Augen Gottes sehen

Die erste Gabe des Heiligen Geistes ist … die Weisheit. Es handelt sich aber nicht einfach um die menschliche Weisheit, die Frucht von Wissen und Erfahrung ist. In der Bibel wird berichtet, dass Salomo im Augenblick seiner Krönung zum König von Israel die Bitte um die Gabe der Weisheit ausgesprochen hat (vgl. *1 Kön* 3,9). Und die Weisheit ist genau das: Sie ist die Gnade, alles mit den Augen Gottes sehen zu können. Sie ist einfach das: die Welt, die Situationen, die Zusammenhänge, die Probleme, alles mit den Augen Gottes zu sehen. Das ist die Weisheit. Manchmal sehen wir die Dinge nach unserem Gutdünken oder nach unserer Herzenslage, mit Liebe oder mit Hass, mit Neid … Nein, das ist nicht das Auge Gottes. Die Weisheit ist das, was der Heilige Geist in uns wirkt, damit wir alle Dinge mit den Augen Gottes sehen.

Generalaudienz, 9.4.14

Salomo wird Gott untreu

> **11** [4]Als Salomo älter wurde, verführten ihn seine Frauen zur Verehrung anderer Götter, sodass er dem Herrn, seinem Gott, nicht mehr ungeteilt ergeben war wie sein Vater David. 1 Kön 11,4

Wie der »weiseste Mann« in die Falle geht
Salomo, so sagte der Papst, »gefielen die Frauen. Er hatte unzählige Konkubinen und nahm sie sich hier und da: jede mit ihrem eigenen Gott, mit ihrem Götzen«. Es waren gerade »diese Frauen, die das Herz Salomos allmählich haben schwach werden lassen«. Deshalb »verlor Salomo die Unversehrtheit« des Glaubens. So sei es geschehen, dass »wenn eine Frau ihn um einen kleinen Tempel bat«, für »ihren Gott«, er diesen »auf dem Berg« habe errichten lassen. Und wenn eine andere Frau ihn um Weihrauch für ein Götzenbild bat, dann kaufte er ihn ihr. Aber auf diese Weise »wurde sein Herz schwach und er verlor den Glauben«.

Der Mann, der auf diese Weise den Glauben verliere, so betonte der Papst, sei »der weiseste Mann der Welt«, der sich habe verderben lassen »für eine indiskrete Liebe, eine Liebe ohne Mäßigung, für seine Leidenschaften«. Und doch, so sagte der Papst, könnte man erwidern: »Aber, Vater, Salomo hat den Glauben nicht verloren, er glaubte an Gott, er war dazu imstande, die Bibel auswendig aufzusagen.« Auf diesen Einspruch erwiderte der Papst allerdings, dass »den Glauben haben nicht heißt, dass man dazu imstande ist, das Glaubensbekenntnis aufzusagen: Du kannst das Glaubensbekenntnis aufsagen und doch den Glauben verloren haben!« Salomo, so fuhr der Papst fort, »war anfänglich ein Sünder wie sein Vater David.

Dann aber machte er so weiter und aus einem »Sünder« sei er zu einem »Verdorbenen« geworden: »Sein Herz war verdorben durch diesen Götzendienst.« Auch sein Vater David »war ein Sünder, aber der Herr hatte ihm alle seine Sünden vergeben, weil er demütig war und um Verzeihung bat«. Hingegen brachten Salomo »die Eitelkeit und seine Leidenschaften« so weit, dass er »der Verdorbenheit verfiel«. Denn »gerade im Herzen ist es, wo man den Glauben verliert«. Frühmesse, 13.2.14

Gott erscheint dem Propheten Elija

19 [12]Nach dem Beben kam ein Feuer. Doch der Herr war nicht
im Feuer. Nach dem Feuer kam ein sanftes, leises Säuseln. [13]Als
Elija es hörte, hüllte er sein Gesicht in den Mantel, trat hinaus
und stellte sich an den Eingang der Höhle. 1 Kön 19,12–13

Der Herr war in einer Spur klangvoller Stille

Selbst im Zustand der Niedergeschlagenheit und »mit großer Angst« ist Elija »auf den Berg gestiegen, um Gottes Botschaft, Gottes Offenbarung zu empfangen: Er betete, weil er gut war, aber er wusste nicht, was geschehen würde. Er wusste es nicht, er war dort und wartete auf den Herrn.« Im Alten Testament heiße es: »Da zog der Herr vorüber: Ein starker, heftiger Sturm, der die Berge zerriss und die Felsen zerbrach, ging dem Herrn voraus. Doch der Herr war nicht im Sturm.« Elija, erläuterte der Papst, »merkte, dass der Herr nicht dort war«. Weiter heiße es in der Schrift: »Nach dem Sturm kam ein Erdbeben. Doch der Herr war nicht im Erdbeben.« Elija, so der Papst, »wusste also zu erkennen, dass der Herr nicht im Erdbeben war und nicht im Sturm war«. Und weiter berichte das *erste Buch der Könige* nicht im Feuer. »Nach dem Feuer kam ein sanftes, leises Säuseln.« Und »als er es hörte, merkte Elija«, dass »es der Herr war, der vorüberging, hüllte sein Gesicht in den Mantel und betete den Herrn an«. Denn, so der Bischof von Rom, »der Herr war nicht im Wind, im Erdbeben oder im Feuer, sondern in jenem sanften, leisen Säuseln: im Frieden.« Oder »wie es im Original genau heißt, mit einem wunderschönen Ausdruck: Der Herr war in einer Spur klangvoller Stille.«

Elija also »kann erkennen, wo der Herr ist, und der Herr macht ihn bereit mit der Gabe der Unterscheidung«. Dann vertraut er ihm seine Sendung an: »Du warst auf die Probe gestellt, du hast dich der Prüfung der Depression unterzogen«, der Niedergeschlagenheit, »des Hungers; deine Unterscheidungsgabe wurde auf die Probe gestellt«, aber jetzt – so heiße es in der Schrift – »geh deinen Weg durch die Wüste zurück und begib dich nach Damaskus! Bist du dort angekommen, salbe Hasaël zum König über Aram! Jehu, den Sohn Nimschis, sollst du zum König von Israel salben und Elischa … salbe.« Genau das sei die Sendung, die Elija erwarte, erläuterte der Papst. Und der Herr habe ihn jenen langen Weg zurücklegen lassen, um ihn auf die Sendung vorzubereiten. Vielleicht, so könne man einwenden, wäre es »viel leichter gewesen zu sagen: Du warst so mutig, jene 400 zu töten, jetzt geh und salbe diesen!« Aber »der Herr bereitet die Seele vor, bereitet das Herz vor und er bereitet es in der Prüfung vor, er bereitet es im Gehorsam vor, er bereitet es in der Beharrlichkeit vor.«

Und »so ist das christliche Leben«, betonte der Papst. Denn »wenn der Herr uns eine Sendung, eine Arbeit anvertrauen will, dann bereitet er uns darauf vor, sie gut zu tun«, genau »wie er Elija vorbereitet hat«. Das Wichtige »ist nicht, dass er dem Herrn begegnet ist«, »sondern der ganze Weg, der zu der Sendung führt, die der Herr ihm anvertraut«. Und genau »das ist der Unterschied zwischen der apostolischen Sendung, die der Herr uns schenkt, und einer menschlichen, ehrbaren, guten Aufgabe«. Also »wenn der Herr eine Sendung schenkt, lässt er uns stets in einen Prozess der Läuterung, einen Prozess der Unterscheidung, einen Prozess des Gehorsams, einen Prozess des Gebets eintreten«. So, betonte er noch einmal, »ist das christliche Leben«, also »die Treue zu diesem Prozess, uns vom Herrn führen zu lassen«.

Frühmesse, 13.6.14

Erstes Buch der Makkabäer

Verräter am Gesetz

1 [11]Zu dieser Zeit traten Verräter am Gesetz in Israel auf, die viele (zum Abfall) überredeten. Sie sagten: Wir wollen einen Bund mit den fremden Völkern schließen, die rings um uns herum leben; denn seit wir uns von ihnen abgesondert haben, geht es uns schlecht.

1 Makk 1,11

Globalisierung der Einförmigkeit

Nehmt das erste Buch der Makkabäer und erinnert euch, wie damals viele sich der Kultur der Zeit anpassen wollten: »Nein, lassen wir's bleiben, nein! Essen wir doch alles wie alle Leute … Nun gut, das Gesetz, ja, aber man soll doch auch nichts übertreiben …« Und so ließen sie schließlich vom Glauben ab, um mit dem Strom jener Kultur zu schwimmen. Habt ihr den Mut, gegen den Strom dieser leistungsorientierten Kultur, dieser Wegwerfmentalität zu schwimmen! Predigt in Rio / Brasilien, 27. 7. 13

Einheitsdenken

Es gebe eine Gefahr, die weltweit lauere. Es handele sich dabei um die »Globalisierung der hegemonialen Einförmigkeit«, die sich durch »einheitliches Denken« auszeichne. Dies führe dazu, dass man im Namen eines Fortschrittsdenkens, das sich dann als pubertär erweise, nicht zögere, die eigenen Traditionen und die eigene Identität zu verleugnen …

Der Papst begann seine Überlegungen mit der Schriftlesung aus dem *1. Buch der Makkabäer*, »einer der traurigsten Stellen der Bibel«, wie er kommentierte, wo »ein Großteil des Volkes Gottes es angesichts eines Angebots der Weltlichkeit vorzieht, sich vom Herrn zu entfernen«. Wie der Papst bemerkte, handelte es sich um ein typisches Verhaltensmuster jener »geistlichen Weltlichkeit, die Jesus nicht für uns wollte, so, dass er den Vater darum bat, uns vor dem Geist der Welt zu bewahren«.

Diese Weltlichkeit habe ihren Ursprung in einer perversen Wurzel, »in ruchlosen Menschen, die zu intelligenter Überredung fähig sind: ›Wir wollen einen Bund mit den fremden Völkern schließen, die rings um uns herum leben; denn seit wir uns von ihnen abgesondert haben, geht es uns schlecht.‹« Diese Art zu argumentieren, erinnerte der Papst, wurde für so gut gehalten, dass einige »die Initiative ergriffen, zum König zu gehen, um mit dem König zu verhandeln, um zu unterhandeln«. Diese Männer, so fügte er hinzu, »waren begeistert, sie glaubten, dass die Nation, das Volk Israel dadurch zu einem großen Volk werden würde«.

Gewiss, so bemerkte der Papst, stellten sie sich nicht das Problem, ob es richtig wäre oder nicht, dieses Fortschrittsdenken anzunehmen, das als ein Vorwärtsstreben um jeden Preis zu verstehen sei. Nein, sie sagten vielmehr: »Wir verschließen uns nicht. Wir sind fortschrittlich.« Es sei ein wenig so, wie es auch heute geschähe, bemerkte der Bischof von Rom, mit der Ausbreitung dessen, was er als den »Geist des pubertären Fortschrittsdenkens« bezeichnete, demzufolge man angesichts jeder Entscheidung, die man treffen müsse, denke, dass es richtiger sei, vorwärtszugehen als den eigenen Traditionen treu zu bleiben.

»Diese Leute«, fuhr der Papst fort, … »haben nicht etwa über Gewohnheiten verhandelt … Sie haben über ihre Treue zum immer treuen Gott gefeilscht. Und das bezeichnet man als Apostasie, als Abfall. Die Propheten nennen es – im Hinblick auf die Treue – einen Treubruch, ein treuloses Volk. Jesus sagt es: »›eine böse und treulose Generation‹, die um etwas feilscht, das ein essenzieller Bestandteil der eigenen Identität ist: die Treue zum Herrn.« Vielleicht gab es einige Werte, über die sie nicht verhandelt haben, auf die sie nicht verzichteten; aber es handle sich dabei um Werte, so merkte der Papst an, die am Ende dann so sinnentleert seien, dass sie nur noch »nominelle, aber keine realen Werte mehr sind«.

Für all das trage man dann aber die Konsequenzen. Unter Verweis auf die Schriftlesung erinnerte der Papst daran, dass sie »die Sitten und Gebräuche der Heiden« annahmen und den Befehl des Königs akzeptierten, der »seinem ganzen Reich vorschrieb, alle sollten zu einem einzigen Volk werden und jeder solle seine Eigenart aufgeben«. Und mit Sicherheit, so sagte der Papst, handelte es sich nicht um die »schöne Globalisierung«, die sich in der »Einheit aller Nationen« ausdrücke, die aber jeweils ihre eigenen Gebräuche beibehielten. Das, wovon in der Schriftlesung die Rede sei, sei vielmehr die »Globalisierung der hegemonialen Einförmigkeit«. Ein »Einheitsdenken, das eine Frucht der Weltlichkeit ist«.

Frühmesse, 18. 11. 13

Wiederaufbau des Tempels

4 [36]Judas und seine Brüder sagten: Unsere Feinde sind nun vernichtend geschlagen. Wir wollen nach Jerusalem hinaufziehen, den Tempel reinigen und ihn neu weihen. 1 Makk 4,36

Ein Ort der Anbetung

Die zugrunde liegende Botschaft ist für Papst Franziskus »sehr wichtig: der Tempel als ein Bezugspunkt für die Gemeinschaft, ein Bezugspunkt für das Volk Gottes« … »Den Tempel neu weihen, um Gott zu ehren« ist der eigentliche Sinn der Geste des Judas Makkabäus, gerade weil »der Tempel der Ort ist, an dem die Gemeinschaft zusammenkommt, um zu beten, den Herrn zu loben, ihm zu danken, vor allem aber um anzubeten«. In der Tat »wird im Tempel der Herr angebetet. Das ist der wichtigste Punkt«, betonte der Papst. Und diese Wahrheit gelte für jeden Tempel und für alle liturgischen Feiern, wo »die Anbetung das Wichtigste ist« und nicht »die Gesänge und die Riten«, so schön sie auch sein mögen. »Die ganze dort versammelte Gemeinde«, erläuterte er, »schaut auf den Altar, an dem das Opfer dargebracht wird, und betet an. Aber ich glaube, ich sage das ganz demütig, dass wir Christen vielleicht ein wenig den Sinn für die Anbetung verloren haben. Und wir denken: Wir gehen in das Gotteshaus, wir versammeln uns als Brüder und das ist gut, es ist schön. Aber der Mittelpunkt ist da, wo Gott ist. Und wir beten Gott an.«

Papst Franziskus forderte daher dazu auf, die Gelegenheit zu nutzen, um über die Einstellung nachzudenken, die man haben sollte: »Sind«, so fragte er, »unsere Gotteshäuser Orte der Anbetung? Fördern sie die Anbetung? Begünstigen unsere Liturgiefeiern die Anbetung?« Judas Makkabäus und das Volk waren voller Eifer für den Tempel, weil er das Haus Gottes ist, die Wohnstatt

Gottes. Und sie gingen als Gemeinschaft hin, um Gott dort zu finden, um anzubeten … Der Tempel ist ein heiliger Ort. Und wir müssen in ihn eintreten, in die Sakralität, die uns zur Anbetung führt. Es gibt nichts anderes.« Frühmesse, 22.11.14

Zweites Buch der Makkabäer

Eleasars Martyrium

6 [24]Wer so alt ist wie ich, soll sich nicht verstellen. Viele jungen Leute könnten sonst glauben, Eleasar sei mit seinen neunzig Jahren noch zu der fremden Lebensart übergegangen.

2 Makk 6,24

Eleasar denkt nicht an sich selbst
»Dieser Mann«, so erläuterte er, »hatte, als er vor die Wahl zwischen Apostasie und Treue gestellt wurde, keinen Zweifel. Er hatte viele Freunde. Sie wollten ihn dazu bewegen, einen Kompromiss einzugehen: ›Tu so, als ob du von dem Opferfleisch essen würdest, dann kannst du weiterleben …‹ Diese Verhaltensform des Vortäuschens – Frömmigkeit vortäuschen, Religiosität vortäuschen – verurteilt Jesus im 23. Kapitel des *Matthäusevangeliums* mit einem harten Wort: dem der Heuchelei.« Hingegen »dieser gute Mann, ein Neunzigjähriger, tüchtig und hochangesehen bei seinem Volk, denkt nicht an sich selbst. Er denkt nur an Gott, daran, diesen nicht durch die Sünde der Heuchelei und der Apostasie zu beleidigen. Er denkt aber auch ans Erbe«, das er hinterlassen wird. Er denkt also an die Jugend. Und im Text

der Schrift kommt, auch wenn von einem alten Mann die Rede ist, das Wort Jugend oft vor, bemerkte Papst Franziskus. Eleasar dachte also daran, was er durch die Wahl, die er traf, der Jugend als Erbe hinterlassen würde. Und er fragte sich: »Einen Kompromiss, also halb und halb, eine Heuchelei oder die Wahrheit, jene Wahrheit, der zu folgen ich mein ganzes Leben lang versucht habe?« Das sei »die Kohärenz dieses Mannes, die Kohärenz seines Glaubens«, kommentierte der Bischof von Rom, »aber auch die Verantwortung, ein edles, wahres Erbe zu hinterlassen.«

»Wir leben in einer Zeit, in der die alten Menschen nicht zählen. Es ist hässlich, das zu sagen«, wiederholte der Heilige Vater, »aber man entledigt sich ihrer, weil sie lästig sind.« Und das, obwohl »die alten Menschen die sind, die uns die Geschichte, die Lehre, den Glauben bringen und sie uns als Erbe hinterlassen. Sie sind wie ein guter, gealterter Wein, d. h. sie haben in sich die Kraft dazu, uns dieses edle Erbe zu geben.« …

»Es wird uns guttun, an viele alte Männer und Frauen zu denken, an die vielen Alten, die in den Altersheimen sind, und auch an die vielen, die – das Wort ist hässlich, aber sagen wir es – von den Ihren sich selbst überlassen worden sind«, fügte der Heilige Vater dann hinzu, indem er daran erinnerte, dass »sie der Schatz unserer Gesellschaft sind. Beten wir dafür, dass sie kohärent sein mögen bis ans Ende! Das ist die Aufgabe der alten Menschen, das ist der Schatz. Beten wir für unsere Großväter und für unsere Großmütter, die so oft eine heroische Rolle bei der Weitergabe des Glaubens gespielt haben, in Zeiten der Verfolgung!«

Frühmesse, 19.11.13

Weisheitsbücher und Psalmen

Ijob

Der Leidgeprüfte flucht

3 [1]Ijob tat seinen Mund auf und verfluchte seinen Tag. [2]Ijob er-
griff das Wort und sprach: [3]Ausgelöscht sei der Tag, an dem ich
geboren bin, / die Nacht, die sprach: Ein Mann ist empfangen.

Ijob 3,1–3

Mit der Wirklichkeit beten
Der Papst ging von der ersten … Lesung zum Tag aus, die ein »etwas spezielles Gebet« enthalte. »Die Bibel selbst sagt, dass es ein Fluch ist«, so erläuterte er. Tatsächlich »tat Ijob seinen Mund auf und verfluchte seinen Tag« … Der Bischof von Rom macht in diesem Zusammenhang darauf aufmerksam, dass »Ijob, der reiche Mann, der gerechte Mann, der Gott wahrhaft anbetete und auf dem Weg der Gebote ging«, diese Dinge ausgesprochen hat, nachdem er »alles verloren hatte. Er wurde auf die Probe gestellt: Er verlor seine gesamte Familie, all seine Güter, seine Gesundheit und sein ganzer Leib wurde zu einer einzigen Wunde.« Kurz, »in diesem Augenblick ist seine Geduld zu Ende und er sagt diese Dinge. Sie sind schlimm! Aber er war es gewöhnt, die Wahrheit zu sagen, und das ist die Wahrheit, die er in diesem Augenblick verspürt.«

Das gehe so weit, dass er sage: »Ich bin allein. Ich bin verlassen. Warum? Ausgelöscht sei der Tag, an dem ich geboren bin, die

Nacht, die sprach: Ein Mann ist empfangen.« Der Papst erkannte in diesen Worten des Ijob eine Art von »Verwünschung seines gesamten Lebens«, wobei er betonte, dass diese Verwünschung ausgesprochen werde »in den dunklen Augenblicken« des Daseins. Und dasselbe geschehe auch im Buch *Jeremia*, im 20. Kapitel: »Verflucht der Tag, an dem ich geboren wurde.« Worte, die einen dazu brächten, sich zu fragen: »Flucht dieser Mann etwa? Dieser Mann, der allein ist, so, in dieser Situation, flucht er etwa? Flucht Jeremia? Flucht Jesus, als er klagt: ›Vater, warum hast du mich verlassen?‹ Das ist das Geheimnis.«

Der Papst bekannte, dass er in seiner Erfahrung als Seelsorger selbst oft »Menschen« höre, »die schwierige, schmerzliche Erfahrungen durchleben, die alles verloren haben oder sich alleine und verlassen fühlen und kommen, um sich zu beschweren und diese Frage stellen: Warum? Sie lehnen sich gegen Gott auf.« Und seine Antwort laute: »Bete weiter auf diese Art, denn auch das ist ein Gebet.« So wie auch das ein Gebet gewesen sei, was Jesus gesprochen habe, als er zum Vater gesagt habe: »Warum hast du mich verlassen?«, und wie die Worte des Ijob. Denn »beten heißt, vor Gott in Wahrheit sein. Man betet mit der Wirklichkeit. Das wahre Gebet kommt aus dem Herzen, aus dem Augenblick heraus, den man durchlebt.« Eben dies sei »das Gebet der dunklen Stunden, der Augenblicke des Lebens, in denen man keine Hoffnung hat« und »den Horizont nicht sieht«; sodass man »sehr oft das Gedächtnis verliert und wir nicht wissen, wo wir unsere Hoffnung verankern sollen«.

Das begründe die Aktualität von Gottes Wort, denn auch heute »befinden sich viele Menschen in derselben Lage wie Ijob. Viele gute Menschen, wie Ijob, die nicht verstehen, was ihnen widerfahren ist. Viele Brüder und Schwestern, die keine Hoffnung mehr haben.« Die Gedanken des Papstes richteten sich sogleich »auf die großen Tragödien« wie etwa jener der Christen, die aus ihren Häusern verjagt und all ihrer Habe beraubt werden, die sich fragen: »Aber Herr, ich habe an dich geglaubt. Warum?« Warum ist »an dich zu glauben ein Fluch?« Dasselbe treffe zu für »die alten Menschen, die beiseitegeschoben werden«, für die Kranken, für die Menschen, die allein im Krankenhaus seien. In der Tat seien es »diese Menschen, diese unsere Brüder und Schwestern, und auch wir selbst, wenn wir auf dem Weg der Dunkelheit sind«, für die »die Kirche betet«. Und dadurch, dass sie das tue, »nimmt sie diesen Schmerz auf sich«.

Frühmesse, 30.9.14

Ijobs Schlussrede

> **29** [14]Ich bekleidete mich mit Gerechtigkeit, / wie Mantel und Kopfbund umhüllte mich mein Recht. Ijob 29,14

Nächstenliebe braucht Zeit

Weisheit des Herzens bedeutet, dem Mitmenschen zu dienen. In der Rede des Ijob, aus der das Wort stammt: »Auge war ich für den Blinden, dem Lahmen wurde ich zum Fuß«, wird die Dimension des Dienstes an den Notleidenden deutlich, den dieser gerechte Mann geleistet hat, der eine gewisse Autorität besitzt und einen Ehrenplatz unter den Ältesten der Stadt einnimmt. Seine moralische Größe zeigt sich im Dienst am Armen, der um Hilfe schreit, und in der Sorge für den Waisen und die Witwe (vgl. 29,12–13) …

Weisheit des Herzens bedeutet, solidarisch mit dem Mitmenschen zu sein, ohne ihn zu beurteilen. Die Nächstenliebe braucht Zeit. Zeit, um die Kranken zu pflegen, und Zeit, um sie zu besuchen. Zeit, um bei ihnen zu verweilen, wie es die Freunde Ijobs taten: »Sie saßen bei ihm auf der Erde sieben Tage und sieben

Nächte; keiner sprach ein Wort zu ihm. Denn sie sahen, dass sein Schmerz sehr groß war« (*Ijob* 2,13). Doch die Freunde Ijobs verbargen in ihrem Innern ein negatives Urteil über ihn: Sie meinten, sein Unglück sei die Strafe Gottes für eine Schuld. Die wahre Nächstenliebe ist hingegen eine Teilnahme, die nicht urteilt, die sich nicht anmaßt, den anderen zu bekehren; sie ist frei von jener falschen Demut, die unterschwellig Anerkennung sucht, und freut sich über das vollbrachte Gute. Die Erfahrung Ijobs findet ihre authentische Antwort allein im Kreuz Jesu, dem äußersten, völlig ungeschuldeten, ganz und gar barmherzigen Akt der Solidarität Gottes mit uns …

Auch wenn die Krankheit, die Einsamkeit und die Unfähigkeit die Oberhand über unser Leben der Hingabe gewinnen, kann die Erfahrung des Leidens ein bevorzugter Ort der Vermittlung der Gnade sein und eine Quelle, um die *sapientia cordis* zu erwerben und zu stärken. Darum versteht man, wieso Ijob sich am Ende seiner Erfahrung mit den Worten an Gott wenden kann: »Vom Hörensagen nur hatte ich von dir vernommen; jetzt aber hat mein Auge dich geschaut« (42,5). Auch die im Geheimnis von Leid und Schmerz versunkenen Menschen können, wenn dieses im Glauben angenommen wird, lebendige Zeugen eines Glaubens werden, der es erlaubt, sich im Leiden selbst niederzulassen, obwohl der Mensch mit seiner Intelligenz nicht fähig ist, es bis zum Grunde zu begreifen.

Botschaft zum Welttag der Kranken, 3.12.14

Die Psalmen

Psalm 34 – von der wahren Freude

> [2]Ich will den Herrn allezeit preisen; / immer sei sein Lob in meinem Mund. [3]Meine Seele rühme sich des Herrn; / die Armen sollen es hören und sich freuen. Ps 34,2–3

Dieser ganze Psalm ist ein Lobgesang an den Herrn, der Quelle der Freude und des Friedens. Und was ist der Grund dieser Freude? Es ist dieser: Der Herr ist nahe, er erhört das Rufen der Demütigen und befreit sie vom Bösen. Das schrieb auch der heilige Paulus: »Freut euch im Herrn zu jeder Zeit … der Herr ist nahe!« (*Phil* 4,4–5). – Ich würde heute gerne eine Frage stellen. Aber jeder soll sie im Herzen nach Hause tragen, ja? Als Hausaufgabe. Und für sich allein beantworten: Wie ist es mit der Freude bei dir zu Hause? Wie ist es mit der Freude in deiner Familie? Nun, gebt ihr die Antwort …

Die wahre Freude kommt aus einer tiefen Harmonie zwischen den Menschen, die alle im Herzen spüren und die uns die Schönheit des Zusammenseins, der gegenseitigen Unterstützung auf dem Weg des Lebens empfinden lässt. Doch das Fundament dieses Gefühls tiefer Freude ist die Gegenwart Gottes, die Gegenwart Gottes in der Familie, seine aufnahmebereite, barmherzige, respektvolle Liebe allen gegenüber. Predigt, 27.10.13

Psalm 44 – wir geben ihnen vergiftete Speise

> [9]Wir rühmen uns Gottes den ganzen Tag / und preisen deinen Namen auf ewig. [Sela] [10]Doch nun hast du uns verstoßen und

mit Schmach bedeckt, / du ziehst nicht mit unserm Heer in den Kampf. Ps 44,9–10

Genau mit diesen Worten, so sagte der Papst, »betet der Gerechte Israels nach den zahlreichen Niederlagen, die das Volk im Lauf seiner Geschichte erlitten hat«. Niederlagen, die einige Fragen aufwerfen: »Weshalb hat der Herr Israel in den Händen der Philister gelassen? Hat der Herr sein Volk bei diesem Kampf gegen seine Feinde im Stich gelassen? Hat er sein Angesicht verborgen?« Die grundlegende Frage sei: »Warum hat der Herr bei diesem Kampf gegen die Feinde sein Volk im Stich gelassen? Gegen diese Feinde, die nicht nur Feinde des Volkes, sondern Feinde des Herrn waren!« Feinde, die »Gott hassten«, die »Heiden waren« …

Niederlagen, die »ganz einfach« der Tatsache zuzuschreiben seien, dass das Volk »den Herrn nicht hört, den Herrn nicht sucht, sich vom Herrn nicht suchen lässt«. Anschließend, nach der Niederlage, wende man sich dann an den Herrn, um ihn zu fragen: »Aber Herr, was ist denn geschehen?« Im Psalm 44 sei zu lesen: »Du machst uns zum Schimpf für die Nachbarn, zu Hohn und Spott bei allen, die rings um uns wohnen. Du machst uns zum Spottlied der Völker, die Heiden zeigen uns nichts als Verachtung.« Und das, so merkte Papst Franziskus an, führe dazu, an »die Skandale der Kirche zu denken: Aber schämen wir uns denn?« Und er fügte hinzu: »Zahllose Skandale, die ich nicht alle einzeln aufzählen möchte, die wir aber alle kennen. Wir wissen, wo sie sind!« Einige »Skandale«, so sagte er, »haben uns viel Geld gekostet. Recht so …« Und an diesem Punkt sprach der Heilige Vater ganz klar von der »Scham der Kirche« über diese Skandale, die wie zahlreiche »Niederlagen von Priestern, von Bischöfen, von Laien« klängen …

»Die armen Leute, die armen Menschen! Wir geben ihnen

nicht das Brot des Lebens! Wir nähren sie nicht mit der Wahrheit! Wie oft geben wir ihnen vergiftete Speise!«

Frühmesse, 16.1.14

Psalm 73 – Nachdenken über unser Leben

> [25]Was habe ich im Himmel außer dir? / Neben dir erfreut mich
> nichts auf der Erde. [26]Auch wenn mein Leib und mein Herz verschmachten, / Gott ist der Fels meines Herzens / und mein Anteil auf ewig.
>
> Ps 73,25–26

Die Worte des Psalms … laden uns ein, über unser eigenes Leben nachzudenken. Der Psalmist strahlt freudiges Vertrauen auf Gott aus. Wir wissen alle, das die Freude nicht alle Zeiten des Lebens auf gleiche Weise zum Ausdruck kommt, dass aber in Augenblicken großer Schwierigkeiten immer wenigstens ein Lichtstrahl bleibt, der aus der persönlichen Gewissheit hervorgeht, jenseits von allem grenzenlos geliebt zu sein. Die feste Überzeugung, von Gott geliebt zu sein, steht im Mittelpunkt eurer Berufung: für andere ein berührbares Zeichen der Gegenwart des Reiches Gottes zu sein, ein Vorgeschmack der ewigen Freuden des Himmels. Nur wenn unser Zeugnis freudig ist, werden wir Männer und Frauen für Christus interessieren. Und diese Freude ist ein Geschenk und wird durch das Gebetsleben, durch die Betrachtung des Wortes Gottes, durch die Feier der Sakramente und durch das Gemeinschaftsleben, das sehr wichtig ist, genährt. Wenn das fehlt, werden Schwächen und Schwierigkeiten aufkommen, um die Freude niederzudrücken, die wir am Beginn unseres Ordenslebens so gut kannten.

An Ordensleute in Kkottongnae/Korea, 16.8.2014

Psalm 103 – jeden Tag fünf Minuten

> Lobe den Herrn, meine Seele, / und alles in mir seinen heiligen Namen! [2]Lobe den Herrn, meine Seele, / und vergiss nicht, was er dir Gutes getan hat … Ps 103,1–2

»Jesus lehrt uns: der Vater weiß alles. Macht euch keine Sorgen, der Vater lässt es regnen über Gerechte und Ungerechte, lässt die Sonne scheinen über Gerechte und Sünder.«

»Ich hätte gerne, dass wir alle uns von heute an fünf Minuten am Tag die Bibel vornehmen und langsam Psalm 103 beten … Betet den ganzen Psalm! Und dadurch lernen wir die Dinge, die wir dem Herrn sagen sollen.« Frühmesse, 1. 7. 13

Psalm 126 – ein Mund voll Lachen

> Als der Herr das Los der Gefangenschaft Zions wendete, / da waren wir alle wie Träumende. [2]Da war unser Mund voll Lachen / und unsere Zunge voll Jubel. Da sagte man unter den andern Völkern: / »Der Herr hat an ihnen Großes getan.«
>
> Ps 126,1–2

Es gehe darum, so führte der Bischof von Rom aus, »der Freude im Lobgebet« Ausdruck zu verleihen, das »völlig unentgeltlich« sei. In der Tat seien wir für gewöhnlich »bestens dazu imstande, zu beten, wenn wir etwas erbitten«, und auch »wenn wir dem Herrn danken«; aber wir beteten weitaus weniger regelmäßig, um »den Herrn zu loben«. Der Anstoß zu dieser Art von Gebet könne ein dringenderes Anliegen für uns werden, so empfahl der Papst, wenn wir »der Dinge gedenken, die der Herr in unserem Leben getan hat« … Das also solle der Quell unseres Gebetes sein: »Gepriesen seist du, Herr, weil du mich erwählt hast!« Der Mensch müsse also »die Freude einer väterlichen und zärtlichen Nähe« spüren.

Dasselbe sei dem Volk Israel widerfahren, als es aus der Babylonischen Gefangenschaft befreit worden sei, so erinnerte der Papst, indem er einige Verse des 126. Psalms zitierte … »Denken wir an einen Mund voll Lachen: Das ist das Lobgebet«, es sei der unmittelbare Ausdruck einer ungeheuren Freude, des »Glücklichseins vor dem Herrn«. Es sei eine Veranlagung des Herzens, die man nicht vergessen dürfe: »Unternehmen wir eine Anstrengung, um sie wiederzufinden« … Es sei überaus wichtig, sich zu erinnern, dessen zu gedenken, was der Herr für einen jeden von uns getan habe, »mit wie viel Zärtlichkeit er mich begleitet hat, wie er sich herabgeneigt hat, sich hingekniet hat«, gerade so wie ein Vater, der »sich mit dem Kinde hinkniet, um es laufen zu lehren«.

Frühmesse, 16.10.14

Psalm 139 – das heißt beten

> Herr, du hast mich erforscht und du kennst mich. / [2]Ob ich sitze oder stehe, du weißt von mir. / Von fern erkennst du meine Gedanken.
>
> Ps 139,1–2

Die Geschichte »unserer Beziehung zu Gott« beginnt »nicht mit dem Tag der Taufe: An jenem Tag wird sie nur besiegelt.« In Wirklichkeit beginne sie in jenem Augenblick, »in dem Gott uns aus der Ewigkeit angeschaut und auserwählt hat«. Kurz, es sei eine Geschichte, die »im Herzen Gottes ihren Anfang nimmt«. Und folglich heiße beten so viel wie »der Wahl gedenken, die Gott im Hinblick auf uns getroffen hat; unseres Weges des Bundes gedenken«. Das bedeute, dass man sich die Frage stelle, ob

»dieser Bund respektiert worden ist« oder nicht. Und da wir vor allem »Sünder sind«, heiße beten vor allem »der Verheißung gedenken, die Gott« uns gemacht habe und die »niemals enttäuscht«, jene Verheißung, »die unsere Hoffnung ist«.

Zum Abschluss betonte Papst Franziskus, dass »dies das wahre Gebet« sei, wobei er empfahl, dass man »unser Gebet mit dem schönen Psalm 139 demütig beginnen« könne: »Herr, du hast mich erforscht und du kennst mich … Das heißt beten!«

Frühmesse, 7.10.14

Das Hohelied

»Wer liebt, begreift …«

1 [14]Eine Hennablüte ist mein Geliebter mir / aus den Weinbergen von En-Gedi. [15]Schön bist du, meine Freundin, / ja, du bist schön. / Zwei Tauben sind deine Augen. Hld 1,14–15

Ohne Liebe wird die Wahrheit kalt, unpersönlich und erdrückend für das konkrete Leben des Menschen. Die Wahrheit, die wir suchen, jene, die unseren Schritten Sinn verleiht, erleuchtet uns, wenn wir von der Liebe berührt sind. Wer liebt, begreift, dass die Liebe eine Erfahrung der Wahrheit ist, dass sie selbst unsere Augen öffnet, um die ganze Wirklichkeit in neuer Weise zu sehen, in Einheit mit dem geliebten Menschen. In diesem Sinn hat der heilige Gregor der Große geschrieben, dass »*amor ipse notitia est*«, dass die Liebe selbst eine Erkenntnis ist, eine neue Logik mit sich bringt. Es handelt sich um eine an die Beziehung gebundene Weise, die Welt zu sehen, die eine miteinander geteilte Erkenntnis wird, eine Sicht aus der Sicht des anderen und eine gemeinsame Sicht aller Dinge. Wilhelm von Saint Thierry folgt im Mittelalter dieser Überlieferung, als er einen Vers aus dem Hohelied kommentiert, in dem der Geliebte zur Geliebten sagt: Augen der Taube sind deine Augen (vgl. *Hld* 1,15). Diese beiden Augen, erklärt Wilhelm, sind die glaubende Vernunft und die Liebe, die ein einziges Auge werden, um zur Schau Gottes zu gelangen, wenn der Verstand zum »Verstand einer erleuchteten Liebe« wird.

Enzyklika Lumen Fidei, 29. 6. 13

Weisheit

Gott des Lebens

1 [13]Gott hat den Tod nicht gemacht / und hat keine Freude am Untergang der Lebenden.

Weish 1,13

Gott trägt meinen Nachnamen
Papst Franziskus zufolge ist es möglich, auf die Frage: »Wie lautet Gottes Nachname?« zu antworten: »Wir sind es, ein jeder von uns. Er nimmt unseren Namen, um ihn zu seinem Nachnamen zu machen.« Und in dem Beispiel, das der Papst anführte, sind nicht nur die Väter unseres Glaubens angegeben, sondern auch ganz gewöhnliche Leute. »Ich bin der Gott Abrahams, Isaaks, Jakobs, derjenige Pedros, Mariettas, Armonys, Marisas, Simons, der Gott aller Menschen. Er entlehnt seinen Nachnamen von uns. Der Nachname Gottes ist ein jeder von uns«, so führte er aus. Darauf lasse sich auch die Feststellung zurückführen, dass

Gott, indem er »unseren Namen als Nachnamen angenommen hat, mit uns Geschichte gemacht hat«; nein, mehr noch als das: »Er hat sich die Geschichte von uns schreiben lassen.« Und auch heute noch schrieben wir »diese Geschichte«, die aus »Gnade und Sünde« bestehe, während der Herr es nicht müde werde, hinter uns zu gehen: »Das ist die Demut Gottes, die Geduld Gottes, die Liebe Gottes.« Im Übrigen »sagt auch das *Buch der Weisheit*, dass es die Freude Gottes ist, bei den Kindern der Menschen zu sein, bei uns« …

»Wenn Er seine Geschichte mit uns gemacht hat, wenn er seinen Nachnamen von uns übernommen hat, wenn er es zugelassen hat, dass wir seine Geschichte schreiben«, dann sollten wir unsererseits auch zulassen, dass Gott die unsere schreibe. Denn, so klärte er, »die Heiligkeit« bestehe gerade darin, »zuzulassen, dass der Herr unsere Geschichte schreibt«. Frühmesse, 17.12.13

Die Frevler lauern dem Gerechten auf

2 [1]Sie tauschen ihre verkehrten Gedanken aus und sagen: … [12]Lasst uns dem Gerechten auflauern! / Er ist uns unbequem und steht unserem Tun im Weg. / Er wirft uns Vergehen gegen das Gesetz vor / und beschuldigt uns des Verrats an unserer Erziehung. Weish 2,1.12

Eine historische Scheinheiligkeit

Auflauern, so erläuterte der Papst, das bedeute, »eine Arbeit der üblen Nachrede unter ihnen zu tun, Verleumdungen, Tratsch«. Und so verleumdeten sie »und bereiten ein wenig die Atmosphäre vor, um den Gerechten zu zerstören«. Denn sie könnten nicht akzeptieren, dass es einen Gerechten gebe, der, wie das Alte Testament es ausdrücke, »unserem Tun im Weg steht, der uns Vergehen gegen das Gesetz vorwirft, der uns des Verrats an unserer Erziehung beschuldigt«. Diese Worte seien eine Beschreibung der Propheten, die »in der gesamten Heilsgeschichte« verfolgt worden seien …

Wir stünden hier, so der Heilige Vater, vor einer »historischen Scheinheiligkeit«. Es sei eine Tatsache, dass »in der Heilsgeschichte, zur Zeit des Volkes Israel und auch in der Kirche, die Propheten immer verfolgt worden sind«. Denn der Prophet sei »ein Mensch, der sagt: Ihr habt einen falschen Weg eingeschlagen, kehrt zurück auf den Weg Gottes! Das ist die Botschaft eines Propheten«, eine Botschaft, die »denjenigen nicht gefällt, die auf diesem falschen Weg die Macht haben« … So »wurden in der Kirche auch zahlreiche Denker verfolgt«. Frühmesse, 4.4.14

Als Schweigen das All umfing …

18 [14]Als tiefes Schweigen das All umfing und die Nacht bis zur
Mitte gelangt war, [15]da sprang dein allmächtiges Wort vom
Himmel, vom königlichen Thron herab als harter Krieger mitten in das dem Verderben geweihte Land. Weish 18,14–15

Gottes Schwäche und die Stärke des Menschen
Gott ist schwach einzig und allein angesichts der Gebete seines Volkes. Folglich ist das Gebet die wahre Stärke des Menschen: Man darf nie müde werden, an die Tore von Gottes Herz anzuklopfen, ihn um Hilfe zu bitten, denn wenn er gerufen wird, sein Volk zu verteidigen, dann ist Gott unerbittlich …

»In der ersten Schriftlesung«, sagte der Papst, »haben wir gehört, was der Herr getan hat: Dieses allmächtige Wort kommt vom Himmel wie ein unerbittlicher Krieger. Wenn der Herr die Verteidigung seines Volkes übernimmt, dann ist es so: Er ist ein

Krieger und er rettet sein Volk. Er rettet alles, macht alles neu: Das Wesen der ganzen Schöpfung wurde neugestaltet, unversehrt bewahrt wie zuvor.« Und so ist es, sagte der Heilige Vater, indem er nochmals das *Buch Weisheit* zitierte (18,14–16; 19,6–9): »Es zeigte sich ein Weh ohne Hindernisse durch das Rote Meer, eine grüne Ebene stieg aus der gewaltigen Flut. Von deiner Hand behütet, zogen sie vollzählig hindurch und sahen staunenswerte Wunder.« Die Beschreibung ihrer Errettung, so merkte er an, nehme geradezu poetische Töne an: »Sie weideten wie Rosse, hüpften wie Lämmer und lobten dich, Herr, ihren Retter.« Gerade so, betonte er, »ist die Macht des Herrn, wenn er sein Volk retten will: stark. Er ist der Herr. Weil er das Gebet seines Volkes gehört hat; weil er in seinem Herzen gespürt hat, dass seine Auserwählten litten.«

Aber wenn das die Stärke Gottes ist, »was ist dann die Stärke des Menschen?«, fragte sich der Papst … »Anklopfen«, antwortete er, »bitten, über viele Probleme, große Schmerzen klagen und den Herrn bitten, von diesen Schmerzen, von diesen Sünden, diesen Problemen befreit zu werden.« Das sei die Stärke des Menschen, das Gebet, »auch das Gebet des demütigen Menschen«, so präzisierte er, denn sollte Gott überhaupt eine Schwäche haben, so führte er weiter aus, so zeige sie sich gerade angesichts der Gebete seines Volkes, »das ist die Schwäche Gottes. Der Herr ist nur hierin schwach.« Frühmesse, 16.11.13

Die Bücher der Propheten

Jesaja

Schwerter zu Pflugscharen

2 [3]Viele Nationen machen sich auf den Weg. / Sie sagen: Kommt, wir ziehen hinauf zum Berg des Herrn / und zum Haus des Gottes Jakobs. Er zeige uns seine Wege, / auf seinen Pfaden wollen wir gehen. Denn von Zion kommt die Weisung des Herrn, / aus Jerusalem sein Wort.

Jes 2,3

Eine universale Pilgerschaft
Wir entdecken neu die Schönheit, alle auf dem Weg zu sein … Doch unterwegs wohin? Gibt es ein gemeinsames Ziel? Und was ist dieses Ziel? Der Herr antwortet uns durch den Propheten Jesaja und sagt: »Am Ende der Tage wird es geschehen: Der Berg mit dem Haus des Herrn / steht fest gegründet als höchster der Berge; er überragt alle Hügel. / Zu ihm strömen alle Völker …« So spricht Jesaja vom Ziel, auf das wir zugehen. Es ist eine *universale Pilgerschaft hin zu einem gemeinsamen Ziel*, das im Alten Testament Jerusalem ist, wo der Tempel des Herrn steht, da von dort, von Jerusalem, die Offenbarung des Antlitzes Gottes und seines Gesetzes gekommen ist. Die Offenbarung hat in Jesus Christus ihre Erfüllung gefunden und der »Tempel des Herrn« ist er selbst geworden, das Mensch gewordene Wort: Er führt uns und gleichzeitig ist er das Ziel unserer Pilgerschaft, der Pilgerschaft des ganzen Volkes Gottes; und in seinem Licht

können auch die anderen Völker zum Reich der Gerechtigkeit gehen, zum Reich des Friedens. Wieder ist es der Prophet, der sagt: »Dann schmieden sie Pflugscharen aus ihren Schwertern / und Winzermesser aus ihren Lanzen. Man zieht nicht mehr das Schwert, Volk gegen Volk, / und übt nicht mehr für den Krieg« (2,4).

Ich erlaube mir, die Worte des Propheten zu wiederholen, hört gut zu: »Dann schmieden sie Pflugscharen aus ihren Schwertern / und Winzermesser aus ihren Lanzen. Man zieht nicht mehr das Schwert, Volk gegen Volk, / und übt nicht mehr für den Krieg.« Wann aber wird das geschehen? Was für ein schöner Tag wird dies sein, an dem die Waffen auseinandergenommen werden, um in Arbeitswerkzeuge verwandelt zu werden! Was für ein schöner Tag wird das sein! Und das ist möglich! Setzen wir auf die Hoffnung, auf die Hoffnung des Friedens, und es wird möglich sein!

Angelus, 1.12.13

Das Volk, das im Dunkel lebt, sieht ein Licht

9 [1]Das Volk, das im Dunkel lebt, / sieht ein helles Licht; über denen, die im Land der Finsternis wohnen, / strahlt ein Licht auf.

Jes 9,1

Unterwegs, aber nicht umherirrend

»Das Volk, das im Dunkel geht, sieht ein helles Licht« (*Jes* 9,1). Diese Weissagung des Jesaja ergreift uns immer neu … Und das ist nicht nur eine Sache des Gefühls, eine Sentimentalität; sie ergreift uns, weil sie die Wirklichkeit dessen ausdrückt, was wir sind: ein Volk unterwegs, und um uns – wie auch in uns – gibt es Dunkelheit und Licht. Und in dieser Nacht, während der Geist der Finsternis die Welt einhüllt, erneuert sich das Ereignis, das

uns immer in Erstaunen versetzt und uns überrascht: Das Volk, das unterwegs ist, sieht ein helles Licht. Ein Licht, das uns zum Nachdenken bringt über dieses Geheimnis – über das Geheimnis des *Gehens* und des *Sehens*.

Gehen. Dieses Verb lässt uns an den Lauf der Geschichte denken, an jenen langen Weg der Heilsgeschichte, angefangen von Abraham, unserem Vater im Glauben, den der Herr einst dazu rief aufzubrechen, sein Land zu verlassen, um in das Land zu ziehen, das er ihm zeigen werde. Von da an ist unsere Identität als Glaubende die Identität pilgernder Menschen auf dem Weg zum verheißenen Land. Diese Geschichte wird stets vom Herrn begleitet! Er ist seinem Bund und seinen Verheißungen immer treu. Weil er treu ist, ist »Gott … Licht und keine Finsternis ist in ihm« (*1 Joh* 1,5). Auf der Seite des Volkes wechseln hingegen Momente des Lichtes und des Dunkels, Treue und Untreue, Gehorsam und Auflehnung einander ab – Momente des pilgernden Volkes und Momente des umherirrenden Volkes.

Auch in unserer persönlichen Geschichte wechseln helle und dunkle Momente, Licht und Schatten einander ab. Wenn wir Gott und die Mitmenschen lieben, gehen wir im Licht, doch wenn unser Herz sich verschließt, wenn in uns Stolz, Lüge und die Verfolgung der eigenen Interessen vorherrschen, dann bricht in und um uns die Finsternis herein. »Wer aber seinen Bruder hasst«, schreibt Johannes, »ist in der Finsternis. Er geht in der Finsternis und weiß nicht, wohin er geht; denn die Finsternis hat seine Augen blind gemacht« (*1 Joh* 2,11). – Ein Volk unterwegs, jedoch ein pilgerndes Volk, das nicht ein umherirrendes Volk sein will.

Predigt in der Christmette, 24.12.13

Die Wüste soll blühen

35 1 Die Wüste und das trockene Land sollen sich freuen, / die
Steppe soll jubeln und blühen.
2 Sie soll prächtig blühen wie eine Lilie, / jubeln soll sie, jubeln
und jauchzen. Die Herrlichkeit des Libanon wird ihr geschenkt, /
die Pracht des Karmel und der Ebene Scharon. Man wird die
Herrlichkeit des Herrn sehen, / die Pracht unseres Gottes.

Jes 35,1–2

Immer wieder von vorne anfangen

Wie uns heute der Prophet Jesaja in Erinnerung ruft (vgl. 35,1–6a.8a.10), ist Gott der, der kommt, um uns zu erretten, und er eilt besonders den Verzagten zu Hilfe. Sein Kommen mitten unter uns stärkt uns, macht uns standhaft, schenkt uns Mut, lässt Wüste und Steppe jubeln und blühen, das heißt das Leben, wenn es verdörrt. Und wann trocknet unser Leben aus? Wenn es ohne das Wasser des Wortes Gottes und seines Geistes der Liebe ist. So groß auch unsere Grenzen und unsere Verzagtheit sein mögen, es ist uns nicht gestattet, angesichts der Schwierigkeiten und unserer eigenen Schwächen erschlafft und wankend zu sein. Im Gegenteil, wir sind aufgefordert, die Hände wieder stark, die Knie fest zu machen, Mut zu haben und uns nicht zu fürchten, da unser Gott uns immer die Größe seiner Barmherzigkeit zeigt. Er gibt uns die Kraft, vorwärtszugehen. Er ist immer bei uns, um uns zu helfen voranzugehen. Er ist ein Gott, der uns so gerne hat, der uns liebt, und deshalb ist er bei uns, um uns zu helfen, um uns zu stärken und vorwärtsgehen zu lassen. Habt Mut! Immer vorwärts! Dank seiner Hilfe können wir immer wieder von vorne anfangen.

Angelus, 15.12.13

»Tröstet mein Volk«

40 [1]Tröstet, tröstet mein Volk, / spricht euer Gott. [2]Redet Jerusalem zu Herzen / und verkündet der Stadt, dass ihr Frondienst zu Ende geht, / dass ihre Schuld beglichen ist; denn sie hat die volle Strafe erlitten / von der Hand des Herrn / für all ihre Sünden.

Jes 40,1–2

Keine Angst haben vor dem Trost Gottes

»Tröstet, tröstet mein Volk, spricht euer Gott« (40,1). Mit diesen Worten beginnt das *Buch der Tröstung*, in dem der Prophet an das Volk im Exil die freudige Ankündigung der Befreiung ergehen lässt. Die Zeit der Drangsal ist zu Ende; das Volk Israel kann vertrauensvoll in die Zukunft blicken: Endlich blickt es der Rückkehr in die Heimat entgegen. Deshalb besteht die Einladung darin, sich vom Herrn trösten zu lassen.

Jesaja wendet sich an Menschen, die durch eine dunkle Zeit gegangen sind, die eine sehr harte Prüfung erlitten haben; doch jetzt ist die Zeit der Tröstung gekommen. Die Traurigkeit und die Angst können der Freude weichen, da der Herr selbst sein Volk auf den Weg der Befreiung und des Heils führen wird. Wie wird er all dies tun? Mit der Fürsorge und der Zärtlichkeit eines Hirten, der sich seiner Herde annimmt …

Deshalb lädt der Prophet alle ein, die ihn hören – uns heute eingeschlossen –, unter dem Volk diese Botschaft der Hoffnung zu verbreiten: dass der Herr uns tröstet. Und der Tröstung Raum zu geben, die vom Herrn kommt. Doch wir können keine Botschafter der Tröstung Gottes sein, wenn wir nicht als Erste die Freude erfahren, von ihm getröstet und geliebt zu werden … Lassen wir es zu, dass … die Aufforderung Jesajas – »Tröstet, tröstet mein Volk« – in unserem Herzen erklingt! Heute brauchen wir Menschen, die Zeugen des Erbarmens und der Zärtlichkeit des

Herrn sind, der die Niedergeschlagenen aufrüttelt, die Entmutigten neu beseelt, das Feuer der Hoffnung entfacht. Er entfacht das Feuer der Hoffnung! Nicht wir …

Die Botschaft Jesajas … ist Balsam für unsere Wunden und ein Ansporn, mit großem Einsatz den Weg des Herrn zu bereiten. Denn der Prophet spricht heute zu unserem Herzen, um uns zu sagen, dass Gott unsere Sünden vergisst und uns tröstet. Wenn wir uns ihm demütigen und reuigen Herzens anvertrauen, wird er die Mauern des Bösen niederreißen, die Gruben unserer Unterlassungen füllen, er wird die Hügel des Hochmuts und der Eitelkeit ebnen und den Weg zur Begegnung mit ihm öffnen. Es ist schon seltsam, doch viele Male haben wir Angst vor der Tröstung, getröstet zu werden. Mehr noch: Wir fühlen uns sicherer in der Traurigkeit und Verzweiflung. Wisst ihr, warum? Weil wir uns in der Traurigkeit fast als Hauptpersonen empfinden. In der Tröstung dagegen ist der Heilige Geist die Hauptperson! … Bitte, lasst euch vom Herrn trösten! Lasst euch vom Herrn trösten!

Angelus, 7.12.14

Fürchte dich nicht, du Würmlein Israel

41 [14]Fürchte dich nicht, du armer Wurm Jakob, / du Würmlein Israel! Ich selber werde dir helfen – Spruch des Herrn. / Der Heilige Israels löst dich aus. Jes 41,14

Wenn wir nur den Mut aufbrächten …

»Wird das Kind der Mutter Einhalt gebieten? Nein! Es lässt zu, dass es geliebt wird, weil es ein Kind ist. Dasselbe geschieht, wenn Jesus sagt: Das Himmelreich ist wie das Kind, das sich von Gott lieben lässt.« Und »das ist die Gnade!« …

»Wenn wir nur den Mut aufbrächten, unser Herz für diese

Zärtlichkeit Gottes zu öffnen, wie viel geistliche Freiheit hätten wir dann! Wie viel!« Er schloss mit einem praktischen Rat: »Wenn ihr heute zuhause ein wenig Zeit habt, dann schlagt die Bibel auf: *Jesaja*, Kapitel 41, Vers 13 bis 20, sieben Verse. Und lest sie!« Um auf diese Weise »diese Zärtlichkeit Gottes« tiefer zu ergründen, die Zärtlichkeit »dieses Gottes, der einem jeden von uns das Wiegenlied singt, so wie eine liebevolle Mutter«.

Frühmesse, 11.12.14

Freut euch mit Jerusalem!

> **66** 10Freut euch mit Jerusalem! / Jubelt in der Stadt, alle, die
> ihr sie liebt. Seid fröhlich mit ihr, / alle, die ihr über sie traurig
> wart. 11Saugt euch satt an ihrer tröstenden Brust, / trinkt und
> labt euch an ihrem mütterlichen Reichtum! Jes 66,10–11

Anderen den Trost Gottes bringen

Der Prophet Jesaja wendet sich an ein Volk, das die dunkle Zeit des Exils durchgemacht und eine sehr harte Prüfung durchlitten hat. Jetzt aber ist für Jerusalem die Zeit des Trostes gekommen; Traurigkeit und Angst müssen der Freude weichen: »Freut euch … jubelt … seid fröhlich«, sagt der Prophet (66,10). Es ist eine große Einladung zur Freude. Warum? Was ist der Grund dieser Einladung zur Freude? Der Herr wird über die Heilige Stadt und ihre Bewohner einen »Strom« des Trostes ausgießen, einen Strom des Trostes – so voll des Trostes –, einen Strom der mütterlich-zärtlichen Liebe: »Ihre Kinder wird man auf den Armen tragen und auf den Knien schaukeln« (V. 12). Wenn die Mutter ihr Kind auf die Knie nimmt und liebkost – so wird es der Herr mit uns tun und tut es. Das ist der Strom der zärtlichen Liebe, die uns großen Trost schenkt. »Wie eine Mutter ihren Sohn tröstet, so tröste ich euch« (V. 13). Jeder Christ und vor allem wir sind gerufen, diese Botschaft der Hoffnung zu bringen, die Unbeschwertheit und Freude schenkt: den Trost Gottes, seine zärtliche Liebe zu allen. Diese Botschaft aber können wir vermitteln, wenn zuerst wir selbst die Erfahrung machen, von ihm getröstet, von ihm geliebt zu sein. Das ist wichtig, damit unsere Sendung fruchtbar ist: den Trost Gottes spüren und weitergeben! Ich habe manchmal Personen des geweihten Lebens angetroffen, die vor dem Trost Gottes Angst haben und – arme Menschen – sich damit quälen, weil sie vor dieser zärtlichen Liebe Gottes Angst haben. Aber habt keine Angst! Habt keine Angst, der Herr ist der Herr des Trostes, der Herr der zärtlichen Liebe. Der Herr ist ein Vater und sagt, dass er an uns tut wie eine Mutter mit ihrem Kind in ihrer zärtlichen Liebe. Habt keine Angst vor dem Trost des Herrn! Die Aufforderung Jesajas »Tröstet, tröstet mein Volk« (40,1) muss in unserem Herzen widerhallen und das muss zur Sendung werden. Wir müssen den Herrn finden, der uns tröstet, und gehen, das Volk Gottes zu trösten.

Predigt, 7.7.13

Jeremia

Der Mandelzweig

1 [11]Das Wort des Herrn erging an mich: Was siehst du, Jeremia?
Ich antwortete: Einen Mandelzweig sehe ich. [12]Da sprach der
Herr zu mir: Du hast richtig gesehen; denn ich wache über mein
Wort und führe es aus.

Jer 1,11–12

Gott ist immer voraus

Das Risiko beim Suchen und Finden Gottes in allen Dingen ist der Wunsch, alles zu sehr zu erklären, etwa mit menschlicher Sicherheit und Arroganz zu sagen: »Hier ist Gott.« Dann finden wir nur einen Gott nach unserem Maß. Die richtige Einstellung ist die von Augustinus: Gott suchen, um ihn zu finden, ihn finden, um ihn immer zu suchen. Und häufig findet man nur tastend, wie man in der Bibel liest. Das ist die Erfahrung der großen Väter des Glaubens, die unser Vorbild sind. Man sollte das 11. Kapitel des Briefes an die Hebräer lesen: Abraham ist aufgebrochen, ohne zu wissen, wohin er gehen soll – im Glauben. Alle unsere Vorfahren im Glauben starben im Blick auf die verheißenen Güter – aber immer von Ferne … Unser Leben ist uns nicht gegeben wie ein Opernlibretto, in dem alles steht. Unser Leben ist Gehen, Wandern, Tun, Suchen, Schauen … Man muss in das Abenteuer der Suche nach der Begegnung eintreten und in das Sich-suchen-Lassen von Gott, das Sich-begegnen-Lassen mit Gott.

Denn Gott ist voraus, Gott ist der Immer-voraus-Seiende, geht voraus. Gott ist ein wenig wie die Mandelblüte in deinem Sizilien, Antonio, die immer als Erste blüht. Das lesen wir bei den Propheten. Daher begegnet man Gott beim Gehen, auf dem Weg. Hier könnte einer sagen: Das ist Relativismus. Ist es Relativismus? Ja, wenn man ihn schlecht versteht – wie einen verschwommenen Pantheismus; nein, wenn man ihn im biblischen Sinn versteht, für den Gott immer eine Überraschung ist. Daher weißt du nie, wo und wie du ihn triffst. Nicht du fixierst Zeiten und Orte der Begegnung mit ihm. Man muss daher die Begegnung erkennen, ausmachen. Dafür ist die Unterscheidung grundlegend.

Interview mit Jesuitenzeitschriften, September 13

Treues Jerusalem

2 [2]Auf! Ruf Jerusalem laut ins Ohr: So spricht der Herr: Ich denke an deine Jugendtreue, an die Liebe deiner Brautzeit, wie du mir in der Wüste gefolgt bist, im Land ohne Aussaat. Jer 2,2

Zurück zu unserer ersten Liebe – zu Gott

Es gehe darum, zu »jener ersten Liebe zurückzukehren, die wir alle erlebt haben«. Eben »um unsere heutige Liebe zu erneuern, will der Herr, dass wir uns an die erste Liebe erinnern.« Zur Frühmesse in Santa Marta, so der Papst, »kommen aus den Gemeinden« viele Ehepaare, »die ihren fünfzigsten oder sechzigsten Hochzeitstag feiern«. Und »ich frage sie immer: Aber wie ist es gegangen?« Ihre »Antworten fallen ganz unterschiedlich aus: Der eine sagt dieses, der andere jenes …!« Aber ihr Zeugnis, so habe er festgestellt, habe stets eine Feststellung enthalten: »Wir sind glücklich!« Und einmal, so erinnerte er sich, hätten beide Eheleute, die ihren sechzigsten Hochzeitstag feierten, geantwortet: »Wir haben gestritten«, aber »wir sind verliebt wie am ersten Tag« … »Bin ich noch so verliebt wie am ersten Tag? Oder haben die Arbeit, die Sorgen dazu geführt, dass ich auf andere Dinge achte und die Liebe ein wenig vergesse?« Frühmesse, 6.6.14

Ezechiel

Mahnrede Gottes

16 [54]Du sollst deine Schande tragen und du sollst dich schämen über all das, was du getan … hast. [55]Deine Schwestern werden wieder sein wie früher, Sodom und ihre Töchter, Samaria und ihre Töchter werden wieder sein wie früher. Auch deine Töchter werden wieder sein wie früher.

Ez 16,54–55

Eine der größten Offenbarungen
Die Geschichte vergleicht Israel mit einem Mädchen, dessen Nabelschnur nicht durchgeschnitten wurde. Sie wurde im Blut liegen gelassen und ausgesetzt. Gott sieht sie in ihrem Blut zappeln, nimmt sie auf, macht sie sauber, salbt sie und kleidet sie. Sobald sie aber erwachsen ist, hüllt er sie in Seide und schmückt sie mit Juwelen. Sie jedoch hat sich auf ihre Schönheit verlassen und prostituiert sich, ohne sich bezahlen zu lassen. Gott aber vergisst ihren Bund nicht und erhöht sie über ihre älteren Schwestern, damit Israel sich erinnern und schämen möge (*Ez* 16,63), weil ihre Sünden ihr vergeben sind.

Dies ist für mich eine der größten Offenbarungen: Du bist weiterhin das erwählte Volk, dir werden alle Sünden vergeben. Es geht darum: Die Barmherzigkeit ist eng verknüpft mit der göttlichen Treue. Der Herr ist treu, weil er sich selbst nicht verleugnen kann. Der hl. Paulus erklärt das in 2 *Tim* (2,13): »Wenn wir untreu sind, bleibt er doch treu, denn er kann sich selbst nicht verleugnen.« Du kannst Gott leugnen, du kannst gegen ihn sündigen, aber Gott kann sich nicht selbst verleugnen. Er bleibt treu.

Interviewbuch »Der Name Gottes ist Barmherzigkeit«, 2016, S. 30f.

Die Gnade der Scham

Ich sehe mein ganzes Leben vor dem Hintergrund des 16. Kapitels des Prophetenbuches Ezechiel. Ich lese diese Seiten und sage mir: Es ist, als wären sie für mich geschrieben worden. Der Prophet spricht von der Scham und die Scham ist eine Gnade: Wenn jemand die Barmherzigkeit Gottes erfährt, schämt er sich seiner selbst, der eigenen Sünde ... Die Scham ist eine der Gnaden, die der heilige Ignatius im Bekenntnis der Sünden vor dem gekreuzigten Christus erbitten lässt. Der Text von Ezechiel lehrt uns, uns zu schämen. Er eröffnet den Weg zur Scham: Trotz unserer Geschichte von Not und Sünde bleibt Gott uns treu und erhöht uns. Genauso empfinde ich.

Interviewbuch »Der Name Gottes ist Barmherzigkeit«, 2016, S. 31 f.

Eine Auferstehungsvision

37 [12] Tritt als Prophet auf und sag zu ihnen: So spricht Gott, der Herr: Ich öffne eure Gräber und hole euch, mein Volk, aus euren Gräbern herauf. Ich bringe euch zurück in das Land Israel.

Ez 37,12

Eine etwas eigenartige Vision

Im *Buch Ezechiel* wird eine etwas eigenartige, beeindruckende Vision beschrieben, die unseren Herzen jedoch Vertrauen und Hoffnung schenken kann. Gott zeigt dem Propheten eine mit ausgetrockneten Gebeinen übersäte Ebene. Eine trostlose Szene ... Stellt euch eine ganze Ebene voller Gebeine vor! Dann bittet Gott ihn, den Geist auf sie herabzurufen. Da bewegen die Gebeine sich, rücken zusammen und vereinigen sich, an ihnen wachsen zuerst die Sehnen und dann das Fleisch und so bildet sich ein vollständiger Leib, der mit Leben erfüllt ist (vgl. *Ez* 37,

1–14). Das ist die Kirche! Ich bitte euch: Nehmt heute zu Hause die Bibel, schlagt das 37. Kapitel beim Propheten Ezechiel auf, vergesst das nicht und lest das: Es ist wunderschön. Das ist die Kirche, sie ist ein Meisterwerk, das Meisterwerk des Geistes, der das neue Leben des Auferstandenen in einen jeden eingießt und uns einander zur Seite stellt, der eine zum Dienst und als Stütze des anderen. So macht er aus uns allen einen Leib, erbaut in der Gemeinschaft und in der Liebe. Generalaudienz, 22.10.14

Daniel

In der Löwengrube

6 [21]Als der König sich der Grube näherte, rief er mit schmerzlicher Stimme nach Daniel und fragte: Daniel, du Diener des lebendigen Gottes! Hat dein Gott, dem du so unablässig dienst, dich vor den Löwen erretten können? [22]Daniel antwortete ihm: O König, mögest du ewig leben. Dan 6,21–22

Wenn Religion zur Privatsache erklärt wird
Das Verbot, Gott anzubeten, ist Zeichen für eine »allgemeine Apostasie«, es ist die große Versuchung, die die Christen dazu zu überreden versucht, »einen vernünftigeren, ruhigeren Weg« einzuschlagen, »den Befehlen der weltlichen Mächte« zu gehorchen, die sich anmaßen, »die Religion zur Privatsache« zu reduzieren. Und die vor allem nicht wollen, dass Gott »vertrauensvoll und treu« angebetet wird … Daniel sei im Grunde »nur für seine Anbetung verurteilt worden, weil er Gott anbetete. Und die Trostlosigkeit des Gräuels hat einen Namen: Sie heißt Ver-

bot der Anbetung.« Zu jener Zeit, so erläuterte der Papst, »durfte man nicht über Religion sprechen: Sie war Privatsache« und die religiösen Zeichen hätten entfernt werden müssen und man habe den Befehlen »der weltlichen Gewalten« gehorchen müssen. Man hätte »viele Dinge tun können, schöne Dinge, aber nicht Gott anbeten«, das sei verboten gewesen …

Aber wir dürften keine Angst haben. Der Papst wiederholte die Verheißung Gottes, der »von uns Treue und Geduld fordert. Treue wie die des Daniel, der seinem Gott treu war und Gott bis ans Ende angebetet hat. Und Geduld, denn kein Haar wird von unserem Haupte fallen, so hat der Herr verheißen … Bete ich den Herrn an? … Oder spiele ich so halb und halb das Spiel des Fürsten dieser Welt? Bis zum Ende voller Vertrauen und Treue anzubeten, das ist die Gnade, um die wir bitten müssen.«

Frühmesse, 28.11.13

Daniels Reuegebet

9 [5]Wir haben gesündigt und Unrecht getan, wir sind treulos gewesen und haben uns gegen dich empört; von deinen Geboten und Gesetzen sind wir abgewichen. Dan 9,5

Herr, ich schäme mich

Der Papst erläuterte diese Bibelstelle so, dass »die Gerechtigkeit Gottes sich angesichts des reuigen Volkes in Erbarmen und Vergebung verwandelt«. Und bezieht auch uns mit ein, indem er uns dazu auffordert, »dieser Einstellung etwas Platz einzuräumen«. Also bestehe der »erste Schritt, um barmherzig zu werden, darin, einzugestehen, dass auch wir viele Dinge getan haben, die nicht gut sind: Wir sind Sünder!« Man müsse dazu imstande sein, zu sagen: »Herr, ich schäme mich dessen, was ich in meinem Leben getan habe.« Denn auch wenn »keiner von uns einen Menschen umgebracht hat«, so hätten wir doch »jeden Tag viele Sünden begangen«. So »ist es eine Gnade, zuzugeben, etwas gegen den Herrn getan zu haben und sich dessen vor Gott zu schämen: Es ist die Gnade, ein Sünder zu sein!« Es sei einfach, zugleich aber auch »sehr schwer«, zu sagen: »Ich bin ein Sünder und ich schäme mich vor dir und bitte dich um Verzeihung« …

Die zweite innere Einstellung, um barmherzig zu sein, bestehe darin, »das Herz zu weiten«. Gerade »die Scham, die Reue weitet das kleine, egoistische Herz, denn dies räumt dem barmherzigen Gott den Platz ein, um uns zu vergeben.« Was aber bedeute »das Herz zu weiten?« Vor allem schaue man, wenn man zugebe, ein Sünder zu sein, nicht auf das, was die anderen getan haben. Und die eigentliche Frage sei diese: »Wer bin ich, dass ich über diesen Menschen urteile? Wer bin ich, dass ich über jenen tratsche? Wer bin ich, der ich dasselbe oder Schlimmeres getan habe?« …

Frühmesse, 17.3.14

Hosea

Ruf zur Umkehr

14 [2]Kehr um, Israel, zum Herrn, deinem Gott! / Denn du bist zu Fall gekommen durch deine Schuld. Hos 14,2

Allein mit diesem Wort können wir Stunden im Gebet verbringen

Es sei ein Text, der »uns davon berichtet, wie Gott, unser Vater, uns vermisst, die wir weit weggegangen sind und uns von ihm entfernt haben«. Und trotzdem: »Mit wie viel Zärtlichkeit spricht er doch zu uns!« Hosea schreibt: »So spricht der Herr: ›Kehr um, Israel, zum Herrn, deinem Gott!‹« Ja, »komm nach Hause!« Und der Papst wollte gerade die Zärtlichkeit des Vaters hervorheben. »Vielleicht hört es sich, wenn wir das Wort, das uns zur Umkehr auffordert – kehrt um! –, vernehmen, ein wenig zu stark an, denn es sagt uns, dass wir unser Leben ändern sollen, das ist wahr.« Aber in dem Wort »Umkehr« sei gerade dieses enthalten: »diese liebevolle Sehnsucht Gottes«. Es sei das leidenschaftliche Wort eines »Vaters, der zu seinem Sohn sagt: Komm zurück, komm zurück, es ist Zeit, dass du nach Hause kommst!« »Allein schon mit diesem Wort können wir Stunden im Gebet verbringen«, so bekräftigte der Papst, der darauf aufmerksam machte, dass »Gott dessen nie müde wird«: Wir sehen das im Lauf »vieler Jahrhunderte« und »trotz der vielen Momente der Apostasie des Volkes«. Und doch »kommt er immer zurück, denn unser Gott ist ein wartender Gott«. Und so »verließ Adam das Paradies mit einer Strafe und auch mit einer Verheißung. Und der Herr bleibt seiner Verheißung treu, da er sich selbst nicht verleugnen kann: Er ist treu!« …

Der wartende und vergebende Gott sei auch »der Gott, der ein Fest feiert« … Im Text aus dem Propheten Hosea, so erläuterte er, sage uns Gott, dass »auch du aufblühst wie eine Lilie«. Das sei seine Verheißung: Er wird dir ein Fest ausrichten. Ein so schönes Fest, dass »deine Zweige sich ausbreiten und du die Pracht des Ölbaums und den Duft des Libanons haben wirst«.

Frühmesse, 28.3.14

Joël

Zerreißt eure Herzen, nicht eure Kleider

> **2** [13]Zerreißt eure Herzen, nicht eure Kleider, / und kehrt um zum Herrn, eurem Gott! Denn er ist gnädig und barmherzig, / langmütig und reich an Güte / und es reut ihn, dass er das Unheil verhängt hat.
>
> Joël 2,13

»Zerreißt eure Herzen, nicht eure Kleider« (*Joël* 2,13) … Der Aufruf des Propheten ist für uns alle ohne Ausnahme eine Herausforderung und erinnert uns daran, dass die Bekehrung sich nicht auf äußere Formen oder vage Vorsätze beschränkt, sondern dass sie, ausgehend vom Zentrum der Person, dem Gewissen, die gesamte Existenz erfasst und verwandelt. Wir sind eingeladen, einen Weg einzuschlagen, auf dem wir der Routine trotzen und uns bemühen, Augen und Ohren, vor allem aber das Herz, zu öffnen, um über unser eigenes »Gärtchen« hinauszugehen.

Sich Gott und den Nächsten öffnen. Wir wissen, dass uns diese immer künstlichere Welt in einer Kultur des »Machens« und des »Nützlichen« leben lässt, wo wir, ohne es zu merken, Gott aus unserem Horizont ausschließen. Aber damit schließen wir auch den Horizont selbst aus! … Wenn ich im täglichen kleinen Umfeld einige Machtkämpfe sehe, um Raum zu besetzen, dann denke ich: Diese Leute spielen Gott, den Schöpfer. Sie haben es noch nicht gemerkt, dass sie nicht Gott sind. Und auch den anderen gegenüber laufen wir Gefahr, uns zu verschließen und sie zu vergessen. Aber nur wenn die Schwierigkeiten und Leiden unserer Brüder und Schwestern uns nahegehen, nur dann können wir unseren Weg der Bekehrung … beginnen. Es ist ein Weg, der das Kreuz und den Verzicht einschließt.

Predigt, 5.3.14

Amos

Weh den Sorglosen

> **6** [1]Weh den Sorglosen auf dem Zion / und den Selbstsicheren auf dem Berg von Samaria. Weh den Vornehmen des Ersten unter den Völkern. / Weh denen, bei denen sich die Israeliten versammeln. Am 6,1

Eine Gefahr, die uns alle bedroht: Weltlichkeit
»Weh den Sorglosen auf dem Zion und den Selbstsicheren … Sie liegen auf Betten aus Elfenbein« (vgl. *Am* 6,1.4), essen, trinken, singen, vergnügen sich und kümmern sich nicht um die Probleme der anderen.

Es sind harte Worte, die der Prophet Amos spricht, aber sie warnen uns vor einer Gefahr, die uns allen droht. Was klagt dieser Bote Gottes öffentlich an, was stellt er seinen Zeitgenossen und auch uns heute vor Augen? Die Gefahr, sich der Bequemlichkeit hinzugeben, der Weltlichkeit im Leben und im Herzen, die Gefahr, unser Wohlergehen in den Mittelpunkt zu stellen … Wenn die Dinge, das Geld, die Weltlichkeit im Mittelpunkt unseres Lebens stehen, dann ergreifen sie Besitz von uns und wir verlieren unsere menschliche Identität selbst …

Aber versuchen wir uns zu fragen: Wieso geschieht das? Warum geraten Menschen, vielleicht auch wir, in die Gefahr, sich zu verschließen und die eigene Sicherheit auf Dinge zu setzen, die uns am Ende das Gesicht, unser menschliches Gesicht rauben? Dies geschieht, wenn wir das Bewusstsein für Gott verlieren. »Weh den Sorglosen auf dem Zion«, sagte der Prophet. Wenn das Bewusstsein für Gott fehlt, flacht alles ab, alles geht über auf das Ich, auf das eigene Wohlergehen. Das Leben, die

Welt, die anderen verlieren an Bestand und zählen nicht mehr. Alles reduziert sich auf eine einzige Dimension: den Besitz. Wenn wir das Bewusstsein für Gott verlieren, büßen auch wir selbst Bestand ein, dann werden auch wir leer … Wer den nichtigen Dingen nachläuft, wird selber zunichte – so sagt Jeremia, ein anderer großer Prophet (vgl. *Jer* 2,5). Wir sind geschaffen nach Gottes Abbild und ihm ähnlich – nicht nach dem Bild und Gleichnis der Dinge, der Götzen!

Predigt, 29.9.13

Jona

Zur Einführung: Eine sehr lehrreiche Parabel

Jona ist ein frommer Mann, der ein ruhiges und geordnetes Leben führt. Dies bringt ihn dazu, seine ganz klaren Denkmuster zu haben und alles und jeden starr nach diesen Vorstellungen zu beurteilen. Alles ist für ihn klar, die Wahrheit ist einfach diese. Er ist starr! Als der Herr ihn ruft und ihm aufträgt, nach Ninive zu gehen, in die große heidnische Stadt, um dort zu predigen, traut er es sich daher nicht zu. »Dorthin gehen! Aber ich habe doch hier die ganze Wahrheit!« Er traut es sich nicht zu … Ninive liegt außerhalb seiner Denkmuster, an der Peripherie seiner Welt. Also läuft er weg, er geht nach Spanien, er flieht, schifft sich auf einem Boot ein, das von dort wegfährt. Nehmt und lest wieder das Buch Jona! Es ist kurz, aber eine sehr lehrreiche Parabel, vor allem für uns in der Kirche.

Was lehrt es uns? Es lehrt uns, keine Angst davor zu haben, aus unseren Denkmustern herauszugehen, um Gott zu folgen, denn immer geht Gott weiter. Aber wisst ihr das? Gott hat keine Angst … Er ist immer weiter als unsere Denkmuster! Gott hat keine Angst vor den Peripherien. Aber wenn ihr an die Peripherien geht, werdet ihr ihn dort finden. Gott ist immer treu, kreativ … Gott ist nie starr! Er nimmt uns an, er kommt uns entgegen, er versteht uns. Um treu, um kreativ zu sein, muss man zu Änderungen in der Lage sein. Zu Änderungen in der Lage sein. Und warum muss ich ändern? Um mich an die Umstände anzupassen, in denen ich das Evangelium verkünden muss. Um bei Gott zu bleiben, muss man hinausgehen können, darf man keine Angst haben hinauszugehen.

An Katechisten, 27.9.13

Die Flucht vor dem Auftrag Gottes

> **1** [12]Jona sagte: Nehmt mich und werft mich ins Meer, damit das Meer sich beruhigt und euch verschont. Denn ich weiß, dass dieser gewaltige Sturm durch meine Schuld über euch gekommen ist.
>
> Jona 1,12

Lassen wir uns unser Leben von Gott schreiben?
Jona »hatte sein Leben gut eingerichtet: Er diente dem Herrn, vielleicht betete er sehr viel. Er war ein Prophet, er war gut, er tat Gutes.« Da er »nicht gestört werden wollte in der Lebensweise, die er gewählt hatte, begab er sich im selben Augenblick, in dem er das Wort Gottes vernahm, auf die Flucht. Und er floh vor Gott.« …

Letzten Endes, so erläuterte der Papst, hatte sich Jona bereits selbst seine Geschichte geschrieben: »Ich möchte so und so und so sein, den Geboten gemäß.« Er wollte nicht weiter gestört werden. Das ist der Grund für seine »Flucht vor Gott«. Eine Flucht, so warnte der Papst, deren Protagonisten auch wir selbst sein können. »Man kann vor Gott fliehen«, so bekräftigte er, »und zugleich Christ sein, Katholik sein«, ja sogar »zugleich Priester, Bischof, Papst sein. Wir alle können vor Gott fliehen. Das ist eine alltägliche Versuchung: nicht auf Gott hören, seine Stimme nicht hören, im Herzen sein Angebot, seine Einladung überhören.« …

»Jona«, so erläuterte er, »hatte einen Plan für sein Leben: Er wollte seine Geschichte schreiben, Gott wohlgefällig. Aber er selbst war es, der sie schrieb« … Ich frage mich, so fuhr der Papst fort, »und ich frage auch euch: Lassen wir uns unser Leben von Gott schreiben oder wollen wir es selber schreiben? Und das sagt uns etwas über die Fügsamkeit: Sind wir dem Wort Gottes gegenüber fügsam? Ja, ich will fügsam sein. Aber hast du auch die Fähigkeit, ihm zuzuhören, ihn zu hören? Bist du dazu imstande, das Wort Gottes in der Geschichte jedes einzelnen Tages zu finden oder sind es deine eigenen Vorstellungen, die dich leiten, und lässt du nicht zu, dass die Überraschung des Herrn zu dir spricht?«

Frühmesse, 7.10.13

Ninive bekehrt sich auf Jonas Predigt hin

> 3 [4]Jona begann, in die Stadt hineinzugehen; er ging einen Tag
> lang und rief: Noch vierzig Tage und Ninive ist zerstört! [5]Und
> die Leute von Ninive glaubten Gott. Sie riefen ein Fasten aus und
> alle, Groß und Klein, zogen Bußgewänder an.

Jona 3,4–5

Jona war ein Profi – und ein Dickkopf

Der Heilige Vater bezeichnete Jona als einen »Dickkopf«, weil er »nicht das tun wollte, worum der Herr ihn bat«. Erst nachdem ihn der Herr aus dem Bauch eines Walfischs gerettet habe, so erinnerte der Papst, habe sich Jona entschieden: »Herr, ich werde das tun, was du sagst. Und er ging durch die Straßen von Ninive« und verkündete seine Prophezeiung: Die Stadt würde von Gott zerstört werden, wenn ihre Bürger ihren Lebenswandel nicht bessern würden.

Jona »war als Prophet ein ›Profi‹«, so präzisierte der Bischof von Rom, »und er sagte: ›Noch vierzig Tage und Ninive wird zerstört!‹ Er sagte das ganz im Ernst, mit Nachdruck. Und diese Niniviten sind erschrocken und haben angefangen, mit Worten, mit dem Herzen und mit ihrem Körper zu beten. Das Gebet hat Wunder gewirkt.« … Das Gebet wirkt Wunder angesichts der Probleme, die es auf der Welt gibt. Aber es gebe auch jene Menschen, die der Papst als »Pessimisten« bezeichnete.

Diese Menschen »sagen: Man kann nichts ändern, so ist das Leben nun einmal. Das erinnert mich an ein trauriges Lied aus meiner Heimat, in dem es heißt: Lassen wir es bleiben. Dort unten im Ofen werden wir uns alle wiedertreffen.« Sicher, so betonte er, das sei eine »etwas pessimistische Sicht des Lebens«, die uns dazu bringe, uns zu fragen: »Wozu beten? Lass es bleiben, das Leben ist halt so! Machen wir weiter. Tun wir das, was wir können!« …

Und dann gibt es auch das Verhalten der anderen, wie etwa dieses »Dickkopfs Jona«. Das sind die »Henker«. Jona »ging hin und prophezeite, aber in seinem Herzen sagte er sich: Sie haben es verdient, sie haben es verdient, sie haben es provoziert. Er prophezeite, aber er betete nicht, er bat den Herrn nicht darum, ihnen zu vergeben, sondern er beschränkte sich darauf, sie zur Schnecke zu machen.« Solche Leute, so betonte der Heilige Vater, »halten sich für Gerechte«. Am Ende aber, gerade so, wie es bei Jona geschah, entpuppen sie sich als Egoisten.

Jona zum Beispiel, so fuhr der Papst in seinen Ausführungen fort, wurde, als Gott das Volk von Ninive rettete, »wütend auf den Herrn: Aber du bist immer so, du vergibst immer!« Und »auch wir«, so kommentierte der Papst, »wenn wir nicht beten, dann besteht das, was wir tun, darin, dem Herrn die Tür zu verschließen«, sodass »er nichts tun kann. Statt angesichts eines Problems, einer schwierigen Lage, einer Katastrophe dem Herrn die Tür zu öffnen, damit er eintreten kann«: Er ist in der Tat dazu imstande, »die Dinge in Ordnung zu bringen«.

Abschließend ermahnte Papst Franziskus dazu, an … den König von Ninive (zu denken), »der kein Heiliger war«, an das ganze Volk: »Sie haben hässliche Dinge getan. Aber als sie gebetet und gefastet und dem Herrn die Tür geöffnet haben, da hat der Herr das Wunder getan, ihnen zu vergeben. Und wir denken an Jona, der nicht betete, der immer vor Gott floh. Er prophezeite, vielleicht war er ein guter ›Profi‹, heute würden wir sagen, ein guter Priester, der seinen Pflichten nachging, der aber niemals dem Herrn durch Gebet die Tür öffnete. Bitten wir den Herrn, dass er uns dabei helfe, stets das Bessere zu wählen!«

Frühmesse, 8.10.13

Zefanja

Warnung an Jerusalem

3 [1]Weh der trotzigen, der schmutzigen, / der gewalttätigen Stadt.
[2]Sie will nicht hören / und nimmt sich keine Warnung zu Herzen. Sie verlässt sich nicht auf den Herrn / und sucht nicht die Nähe ihres Gottes.

Zef 3,1–2

Mahnung und Verheißung

(Der Text) beginne »mit drohenden Worten: ›Weh der trotzigen, der schmutzigen Stadt!‹« Hier erklinge bereits das Urteil: »Weh der gewalttätigen Stadt«, der Stadt, die »nicht hören will und sich keine Warnung zu Herzen nimmt. Sie verlässt sich nicht auf den Herrn und sucht nicht die Nähe ihres Gottes.« Über sie werde ein »Urteil« gefällt, das in dem Begriff »Weh!« zum Ausdruck komme.

Für die anderen Menschen ergehe dagegen eine Verheißung: »Dann werde ich die Lippen der Völker verwandeln in reine Lippen«, so schreibe der Prophet. Und er fahre fort: »Von jenseits der Ströme von Kusch bringen mir meine Verehrer dann als Gabe die Gemeinde meiner Verstreuten. An jenem Tag brauchst du dich nicht mehr zu schämen, wegen all deiner schändlichen Taten, die du gegen mich verübt hast.« Worüber rede Zefanja? Über die, so erläuterte der Papst, die sich »dem Herrn« nähern, »weil ihnen der Herr vergeben hat«. Das seien die »Erlösten«; die anderen hingegen seien »die trotzige Stadt, sie will nicht hören und nimmt sich keine Warnung zu Herzen. Sie verlässt sich nicht auf den Herrn.«

Denen, die bereuen, die es fertiggebracht hätten, einzugestehen: »Ja, wir sind Sünder«, so betonte Franziskus, vergebe der Herr und er habe »dieses Wort« an sie gerichtet, »das eines jener Worte des Alten Testaments ist, die voller Hoffnung sind: ›Ich lasse in deiner Mitte übrig ein demütiges und armes Volk, das seine Zuflucht sucht beim Namen des Herrn.‹« Man könne hier »die drei Eigenschaften des Volks Gottes« erkennen: Demut, Armut und Gottvertrauen. Und gerade dies sei »der Weg zum Heil«. Die anderen Menschen dagegen »wollen nicht hören und nehmen sich keine Warnung zu Herzen. Sie verlassen sich nicht auf den Herrn«, deshalb »kann ihnen das Heil nicht zuteilwerden«: Sie hätten sich »vor dem Heil verschlossen«. Frühmesse, 16.12.14

NEUES TESTAMENT

Die Evangelien

Als Hinführung: Eintreten in den Strom der Freude
Die Freude des Evangeliums erfüllt das Herz und das gesamte Leben derer, die Jesus begegnen. Diejenigen, die sich von ihm retten lassen, sind befreit von der Sünde, von der Traurigkeit, von der inneren Leere und von der Vereinsamung. Mit Jesus Christus kommt immer – und immer wieder – die Freude …

Die große Gefahr der Welt von heute mit ihrem vielfältigen und erdrückenden Konsumangebot ist eine individualistische Traurigkeit, die aus einem bequemen, begehrlichen Herzen hervorgeht, aus der krankhaften Suche nach oberflächlichen Vergnügungen, aus einer abgeschotteten Geisteshaltung. Wenn das innere Leben sich in den eigenen Interessen verschließt, gibt es keinen Raum mehr für die anderen, finden die Armen keinen Einlass mehr, hört man nicht mehr die Stimme Gottes, genießt man nicht mehr die innige Freude über seine Liebe, regt sich nicht die Begeisterung, das Gute zu tun. Auch die Gläubigen laufen nachweislich und fortwährend in diese Gefahr. Viele erliegen ihr und werden zu gereizten, unzufriedenen, empfindungslosen Menschen. Das ist nicht die Wahl eines würdigen und erfüllten Lebens, das ist nicht Gottes Wille für uns, das ist nicht das Leben im Geist, das aus dem Herzen des auferstandenen Christus hervorsprudelt.

Ich lade jeden Christen ein, gleich, an welchem Ort und in welcher Lage er sich befindet, noch heute seine persönliche Begegnung mit Jesus Christus zu erneuern oder zumindest den Entschluss zu fassen, sich von ihm finden zu lassen, ihn jeden Tag ohne Unterlass zu suchen. Es gibt keinen Grund, weshalb jemand meinen könnte, diese Einladung gelte nicht ihm, denn niemand ist von der Freude ausgeschlossen, die der Herr uns bringt …

Das Evangelium … lädt mit Nachdruck zur Freude ein. Nur einige Beispiele: »*Chaire* – freue dich« ist der Gruß des Engels an Maria (*Lk* 1,28). Der Besuch Marias bei Elisabet lässt Johannes im Mutterschoß vor Freude hüpfen (vgl. *Lk* 1,41). In ihrem Lobgesang bekundet Maria: »Mein Geist jubelt über Gott, meinen Retter« (*Lk* 1,47). Als Jesus sein öffentliches Wirken beginnt, ruft Johannes aus: »Nun ist diese meine Freude vollkommen« (*Joh* 3,29). Jesus selber »rief […], vom Heiligen Geist erfüllt, voll Freude aus …« (*Lk* 10,21). Seine Botschaft ist Quelle der Freude: »Dies habe ich euch gesagt, damit meine Freude in euch ist und damit eure Freude vollkommen wird« (*Joh* 15,11). Unsere christliche Freude entspringt der Quelle seines überfließenden Herzens. Er verheißt seinen Jüngern: »Ihr werdet bekümmert sein, aber euer Kummer wird sich in Freude verwandeln« (*Joh* 16,20) und beharrt darauf: »Ich werde euch wiedersehen; dann wird euer Herz sich freuen und niemand nimmt euch eure Freude« (*Joh* 16,22). Als sie ihn später als Auferstandenen sahen, »freuten« sie sich (*Joh* 20,20). Die Apostelgeschichte erzählt von der ersten Gemeinde: Sie »hielten miteinander Mahl in Freude« (2,46). Wo die Jünger vorbeikamen, »herrschte große Freude« (8,8) und sie selber waren mitten in der Verfolgung »voll Freude« (13,52). Ein äthiopischer Hofbeamter zog, nachdem er die Taufe empfangen hatte, »voll Freude« weiter (8,39) und der Gefängniswärter »war mit seinem ganzen Haus voll Freude, weil er zum Glauben an Gott gekommen war« (16,34). Warum wollen nicht auch wir in diesen Strom der Freude eintreten?

Apostolisches Schreiben Evangelii Gaudium, 24.11.14

Ein konkreter Vorschlag
Deshalb ist es notwendig, sich beständig zu erneuern und dabei aus der Lebenskraft des Evangeliums zu schöpfen. Und wie kann man das praktisch bewerkstelligen? Vor allem gerade durch das tägliche Lesen und Betrachten des Evangeliums, sodass das Wort Jesu in unserem Leben immer gegenwärtig ist. Denkt daran: Das Evangelium immer bei euch zu haben, wird euch dabei eine Hilfe sein – ein kleines Evangelium in der Jackentasche, in der Handtasche, und während des Tages einen Abschnitt daraus lesen.

Angelus, 31.8.14

Matthäus

Vorab: Ihr braucht nichts anderes zu lesen
Da sind die Seligpreisungen (Mt 5): Was müssen wir tun, Vater? – Schau, lies die Seligpreisungen, die werden dir guttun. Wenn du dann wissen willst, was du konkret tun musst, lies Matthäus, Kapitel 25. Das ist das Muster, nach dem wir gerichtet werden. Mit diesen beiden Dingen habt ihr den Aktionsplan: die Seligpreisungen und Matthäus 25. Ihr braucht nichts anderes mehr zu lesen.

An argentinische Jugendliche in Rio, 25.7.13

Die Geburt Jesu

1 [20]Während er noch darüber nachdachte, erschien ihm ein Engel des Herrn im Traum und sagte: Josef, Sohn Davids, fürchte dich nicht, Maria als deine Frau zu dir zu nehmen; denn das Kind, das sie erwartet, ist vom Heiligen Geist.

Mt 1,20

Alles im Verborgenen
Gott kommt, um uns zu retten, und er findet keinen besseren Weg, dies zu tun, als mit uns zu gehen, unser Leben zu teilen. Und als er sich für die Art und Weise entscheidet, wie sein Leben sein soll, wählt er nicht eine große Stadt eines großen Reiches aus, er wählt keine Prinzessin, keine Gräfin, keine bedeutende Persönlichkeit zur Mutter, er wählt keinen Luxuspalast. Es scheint, dass alles absichtlich fast im Verborgenen geschah. Maria war ein junges Mädchen im Alter von 16, 17 Jahren, nicht mehr, in einem abgelegenen Dorf in einem Randgebiet des Römischen Reiches; und sicherlich kannte niemand jenes Dorf. Josef war ein junger Mann, der sie liebte und heiraten wollte, ein Zimmermann, der das tägliche Brot verdiente. Alles in aller Einfachheit, alles im Verborgenen. Und auch die Verstoßung … – denn sie waren verlobt, und in einem so kleinen Dorf, ihr wisst, wie das Geschwätz ist, wie es die Runde macht. Josef bemerkte, dass sie ein Kind erwartete, aber er war gerecht. Alles geschah in Stille, trotz der Verleumdung und des Geredes. Und der Engel erklärt Josef das Geheimnis: »Jenes Kind, das deine Verlobte erwartet, ist das Werk Gottes, ist das Werk des Heiligen Geistes.« Als Josef erwachte, tat er, was der Engel des Herrn ihm befohlen hatte, und er ging zu ihr und nahm sie zur Frau (vgl. *Mt* 1,18–25). Aber alles im Verborgenen, ganz einfach und demütig. Die großen Städte der Welt wussten von nichts. Und so ist Gott unter uns. Wenn du Gott finden willst, dann suche ihn in der Demut, suche ihn in der Armut, suche ihn dort, wo er verborgen ist: in den Armen, in den Ärmsten, in den Kranken, in den Hungernden, in den Gefangenen.

Predigt in einem Obdachlosenheim, 18.12.15

Die Rückkehr aus Ägypten

2 19 Als Herodes gestorben war, erschien dem Josef in Ägypten
ein Engel des Herrn im Traum 20 und sagte: Steh auf, nimm das
Kind und seine Mutter und zieh in das Land Israel; denn die
Leute, die dem Kind nach dem Leben getrachtet haben, sind tot.

Mt 2,19–20

Josef, der Hüter

(Josef ist der Hüter von Maria und Jesus:) Rücksichtsvoll, demütig, im Stillen, aber beständig gegenwärtig und in absoluter Treue, auch dann, wenn er nicht versteht. Von der Heimholung Marias bis zur Episode des zwölfjährigen Jesus im Tempel von Jerusalem begleitet er fürsorglich und liebevoll jeden Moment. Er steht Maria, seiner Braut, in den unbeschwerten wie in den schwierigen Momenten des Lebens zur Seite, auf der Reise nach Betlehem zur Volkszählung und in den bangen und frohen Stunden der Geburt; im dramatischen Moment der Flucht nach Ägypten und bei der sorgenvollen Suche des Sohnes, der im Tempel geblieben war; und dann im Alltag des Hauses in Nazaret, in der Werkstatt, wo er Jesus das Handwerk gelehrt hat.

Wie lebt Josef seine Berufung als Hüter von Maria, Jesus und der Kirche? In der ständigen Aufmerksamkeit gegenüber Gott, offen für dessen Zeichen, verfügbar für dessen Plan, dem er den eigenen unterordnet … Und Josef ist »Hüter«, weil er auf Gott zu hören versteht, sich von seinem Willen leiten lässt. Und gerade deshalb ist er noch einfühlsamer für die ihm anvertrauten Menschen, weiß mit Realismus die Ereignisse zu deuten, ist aufmerksam auf seine Umgebung und versteht die klügsten Entscheidungen zu treffen. An ihm sehen wir, liebe Freunde, wie man auf den Ruf Gottes antwortet: verfügbar und unverzüglich; aber wir sehen auch, welches die Mitte der christlichen Berufung ist: Christus! Hüten wir Christus in unserem Leben, um die anderen zu behüten, um die Schöpfung zu bewahren!

Im Grunde ist alles der Obhut des Menschen anvertraut und das ist eine Verantwortung, die alle betrifft. Seid Hüter der Gaben Gottes!

Und hier füge ich noch eine letzte Anmerkung hinzu: Das Sichkümmern, das Hüten verlangt Güte, es verlangt, mit Zärtlichkeit gelebt zu werden. In den Evangelien erscheint Josef als ein starker, mutiger, arbeitsamer Mann, aber in seinem Innern zeigt sich eine große Zärtlichkeit, die nicht etwa die Tugend des Schwachen ist, nein, im Gegenteil: Sie deutet auf eine Seelenstärke hin und auf die Fähigkeit zu Aufmerksamkeit, zu Mitleid, zu wahrer Öffnung für den anderen, zu Liebe. Wir dürfen uns nicht fürchten vor Güte, vor Zärtlichkeit!

Predigt zum Beginn des Pontifikats, 19. 3. 13

Die Versuchungen Jesu

4 [1]Dann wurde Jesus vom Geist in die Wüste geführt; dort sollte er vom Teufel in Versuchung geführt werden. Mt 4,1

Jesus verhandelt nicht mit dem Versucher

Der Zweikampf zwischen Jesus und Satan vollzieht sich in einem Schlagabtausch mit Zitaten aus der Heiligen Schrift. Denn um Jesus vom Weg des Kreuzes abzubringen, führt der Teufel ihm die falschen messianische Hoffnungen vor Augen: den wirtschaftlichen Wohlstand, worauf die Möglichkeit verweist, Steine in Brot zu verwandeln; den spektakulären und auf Wunder ausgerichteten Stil, verbunden mit der Vorstellung, sich vom höchsten Punkt des Tempels in Jerusalem in die Tiefe zu stürzen und sich von Engeln retten zu lassen; und schließlich den schnellsten Weg zu Macht und Herrschaft im Austausch gegen einen Akt der Anbetung Satans. Es handelt sich um drei Gruppen von Versuchungen: Auch wir kennen sie gut! Jesus weist entschlossen all diese Versuchungen zurück und bekräftigt den festen Willen, dem vom Vater bestimmten Weg zu folgen, ohne Kompromisse mit der Sünde und der Logik der Welt.

Achtet gut darauf, wie Jesus antwortet! Er tritt mit dem Satan in keinen Dialog, wie dies Eva im irdischen Paradies getan hatte. Jesus weiß gut, dass man mit dem Satan keinen Dialog führen kann, weil er so verschlagen ist. Statt mit ihm in einen Dialog zu treten, wie dies Eva getan hatte, trifft Jesus daher die Entscheidung, im Wort Gottes Zuflucht zu suchen, und antwortet mit der Kraft dieses Wortes. Erinnern wir uns daran: Im Augenblick der Versuchung, unserer Versuchungen: kein Argumentieren mit dem Satan, sondern immer verteidigt durch das Wort Gottes! Und das wird uns retten. Angelus, 9.2.14

Die Bergpredigt

> 5 [1]Als Jesus die vielen Menschen sah, stieg er auf einen Berg. Er setzte sich und seine Jünger traten zu ihm. [2]Dann begann er zu reden und lehrte sie. Mt 5,1–2

Jesus verkörpert die Seligpreisungen

In der Bibel wird der Berg als der Ort angesehen, an dem Gott sich offenbart, und Jesus, der auf dem Hügel predigt, erscheint als göttlicher Lehrer, als neuer Mose. Und was teilt er mit? Jesus vermittelt den Weg des Lebens, jenen Weg, den er selbst beschreitet, ja, der er selber *ist*, und er stellt ihn vor als den *Weg des wahren Glücks*. In seinem ganzen Leben, von der Geburt in der Grotte von Betlehem bis zum Tod am Kreuz und zur Auferstehung hat Jesus die Seligpreisungen verkörpert. Alle Verheißungen des Gottesreiches haben sich in ihm erfüllt.

Indem er die Seligpreisungen verkündet, lädt Jesus uns ein, ihm zu folgen, mit ihm den Weg der Liebe zu gehen, den einzigen, der zum ewigen Leben führt. Es ist kein einfacher Weg, doch der Herr sichert uns seine Gnade zu und lässt uns nie allein. Armut, Trübsal, Demütigungen, der Kampf für die Gerechtigkeit, die Mühen der täglichen Umkehr, das Ringen, um die Berufung zur Heiligkeit zu leben, Verfolgungen und viele andere Herausforderungen sind in unserem Leben gegenwärtig. Doch wenn wir Jesus die Tür öffnen, wenn wir ihm in unserer Geschichte Raum geben, mit ihm unsere Freuden und Leiden teilen, dann werden wir einen Frieden und eine Freude erfahren, die nur Gott, die unendliche Liebe, geben kann.

Die Seligpreisungen Jesu sind Träger einer umwälzenden Neuheit, eines Modells von Glück, das im Gegensatz zu dem steht, das gewöhnlich von den Medien, vom herrschenden Denken vermittelt wird. Für die weltliche Mentalität ist es ein Skandal, dass Gott gekommen sei, um einer von uns zu werden, dass er an einem Kreuz gestorben sein soll! In der Logik dieser Welt werden die, welche Jesus seligpreist, als »Verlierer«, als die Schwachen betrachtet. Dagegen werden der Erfolg um jeden Preis, der Wohlstand, die Arroganz der Macht, das Sichdurchsetzen auf Kosten der anderen verherrlicht.

Botschaft zum Weltjugendtag, 21.1.14

5 [3]Selig, die arm sind vor Gott; denn ihnen gehört das Himmelreich. Mt 5,3

Frei sein gegenüber den Dingen

In einer Zeit, in der viele Menschen unter der Wirtschaftskrise leiden, kann es unangebracht erscheinen, Armut mit Glück zu verbinden. In welchem Sinn können wir die Armut als einen Segen auffassen?

Zuallererst versuchen wir zu begreifen, was »*arm vor Gott*« bedeutet. Als der Sohn Gottes Mensch wurde, hat er einen Weg der Armut, der Entäußerung gewählt. Wie der heilige Paulus im Brief an die Philipper sagt: »Seid untereinander so gesinnt, wie es dem Leben in Christus Jesus entspricht: Er war Gott gleich, hielt aber nicht daran fest, wie Gott zu sein, sondern er entäußerte sich und wurde wie ein Sklave und den Menschen gleich« (2,5–7). Jesus ist Gott, der sich seiner Herrlichkeit entäußert. Hier sehen wir die Wahl der Armut Gottes: Er, der reich war, wurde arm, um uns durch seine Armut reich zu machen (vgl. 2 *Kor* 8,9). Es ist das Geheimnis, das wir in den Weihnachtsbildern betrachten, wenn wir den Sohn Gottes in einer Futterkrippe sehen; und dann am Kreuz, wo die Entäußerung ihren Höhepunkt erreicht.

Das griechische Adjektiv *ptochós* (arm) hat keine nur materielle Bedeutung, sondern meint »bettelnd«. Es ist mit dem hebräischen Begriff der *anawim*, der »Armen Jahwes«, zu verbinden, der an Demut erinnert, an das Bewusstsein der eigenen Grenzen, der eigenen Daseinsbedingung der Armut. Die *anawim* vertrauen auf den Herrn; sie wissen, dass sie von ihm abhängen.

Wie die heilige Theresa vom Kinde Jesus sehr gut gesehen hat, zeigt Jesus sich in seiner Menschwerdung als Bettler, als ein Bedürftiger auf der Suche nach Liebe … Ihr könntet mich also fragen: Wie können wir praktisch erreichen, dass diese *Armut vor*

Gott zum Lebensstil wird und konkret unser Leben prägt? Ich antworte euch in drei Punkten.

Versucht vor allem, *den Dingen gegenüber frei* zu sein! Der Herr ruft uns zu einem evangeliumsgemäßen, schlichten Lebensstil und ermahnt uns, nicht der Kultur des Konsums zu erliegen. Es geht darum, die Wesentlichkeit zu suchen, zu lernen, viel Überflüssiges und Unnötiges, das uns erstickt, abzulegen. Kommen wir von der Habgier los, vom vergötterten und dann verschwendeten Geld. Geben wir Jesus den ersten Platz ...

An zweiter Stelle bedürfen wir alle, um diese Seligkeit zu leben, *der Umkehr in Bezug auf die Armen*. Wir müssen uns um sie kümmern, ihre geistigen und materiellen Bedürfnisse einfühlsam wahrnehmen ... Wir müssen lernen, den Armen nahe zu sein. Nehmen wir den Mund nicht voll mit schönen Worten über die Armen! Gehen wir auf sie zu, sehen wir ihnen in die Augen, hören wir ihnen zu! Die Armen sind für uns eine konkrete Gelegenheit, Christus selbst zu begegnen, seinen leidenden Leib zu berühren.

Doch – und dies ist der dritte Punkt – die Armen sind nicht nur Menschen, denen wir etwas geben können. Auch sie *haben uns viel zu geben, viel zu lehren ...* Sie lehren uns, dass der Wert eines Menschen nicht nach seinem Besitz bemessen wird, danach, wie viel er auf seinem Bankkonto hat. Ein Armer, ein Mensch ohne materielle Güter behält immer seine Würde. Die Armen können uns auch viel über die Demut und das Gottvertrauen lehren. Im Gleichnis vom Pharisäer und dem Zöllner (*Lk* 18,9–14) stellt Jesus Letzteren als Vorbild dar, weil er demütig ist und sich als Sünder bekennt. Auch die Witwe, die zwei kleine Münzen in den Opferkasten des Tempels wirft, ist ein Beispiel der Großherzigkeit derer, die, obwohl sie wenig oder nichts besitzen, alles hergeben (vgl. *Lk* 21,1–4).

Botschaft zum Weltjugendtag, 21.1.14

Richtet nicht

7 [1]Richtet nicht, damit ihr nicht gerichtet werdet! [2]Denn wie ihr richtet, so werdet ihr gerichtet werden, und nach dem Maß, mit dem ihr messt und zuteilt, wird euch zugeteilt werden. Mt 7,1–2

Nicht Ankläger sein, sondern Verteidiger

Wer richtet, »macht immer einen Fehler«. Und er macht einen Fehler, so bekräftigte der Papst, »weil er sich an die Stelle Gottes setzt, der der einzige Richter ist: Er setzt sich genau an diese Stelle und nimmt die falsche Stelle ein!« … Und »mit der Fähigkeit zu richten« maße er sich »auch über die Fähigkeit zu verurteilen« an. Das Evangelium berichte, dass »das Richten über andere Menschen eine der Haltungen jener Schriftgelehrten war, die Jesus als ›Heuchler‹ bezeichnete« …

Und »Gott nimmt sich zum Richten Zeit, er wartet.« Diese Menschen hingegen »tun es sofort: Daher macht der, der richtet, einen Fehler, weil er sich einfach an eine Stelle setzt, die ihm nicht zusteht.« Aber, so führte der Papst aus, »er macht nicht nur einen Fehler, sondern er täuscht sich auch.« Und »er ist so besessen von dem, über den er richten will, von diesem Menschen – wirklich sehr besessen –, dass ihm dieser Splitter den Schlaf raubt.« Und er sage immer wieder: »Ich will dir doch diesen Splitter entfernen!« – ohne dabei »den Balken« zu bemerken, den er in seinem eigenen Auge habe. In diesem Sinne »täuscht« er sich und »glaubt, dass der Balken jener Splitter sei«. Wer richtet, ist also jemand, der »die Wirklichkeit durcheinander bringt«. Er erliegt einer Täuschung …

Außerdem, so der Papst weiter, »reicht auch die Niederlage darüber hinaus, denn wer richtet, klagt immer an«. Im »Urteil über die anderen – das Beispiel, das der Herr anführt, ist ›der Splitter in deinem Auge‹ – ist stets eine Anklage enthalten«. Das sei das genaue Gegenteil dessen, was »Jesus vor dem Vater tut«. Denn Jesus »klagt niemals an«, sondern verteidigt sogar. Er »ist der erste Beistand. Dann sendet er uns den zweiten, den Heiligen Geist.« Jesus sei »der Verteidiger: Er steht vor dem Vater, um uns vor den Anschuldigungen zu verteidigen«.

Aber wenn es einen Verteidiger gibt, gibt es auch einen Ankläger. »In der Bibel«, erläuterte der Papst, »heißt der Ankläger Teufel, Satan.« Jesus »wird am Ende der Welt richten, aber in der Zwischenzeit hält er Fürsprache, verteidigt er« … »Wenn wir den Weg Jesu gehen wollen«, betonte der Papst, »dürfen wir also nicht Ankläger, sondern müssen vielmehr Verteidiger der anderen vor dem Vater sein.« Frühmesse, 23.6.14

Die Goldene Regel

7 [12]Alles, was ihr also von anderen erwartet, das tut auch ihnen! Darin besteht das Gesetz und die Propheten. Mt 7,12

Liebe Mitarbeiter und Mitarbeiterinnen, stellen wir uns vor, wie unsere Welt sich ändern würde, wenn jeder von uns jetzt und hier beginnen würde, sich ernsthaft um sich zu kümmern und großherzig seine Beziehung zu Gott und zum Nächsten zu pflegen, wenn wir die Goldene Regel des Evangeliums in die Praxis umsetzen würden, die Jesus in der Bergpredigt vorschlägt … Wenn wir mit dem Blick der Güte und der Zärtlichkeit – so wie Gott uns anblickt, uns erwartet und uns vergibt – den anderen anblicken würden, besonders den Bedürftigsten. Wenn wir in der Demut unsere Kraft und unseren Schatz finden würden! Und sehr häufig haben wir Angst vor der Zärtlichkeit, haben wir Angst vor der Demut! An Vatikanangestellte, 22.12.14

Jesus hat kein Zuhause

8 [20]Die Füchse haben ihre Höhlen und die Vögel ihre Nester; der Menschensohn aber hat keinen Ort, wo er sein Haupt hinlegen kann.

Mt 8,20

Sein Zuhause sind die Menschen

Gott hat nicht darauf gewartet, dass wir zu ihm gehen, sondern er selbst ist auf uns zugekommen, ohne Berechnung, ohne Maß. Gott ist so: Er macht immer den ersten Schritt, er kommt auf uns zu. Jesus hat die täglichen Wirklichkeiten der einfachsten Menschen erlebt: Er hatte Mitleid mit der Menge, die wie eine Herde war, die keinen Hirten hat; er hat geweint angesichts des Leidens von Marta und Maria um den Tod ihres Bruders Lazarus; er hat einen Zöllner als seinen Jünger berufen; er hat auch den Verrat eines Freundes erlitten. In ihm hat Gott uns die Gewissheit gegeben, dass er bei uns ist, mitten unter uns. »Die Füchse«, hat er – Jesus – gesagt, »die Füchse haben ihre Höhlen und die Vögel ihre Nester; der Menschensohn aber hat keinen Ort, wo er sein Haupt hinlegen kann« (*Mt* 8,20). Jesus hat kein Zuhause, denn sein Zuhause sind die Menschen, sind wir, seine Sendung ist es, allen die Türen zu Gott zu öffnen, die liebevolle Gegenwart Gottes zu sein.

Generalaudienz, 27.3.13

Die Berufung des Zöllners Matthäus

9 [9]Als Jesus weiterging, sah er einen Mann namens Matthäus am Zoll sitzen und sagte zu ihm: Folge mir nach! Da stand Matthäus auf und folgte ihm.

Mt 9,9

Er klammert sich ans Geld
Denken wir an den heiligen Matthäus. Er war ein guter Finanzmann. Obendrein betrog er sein Heimatland, denn er zog die Steuern der Juden ein, um sie an die Römer auszuzahlen. Er hatte Geld in Fülle und kassierte die Steuern. Da kommt Jesus vorbei, sieht ihn an und sagt: »Komm, folge mir nach!« Er konnte es nicht glauben. Wenn ihr Zeit habt, schaut euch das Gemälde an, in dem Caravaggio diese Szene dargestellt hat. Jesus ruft ihn und zeigt auf ihn. Die bei ihm stehen, sagen: »Der da, der ein Verräter ist, ein unverschämter Kerl?« Und er klammert sich ans Geld und will es nicht liegen lassen. Doch die Überraschung, geliebt zu sein, überwältigte ihn und er folgte Jesus. An jenem Morgen, als Matthäus zur Arbeit ging und sich von seiner Frau verabschiedete, hatte er nicht im Geringsten daran gedacht, dass er ohne Geld und in Eile zurückkehren würde, um sie zu bitten, ein Festmahl zu bereiten. Das Festmahl für den, der ihn zuerst geliebt hatte, der ihn mit etwas sehr Wichtigem überrascht hatte, das wichtiger war als alles Geld, das er besaß.

Lasst euch von Gott überraschen! Habt keine Angst vor Überraschungen – sie erschüttern den Boden unter deinen Füßen und verunsichern dich, doch sie bringen uns auf den Weg.

An Jugendliche in Manila/Philippinen, 18.1.15

Jesus zieht umher und predigt

9 [35]Jesus zog durch alle Städte und Dörfer, lehrte in ihren Synagogen, verkündete das Evangelium vom Reich und heilte alle Krankheiten und Leiden. Mt 9,35

Er hätte ein Obdachloser sein können
Das ist sonderbar. An welchem Ort war Jesus am häufigsten, wo konnte man ihn am einfachsten finden? Auf den Straßen. Er hätte ein Obdachloser sein können, weil er immer auf der Straße war. Das Leben Jesu fand auf der Straße statt. Vor allem lädt es uns ein, die Tiefe seines Herzens zu erfassen – das, was er für die Menge der Menschen empfindet, für die Menschen, denen er begegnet: die innere Haltung des »Mitleids«. Als er die vielen Menschen sah, hatte er Mitleid mit ihnen. Denn er sieht die Menschen »müde und erschöpft wie Schafe, die keinen Hirten haben«. Wir haben diese Worte so oft gehört, dass sie vielleicht keinen starken Eindruck machen. Aber sie sind stark! In etwa so wie die vielen Menschen, denen ihr heute auf den Straßen eurer Stadtteile begegnet … Dann erweitert sich der Horizont und wir sehen, dass diese Städte und diese Dörfer nicht nur Rom und Italien sind, sondern die Welt … und dass diese vielen erschöpften Menschen die Völker vieler Länder sind, die unter noch schwierigeren Situationen leiden …

Dann verstehen wir, dass wir nicht hier sind, um … eine schöne geistliche Einkehr zu halten, sondern um die Stimme des Heiligen Geistes zu hören, der zur ganzen Kirche spricht in dieser unserer Zeit, die gerade die Zeit der Barmherzigkeit ist.

An römische Priester, 6. 3. 14

Das Gleichnis vom Sämann

13 [3]Und er sprach lange zu ihnen in Form von Gleichnissen.
Er sagte: Ein Sämann ging aufs Feld, um zu säen. [4]Als er säte,
fiel ein Teil der Körner auf den Weg und die Vögel kamen und
fraßen sie.

Mt 13,3

Was für eine Art Boden sind wir?
Jesus sagt uns, dass die Samen, die an den Wegrand, die zwischen die Felsen oder in die Dornen gefallen sind, keine Frucht gebracht haben. Ich glaube, dass wir uns ganz ehrlich fragen können: Was für eine Art Boden sind wir, was für eine Art Boden wollen wir sein? Vielleicht sind wir manchmal wie der Weg: Wir hören den Herrn, aber es ändert sich nichts in unserem Leben, denn wir lassen uns von vielen oberflächlichen Verlockungen, die wir hören, betäuben. Ich stelle euch die Frage, aber antwortet nicht jetzt, jeder soll in seinem Herzen antworten: Bin ich ein junger Mann, eine junge Frau, die betäubt ist? Oder wir sind wie der felsige Boden: Wir nehmen Jesus mit Begeisterung auf, aber wir sind unbeständig, haben nicht den Mut, bei Schwierigkeiten gegen den Strom zu schwimmen. Jeder von uns antworte in seinem Herzen: Habe ich Mut oder bin ich ein Feigling? Oder wir sind wie der Boden mit den Dornen: Die materiellen Dinge und die schlechten Leidenschaften ersticken in uns die Worte des Herrn (vgl. *Mt* 13,18–22). Habe ich in meinem Herzen die Gewohnheit, ein doppeltes Spiel zu spielen: vor Gott eine gute Figur zu machen und vor dem Teufel eine gute Figur zu machen? Den Samen Jesu empfangen zu wollen und zugleich die Dornen und das Unkraut zu begießen, das in meinem Herzen aufkeimt? Heute aber bin ich sicher, dass der Samen auf guten Boden fallen kann …, aber mach ein Stückchen frei, ein kleines Stück guten Bodens, und lass den Samen dorthin fallen und du wirst sehen, wie er aufkeimt! Ich weiß, dass ihr guter Boden sein wollt, wirkliche Christen, keine *Teilzeit*-Christen, keine »Spießer«-Christen, die die Nase hoch tragen, sodass sie als Christen erscheinen und im Innern überhaupt nichts tun; keine Fassaden-Christen, diese Christen, die »purer Augenschein« sind, sondern authentische Christen.

Gebetswache in Rio/Brasilien, 27.7.13

Jesu Rede über das Leben in der Gemeinde

18 [4]Wer so klein sein kann wie dieses Kind, der ist im Himmelreich der Größte. Mt 18,4

Die Jünger sind kein gutes Vorbild

»Die Jünger«, so sagte der Bischof von Rom über diesen Abschnitt, »stritten darüber, wer von ihnen der Größte sei. Es gab innere Kämpfe: das Karrieredenken. Diese Männer, die die ersten Bischöfe sind, waren durch das Karrieredenken versucht« und sagten untereinander: »Ich will größer sein als du!« Franziskus bemerkte hierzu: »Es ist kein gutes Vorbild, dass die ersten Bischöfe das getan haben, aber das ist die Wirklichkeit.«

Seinerseits »lehrt Jesus sie, wie man sich richtig verhalten« solle: Er rufe ein Kind zu sich, stelle es mitten unter sie – so berichte Matthäus – und verweise dadurch ausdrücklich auf die »Fügsamkeit, das Bedürfnis nach Rat, die Hilfsbedürftigkeit, weil das Kind gerade ein Zeichen für die Hilfsbedürftigkeit, die Fügsamkeit ist, um weiterzugehen.«

»Das ist der Weg«, so versicherte der Papst, und nicht jener, darüber zu befinden, »wer der Größte ist« … Franziskus merkte des Weiteren an, dass es praktisch »so ist, als sage man: Wenn ihr diese Fügsamkeit an den Tag legt, dieses Verhalten, den Lebensweg nicht alleine gehen zu wollen, dann nähert ihr euch dem Verhalten eines Kindes eher an und kommt dann der Betrachtung des Vaters näher.« Frühmesse, 2.10.14

Das verirrte Schaf

18 [12]Was meint ihr? Wenn jemand hundert Schafe hat und eines von ihnen sich verirrt, lässt er dann nicht die neunundneunzig auf den Bergen zurück und sucht das verirrte? Mt 18,12

In Wirklichkeit haben wir nur noch ein Schaf!
Im Evangelium gibt es den schönen Abschnitt über den Hirten, der, als er zum Schafstall zurückkehrt, merkt, dass ein Schaf fehlt, die anderen 99 zurücklässt und es suchen geht, eines von ihnen suchen geht. Aber, Brüder und Schwestern, wir haben eines von ihnen; uns fehlen die anderen 99! Wir müssen hinausgehen, wir müssen zu ihnen gehen! In dieser Kultur – sagen wir die Wahrheit – haben wir nur ein Schaf, wir sind in der Minderheit! Und spüren wir die Leidenschaft, den apostolischen Eifer, hinauszugehen und die anderen 99 zu finden? Das ist eine große Verantwortung und wir müssen den Herrn um die Gnade der Großherzigkeit und den Mut und die Geduld bitten, um hinauszugehen und das Evangelium zu verkündigen. Ach, das ist schwer. Es ist einfacher, zu Hause zu bleiben, mit dem einen Schaf! Es ist einfacher mit diesem Schaf, es zu kämmen, es zu streicheln … Aber der Herr will, dass wir Priester und auch ihr Christen, dass wir alle Hirten sind, nicht Schafkämmer; Hirten! Und wenn eine Gemeinde verschlossen ist, mit immer denselben Personen, die reden, dann ist diese Gemeinde keine Gemeinde, die Leben schenkt. Sie ist eine unfruchtbare Gemeinde, sie ist nicht fruchtbar. Die Fruchtbarkeit des Evangeliums kommt aus der Gnade Jesu Christi, aber durch uns, unsere Verkündigung, unseren Mut, unsere Geduld. Ansprache, 17.6.13

Brüderlichkeit

18 [15]Wenn dein Bruder sündigt, dann geh zu ihm und weise ihn unter vier Augen zurecht. Hört er auf dich, so hast du deinen Bruder zurückgewonnen. Mt 18,15

Das Bemühen um Feingefühl

Jesus lehrt uns: Wenn mein christlicher Bruder eine Schuld gegen mich begeht, mich beleidigt, muss ich ihm gegenüber Liebe walten lassen und vor allem anderen mit ihm persönlich sprechen und ihm erklären, dass das, was er gesagt oder getan hat, nicht gut ist.

Und wenn der Bruder nicht auf mich hört? Jesus rät zu einem schrittweisen Verfahren: Kehr zunächst mit zwei oder drei anderen zu ihm zurück, um mit ihm zu reden, damit er sich seines begangenen Fehlers bewusster wird; wenn er trotzdem die Mahnung nicht annimmt, muss man es der Gemeinde sagen; und wenn er auch auf die Gemeinde nicht hört, muss man ihn den Bruch und die Trennung spüren lassen, die er selbst verursacht hat, indem er die Gemeinschaft mit den Brüdern und Schwestern im Glauben geschwächt hat.

Die Etappen dieses Wegs zeigen die Anstrengung, die der Herr von seiner Gemeinde verlangt, um den zu begleiten, der einen Fehler macht, damit er nicht verloren geht. Vor allem müssen nach Sensation gierendes Gerede und der Klatsch der Gemeinde vermieden werden – das ist das Erste, das muss vermieden werden. »Geh zu ihm und weise ihn unter vier Augen zurecht« (V. 15). Die Haltung ist die des Feingefühls, der Besonnenheit, der Demut, der Aufmerksamkeit gegenüber dem, der sich schuldig gemacht hat, und man muss vermeiden, dass die Worte den Bruder verletzen oder töten könnten. Denn ihr wisst ja, auch Worte töten! … Angelus, 7.9.14

Das Gleichnis von den Arbeitern im Weinberg

20 [13]Mein Freund, dir geschieht kein Unrecht. Hast du nicht einen Denar mit mir vereinbart? [14]Nimm dein Geld und geh! Ich will dem letzten ebenso viel geben wie dir. Mt 20,13–14

Wir haben keinen Zauberstab

Es gibt … ein Wort, das mich zum Nachdenken anregt: als Jesus vom Gutsbesitzer spricht, der Arbeiter brauchte und zu verschiedenen Stunden des Tages aus dem Haus ging, um Arbeiter für seinen Weinberg anzuwerben (vgl. *Mt* 20,1–16). Er ist nicht nur einmal hinausgegangen.

In dem Gleichnis sagt Jesus, dass er mindestens fünfmal hinausging: früh am Morgen, um neun Uhr, zur Mittagsstunde, um drei Uhr und um fünf Uhr nachmittags – wir haben noch Zeit, dass er zu uns kommt! Es gab viel zu tun im Weinberg und dieser Herr hat fast die ganze Zeit damit verbracht, auf die Straßen und auf die Märkte des Ortes zu gehen, um Arbeiter zu suchen. Denkt an jene der letzten Stunde: Niemand hatte sie angeworben. Wer weiß, wie sie sich fühlten, denn am Ende des Tages würden sie nichts nach Hause bringen, um den Hunger ihrer Kinder zu stillen. Die für die Pastoral Verantwortlichen können in diesem Gleichnis ein schönes Beispiel finden: hinausgehen zu verschiedenen Stunden des Tages, um jene zu finden, die auf der Suche nach dem Herrn sind; die Schwachen und Notleidenden aufsuchen, um sie dabei zu unterstützen, sich im Weinberg des Herrn nützlich zu fühlen, und sei es auch nur für eine Stunde. Ein weiterer Aspekt: Laufen wir bitte nicht der Stimme der Sirenen nach, die dazu aufrufen, die Pastoral zu einer hektischen Abfolge von Initiativen zu machen, ohne dabei das Wesentliche der Evangelisierungstätigkeit zu begreifen!

Manchmal scheinen wir mehr darum besorgt zu sein, die

Aktivitäten zu mehren, als auf die Menschen und ihre Begegnung mit Gott zu achten. Eine Pastoral, die darauf nicht achtet, wird nach und nach unfruchtbar. Vergessen wir nicht, so zu handeln wie Jesus mit seinen Jüngern: Nachdem diese in die Dörfer gegangen waren, um das Evangelium zu verkündigen, kehrten sie voll Freude über ihre Erfolge zurück; Jesus aber nimmt sie mit sich an einen einsamen Ort, um etwas mit ihnen zusammen zu sein (vgl. *Mk* 6,31).

Eine Pastoral ohne Gebet und Betrachtung wird nie das Herz der Menschen erreichen können. Sie wird an der Oberfläche haltmachen, ohne dass der Same des Wortes Gottes Wurzeln schlagen, aufkeimen, wachsen und Frucht tragen kann (vgl. *Mt* 13,1–23). Ich weiß, dass ihr alle viel arbeitet, und daher will ich euch ein letztes wichtiges Wort mitgeben: Geduld. Geduld und Beharrlichkeit. Das Wort Gottes ist in »Geduld« in den Augenblick der Menschwerdung eingetreten und so bis zum Tod am Kreuz. Geduld und Beharrlichkeit. Wir haben keinen »Zauberstab« für alles, aber wir haben Vertrauen in den Herrn, der uns begleitet und uns nie verlässt. In den Schwierigkeiten wie in den Enttäuschungen, die in unserer pastoralen Tätigkeit nicht selten vorhanden sind, dürfen wir im Vertrauen auf den Herrn und im Gebet, das es stützt, nie nachlassen … Wir wollen Gutes tun, aber ohne einen Lohn zu erwarten.

Ansprache, 19.9.14

Jesus und das Steuernzahlen

22 [21]Gebt dem Kaiser, was dem Kaiser gehört, und Gott, was Gott gehört! Mt 22,21

Die Betonung liegt auf dem zweiten Teil des Satzes

Wir haben eben einen der berühmtesten Sätze des ganzen Evangeliums gehört: »Gebt dem Kaiser, was dem Kaiser gehört, und Gott, was Gott gehört!« (*Mt* 22,21). Auf die Provokation der Pharisäer, die Jesus sozusagen einer Prüfung in Religion unterziehen und ihn zu einem Fehler verleiten wollten, antwortet er mit diesem ironischen und genialen Satz. Es ist eine einprägsame Antwort, die der Herr allen gibt, die Gewissensprobleme haben, vor allem wenn ihre Vorteile, ihr Reichtum, ihr Ansehen, ihre Macht und ihr Ruf auf dem Spiel stehen.

Die Betonung liegt bei Jesus sicher auf dem zweiten Teil des Satzes: »Und [gebt] Gott, was Gott gehört!« Das bedeutet, gegenüber jeder Art von Macht zu erkennen und zu bekennen, dass Gott allein der Herr des Menschen ist und es keinen anderen gibt. Das ist das ewig Neue, das man täglich wiederentdecken muss, indem man die Furcht überwindet, die uns oft angesichts der Überraschungen Gottes überkommt …

»Gott geben, was Gott gehört« bedeutet, sich seinem Willen zu öffnen, ihm unser Leben zu widmen und an seinem Reich der Barmherzigkeit, der Liebe und des Friedens mitzuarbeiten. Darin liegt unsere wahre Kraft … Darin liegt unsere Hoffnung, denn die Hoffnung auf Gott ist keine Realitätsflucht, sie ist kein Alibi: Sie bedeutet, Gott tatkräftig das zurückzugeben, was ihm gehört. Predigt, 19.10.14

Jesu Rede über die Endzeit

25 [1]Mit dem Himmelreich wird es sein wie mit zehn Jungfrauen,
die ihre Lampen nahmen und dem Bräutigam entgegengingen.
[2]Fünf von ihnen waren töricht und fünf waren klug.

Mt 25,1–2

Schlafen wir nicht ein!
Zunächst erinnern wir uns, dass der Sohn Gottes durch die Himmelfahrt unsere von ihm angenommene Menschennatur zum Vater gebracht hat und alle zu sich ziehen will, die ganze Welt aufrufen will, sich in die offenen Arme Gottes aufnehmen zu lassen, damit am Ende der Geschichte die ganze Wirklichkeit dem Vater übergeben wird. Es gibt jedoch diese »augenblickliche Zeit« zwischen dem ersten und dem endgültigen Kommen Christi – die Zeit, in der wir leben. Im Kontext dieser »augenblicklichen Zeit« steht das Gleichnis von den zehn Jungfrauen (vgl. *Mt* 25,1–13) …

Der Bräutigam ist der Herr und die Zeit des Wartens auf seine Ankunft ist die Zeit, die er uns, uns allen, mit Barmherzigkeit und Geduld vor seinem endgültigen Kommen schenkt. Es ist eine Zeit des Wachens, eine Zeit, in der wir die Lampen des Glaubens, der Hoffnung und der Liebe am Brennen halten müssen, in der wir das Herz offenhalten müssen für das Gute, die Schönheit und die Wahrheit; eine Zeit, die nach dem Willen Gottes gelebt werden muss, denn wir wissen weder den Tag noch die Stunde der Wiederkunft Christi. An uns ist es, für die Begegnung bereit zu sein – bereit zu sein für eine Begegnung, eine schöne Begegnung, die Begegnung mit Jesus –, das heißt die Zeichen seiner Gegenwart sehen zu können, unseren Glauben lebendig zu erhalten, durch das Gebet, durch die Sakramente, wachsam zu sein, um nicht einzuschlafen, um Gott nicht zu vergessen. Das Leben der schlafenden Christen ist ein trauriges Leben; es ist kein glückliches Leben. Der Christ muss glücklich sein, die Freude Jesu. Schlafen wir nicht ein! Generalaudienz, 24.4.13

Der Kreuzweg Jesu

> **27** [1]Als es Morgen wurde, fassten die Hohenpriester und die Ältesten des Volkes gemeinsam den Beschluss, Jesus hinrichten zu lassen. [2]Sie ließen ihn fesseln und abführen und lieferten ihn dem Statthalter Pilatus aus. Mt 27,1–2

Wer bin ich? Eine bohrende Gewissenserforschung
Es wird uns guttun, wenn wir uns nur eine Frage stellen: Wer bin ich? Wer bin ich vor meinem Herrn? Wer bin ich vor Jesus, der festlich in Jerusalem einzieht? Bin ich fähig, meine Freude auszudrücken, ihn zu loben? Oder gehe ich auf Distanz? Wer bin ich vor dem leidenden Jesus? Wir haben viele Namen gehört – viele Namen. Die Gruppe der führenden Persönlichkeiten, einige Priester, einige Pharisäer, einige Gesetzeslehrer, die entschieden hatten, ihn zu töten. Sie warteten auf die Gelegenheit, ihn zu fassen. Bin ich wie einer von ihnen?

Auch noch einen anderen Namen haben wir gehört: Judas. Dreißig Silberlinge. Bin ich wie Judas? Weitere Namen haben wir gehört: die Jünger, die nichts verstanden, die einschliefen, während der Herr litt. Ist mein Leben eingeschlafen? Oder bin ich wie die Jünger, die nicht begriffen, was es bedeutet, Jesus zu verraten; wie jener andere Jünger, der alles durch das Schwert lösen wollte: Bin ich wie sie? Bin ich wie Judas, der Liebe heuchelt und den Meister küsst, um ihn auszuliefern, ihn zu verraten? Bin ich – ein Verräter? Bin ich wie jene Vorsteher, die in Eile zu Gericht sitzen und falsche Zeugen suchen: Bin ich wie sie? Und wenn ich so etwas tue – falls ich es tue –, glaube ich, dass ich damit das Volk rette? Bin ich wie Pilatus? Wenn ich sehe, dass die Situation schwierig ist, wasche ich mir dann die Hände, weiß ich dann meine Verantwortung nicht zu übernehmen und lasse Menschen verurteilen oder verurteile sie selber?

Bin ich wie die Soldaten, die den Herrn schlagen, ihn bespucken, ihn beleidigen, sich mit der Demütigung des Herrn amüsieren? Bin ich wie Simon von Zyrene, der müde von der Arbeit kam, aber den guten Willen hatte, dem Herrn zu helfen, das Kreuz zu tragen? Bin ich wie die, welche am Kreuz vorbeikamen und sich über Jesus lustig machten: »Er war doch so mutig! Er steige vom Kreuz herab, dann werden wir ihm glauben!« Sich über Jesus lustig machen ... Bin ich wie jene mutigen Frauen und wie die Mutter Jesu, die dort waren und schweigend litten? Bin ich wie Josef, der heimliche Jünger, der den Leib Jesu liebevoll trägt, um ihn zu begraben? Bin ich wie die beiden Marien, die am Eingang des Grabes verharren, weinend und betend? Bin ich wie diese Anführer, die am folgenden Tag zu Pilatus gehen, um zu sagen: »Schau, der hat gesagt, er werde auferstehen. Dass nur nicht noch ein Betrug geschieht!«; und die das Leben blockieren, das Grab zusperren, um die Lehre zu verteidigen, damit das Leben nicht herauskommt? Wo ist mein Herz? Welchem dieser Menschen gleiche ich?

Predigt am Palmsonntag, 13.4.14

Jesu Tod am Kreuz

27 [46]Um die neunte Stunde rief Jesus laut: Eli, Eli, lema sabachtani?, das heißt: Mein Gott, mein Gott, warum hast du mich verlassen?

Mt 27,46

Ein Gott der Worte – und des Schweigens

Gott, unser Gott, ist ein Gott der Worte, ein Gott der Gesten, ein Gott des Schweigens … Denkt nur an die großen Momente des Schweigens in der Bibel: zum Beispiel das Schweigen im Herzen Abrahams, als er mit seinem Sohn fortging, um ihn zu opfern. Zwei Tage stiegen sie den Berg empor und er wagte es nicht, zu seinem Sohn etwas zu sagen, obwohl der Sohn, der nicht dumm war, ohnehin alles verstanden hatte. Und Gott schwieg. Aber das größte Schweigen Gottes betrifft das Kreuz: Jesus hat das Schweigen des Vaters gespürt, es sogar als »Verlassenwerden« bezeichnet: »Vater, warum hast du mich verlassen?« Und dann geschah dieses Wunder Gottes, dieses Wort, diese großartige Geste: die Auferstehung. Unser Gott ist auch ein Gott des Schweigens; und es gibt Momente des Schweigens Gottes, die man nicht erklären kann, wenn man nicht aufs Kreuz blickt. Warum zum Beispiel müssen Kinder leiden? Wie erklärst du mir das? Wo findest du ein Wort Gottes, das erklärt, warum Kinder leiden müssen? Das ist einer der großen Momente des Schweigens Gottes.

Ich sage ja nicht, dass man das Schweigen Gottes »verstehen« kann, aber wir können dem Schweigen Gottes näherkommen, wenn wir auf den gekreuzigten Christus blicken; den Christus, der stirbt, den verlassenen Christus, vom Ölberg bis zum Kreuz. Das sind die Momente des Schweigens. »Aber Gott hat uns doch geschaffen, damit wir glücklich sind!« – »Ja, das stimmt.« Aber oft schweigt er. Und das ist die Wahrheit. Ich kann dich nicht täuschen, indem ich sage: »Nein, halte fest am Glauben, dann wird alles gut, dann wirst du glücklich sein, Glück haben, Geld …«: Nein, unser Gott schweigt auch. Vergiss nicht: Er ist der Gott der Worte, der Gott der Gesten und der Gott des Schweigens, diese drei Dinge musst du in deinem Leben vereinen. Das ist das, was mir dazu einfällt. Ein anderes »Rezept« habe ich nicht.

An Jugendliche in Neapel, 21.3.15

Erscheinung des Auferstandenen

28 [18]Da trat Jesus auf sie zu und sagte zu ihnen: Mir ist alle
Macht gegeben im Himmel und auf der Erde. [19]Darum geht zu
allen Völkern und macht alle Menschen zu meinen Jüngern;
tauft sie auf den Namen des Vaters und des Sohnes und des
Heiligen Geistes ... Mt 28,18–19

Sind wir Sakristei-Christen?
Die Kirche ist apostolisch, weil sie *ausgesandt ist, das Evangelium in alle Welt zu bringen.* Auf dem Weg der Geschichte wird die Sendung fortgesetzt, die Jesus den Aposteln anvertraut hat: »Darum geht zu allen Völkern und macht alle Menschen zu meinen Jüngern ...« Das ist es, was Jesus uns aufgetragen hat zu tun! Ich verweise immer wieder auf diesen Aspekt des Missionarischen, denn Christus lädt alle ein, den anderen »entgegenzugehen«, er sendet uns, er fordert uns auf, uns in Bewegung zu setzen, um die Freude des Evangeliums zu bringen! Fragen wir uns noch einmal: Sind wir Missionare mit unserem Wort, vor allem aber mit unserem christlichen Leben, mit unserem Zeugnis? Oder sind wir Christen, die in ihrem Herzen und in ihren Kirchen verschlossen sind, »Sakristei-Christen«? Christen nur mit Worten, die jedoch wie Heiden leben? Wir müssen uns diese Fragen stellen, die kein Vorwurf sind. Auch ich sage es zu mir selbst: Wie bin ich Christ – wirklich mit dem Zeugnis?

Generalaudienz, 16.10.13

Markus

Die Taufe Jesu

> **1** [9]In jenen Tagen kam Jesus aus Nazaret in Galiläa und ließ sich von Johannes im Jordan taufen. [10]Und als er aus dem Wasser stieg, sah er, dass der Himmel sich öffnete und der Geist wie eine Taube auf ihn herabkam. Mk 1,9–10

Jetzt endet die Zeit des verschlossenen Himmels
Das Evangelium beschreibt, was sich am Ufer des Jordans zutrug. In dem Augenblick, da Johannes Jesus tauft, öffnet sich der Himmel. »Und als er aus dem Wasser stieg«, sagt der heilige Markus, »sah er, dass der Himmel sich öffnete« (1,10). Das dramatische Flehen des Propheten Jesaja kommt uns dabei in den Sinn: »Reiß doch den Himmel auf und komm herab« (*Jes* 63,19). Diese Anrufung ist im Ereignis der Taufe Jesu erfüllt worden. So endete die Zeit des »verschlossenen Himmels«, der auf die Trennung zwischen Gott und dem Menschen als Folge der Sünde hinweist. Die Sünde entfernt uns von Gott und unterbricht das Band zwischen Erde und Himmel; so wird sie zur Ursache unseres Elends und des Scheiterns unseres Lebens. Der offene Himmel zeigt an, dass Gott seine Gnade geschenkt hat, damit das Land seinen Ertrag gebe (vgl. *Ps* 85,13). So ist die Erde zur Wohnstatt Gottes unter den Menschen geworden und ein jeder von uns hat die Möglichkeit, dem Sohn Gottes zu begegnen und seine Liebe und grenzenlose Barmherzigkeit zu erfahren …

Mit der Taufe Jesu wird nicht nur der Himmel aufgerissen, sondern Gott spricht erneut und lässt seine Stimme erklingen: »Du bist mein geliebter Sohn, an dir habe ich Gefallen gefunden« (*Mk* 1,11). Die Stimme des Vaters verkündet das Geheimnis, das sich in dem vom Wegbereiter getauften Mann verbirgt. Und dann die Herabkunft des Heiligen Geistes in der Gestalt einer Taube: Er ermöglicht Christus, dem Gesalbten des Herrn, seine Sendung aufzunehmen, die unser Heil ist.

Der Heilige Geist: der große Vergessene in unseren Gebeten. Oft beten wir zu Jesus; wir beten zum Vater, besonders im »Vaterunser«; doch weniger häufig beten wir zum Heiligen Geist, nicht wahr? Er ist der Vergessene. Und wir bedürfen der Bitte um seine Hilfe, um seine Kraft, um seine Eingebung. Der Heilige Geist, der ganz das Leben und den Dienst Jesu beseelt hat, ist derselbe Geist, der heute das christliche Dasein, das Dasein eines Mannes und einer Frau lenkt, die sich Christen nennen und Christen sein wollen. Angelus, 11.1.15

Heilung eines Aussätzigen

> **1** [41]Jesus hatte Mitleid mit ihm; er streckte die Hand aus, berührte ihn und sagte: Ich will es – werde rein! Mk 1,41

Jesus hat die Lage nicht am grünen Tisch studiert
Auch hier, wie an so vielen anderen Stellen des Evangeliums, sehen wir, dass Jesus nicht gleichgültig bleibt. Er hat Mitleid, er lässt sich vom Schmerz rühren und verwunden, von den Krankheiten und Bedürfnissen der Menschen, die er trifft. Das Gesetz des Mose legte fest, dass ein Leprakranker aus der Gemeinschaft ausgestoßen wird, dass er außerhalb der Siedlung leben muss (*Lev* 13,45–46), an verlassenen Orten, ausgegrenzt und für unrein erklärt. Zum Leid der Krankheit kam noch die Ausgrenzung, das Abgedrängtwerden an den Rand, in die Einsamkeit. Wir können versuchen uns vorzustellen, welche Bürde des Leidens und der Scham ein Leprakranker zu tragen hatte, der sich nicht

nur als Opfer der Krankheit fühlen musste, sondern auch als schuldig und für seine Sünden bestraft. Das Gesetz, das den Leprakranken mitleidlos verstieß, hatte natürlich einen bestimmten Zweck: Die Ansteckung sollte vermieden werden.

Jesus aber verfährt nach einer ganz anderen Logik. Auf eigenes Risiko und eigene Gefahr geht er auf den Leprakranken zu, nimmt ihn wieder herein und heilt ihn. Und so eröffnet er uns einen neuen Horizont, den der Logik eines Gottes der Liebe, eines Gottes, der das Heil aller Menschen will. Jesus hat den Leprakranken berührt, er hat ihn wieder aufgenommen in die Gemeinschaft. Er hat die Situation nicht einfach am grünen Tisch studiert, er hat keine Experten zum Pro und Kontra befragt. Für ihn war alles, was zählte, ob er die Fernen erreichen und retten konnte.

Diese Logik, diese Haltung erregte damals ebenso Anstoß wie heute. Sie lässt all jene murren, die gewöhnt sind, alles einzig und allein nach Maßgabe ihrer Denkschemata zu regeln, ihrer ritualistischen Reinheit, statt sich von der Wirklichkeit überraschen zu lassen, von einer Liebe und einem Maßstab, die weit größer sind. Jesus heilt und integriert jene, die am Rande stehen, außerhalb der Stadt, außerhalb des Lagers. Und zeigt uns damit den Weg. An dieser Stelle des Evangeliums sehen wir uns mit zwei Formen des Denkens und Glaubens konfrontiert. Da ist auf der einen Seite die Angst, die Gerechten, die Geretteten, die Schafe im Pferch zu verlieren, die schon in Sicherheit sind. Und auf der anderen Seite der Wunsch, die Sünder zu retten, die Verlorenen, diejenigen, die außerhalb des Zauns stehen. Das eine ist die Logik der Gesetzeswächter, das andere die Logik Gottes, der annimmt, umarmt, das Schlechte in Gutes verwandelt.

Interviewbuch »Der Name Gottes ist Barmherzigkeit«,
Januar 16, S. 87–89

Jesus weist Petrus schroff zurecht

8 [33]Jesus wandte sich um, sah seine Jünger an und wies Petrus mit den Worten zurecht: Weg mit dir, Satan, geh mir aus den Augen! Denn du hast nicht das im Sinn, was Gott will, sondern was die Menschen wollen. Mk 8,33

Eines der härtesten Worte der Evangelien

Wir sind ein wenig wie der hl. Petrus. Sobald Jesus vom Leiden, vom Tod und von der Auferstehung, von der Selbsthingabe, von der Liebe zu allen Menschen spricht, nimmt ihn der Apostel beiseite und macht ihm Vorwürfe. Was Jesus sagt, bringt seine Pläne durcheinander, scheint unannehmbar zu sein, stellt die Sicherheiten, die er sich geschaffen hatte, seine Vorstellung vom Messias in Frage. Und Jesus sieht die Jünger an und richtet an Petrus eines der vielleicht härtesten Worte der Evangelien: »Weg mit dir, Satan, geh mir aus den Augen! Denn du hast nicht das im Sinn, was Gott will, sondern was die Menschen wollen« (*Mk* 8,33). Gott denkt immer mit Barmherzigkeit: Vergesst das nicht! Gott denkt immer mit Barmherzigkeit: Er ist der barmherzige Vater! Gott denkt wie der Vater, der auf die Rückkehr seines Sohnes wartet und ihm entgegengeht, ihn schon von Weitem kommen sieht … Generalaudienz, 27.3.13

Fangfrage zur Ehescheidung

10 [2]Da kamen Pharisäer zu ihm und fragten: Darf ein Mann seine Frau aus der Ehe entlassen? Damit wollten sie ihm eine Falle stellen. [3]Er antwortete ihnen: Was hat euch Mose vorgeschrieben? Mk 10,2–3

Die Scheiternden nicht verurteilen, sondern begleiten

Wer Jesus in Schwierigkeiten bringen wollte, habe ihm in der Tat niemals »eine offene Frage« gestellt. Man habe es dagegen vorgezogen, »auf die Kasuistik zurückzugreifen, immer auf einen kleinen Einzelfall« und ihn zu fragen: »Ist das erlaubt oder nicht?« Die »Falle«, die sie Jesus stellen wollten, sei Teil dieser Sicht der Dinge. Denn, so warnte der Papst, »hinter dem kasuistischen Denken liegt immer eine Falle, immer!« Und er fügte hinzu: »Eine Falle, die gegen den Menschen gerichtet ist, gegen uns und gegen Gott, immer!« So berichte der Evangelist Markus, dass die Frage, die die Pharisäer Jesus stellen, laute, »ob ein Mann seine Frau aus der Ehe entlassen dürfe«. Und Jesus antworte zunächst mit der Frage danach, »was das Gesetz sagt, und er erklärt dann, warum Mose jenes Gesetz so gemacht hat«.

Aber der Herr bleibe nicht bei dieser ersten Antwort stehen und gehe »von der Kasuistik direkt zum Kern des Problems«. Ja, so präzisierte der Heilige Vater, »er geht hier sogar zu den Tagen der Schöpfung zurück«, indem er sich eines »sehr schönen« Bibelzitats bediene, das dem *Buch Genesis* entnommen ist: »Am Anfang der Schöpfung aber hat Gott sie als Mann und Frau geschaffen. Darum wird der Mann Vater und Mutter verlassen und die zwei werden ein Fleisch sein. Sie sind also nicht mehr zwei, sondern eins.« …

Auf diese Art, so erläuterte er, »nimmt der Herr diese Liebe zum Meisterwerk der Schöpfung, um die Liebe zu erklären, die er zu seinem Volk hegt. Und noch einen Schritt weiter: Als Paulus das Mysterium Christi erläutern will, da tut er dies auch im Hinblick auf seine Braut. Denn Christus ist verheiratet: Er hatte die Kirche geheiratet, sein Volk.« Und gerade so, »wie der Vater das Volk Israel zur Braut genommen hatte, so tat dies Christus mit seinem Volk«.

»Das«, so bekräftigte der Papst, »ist die Geschichte der Liebe.

Das ist die Geschichte des Meisterwerks der Schöpfung. Und angesichts dieses Wegs der Liebe, angesichts dieses Bildes, fällt die Kasuistik weg und wird Schmerz.« Schmerz angesichts des Scheiterns: »Wenn das Verlassen von Vater und Mutter, um sich mit einer Frau zu vereinen, um ein Fleisch zu sein und so gemeinsam weiterzugehen, wenn diese Liebe scheitert – denn sehr oft scheitert sie –, dann müssen wir den Schmerz dieses Scheiterns spüren.« Und genau in diesem Augenblick müssen wir auch »jene Personen begleiten, die in ihrer Liebe dieses Scheitern erlebt haben«. Man darf sie nicht »verurteilen«, sondern man muss »mit ihnen gehen« … Frühmesse, 18. 2. 14

Jesus und der reiche Jüngling

10 [21]Da sah ihn Jesus an, und weil er ihn liebte, sagte er: Eines fehlt dir noch: Geh, verkaufe, was du hast, gib das Geld den Armen und du wirst einen bleibenden Schatz im Himmel haben; dann komm und folge mir nach! Mk 10,21

Er hatte ein Herz voller Geld

Das sei »eine Geschichte«, die »wir unzählige Male gehört haben«: Ein Mann »geht zu Jesus und fällt vor ihm auf die Knie«. Und er tut das »vor der ganzen Menschenmenge«, denn er »wollte so gerne die Worte Jesu hören« und »etwas in seinem Herzen drängte ihn dazu«. So, »auf den Knien vor Jesus«, fragt er ihn, was er tun müsse, um das ewige Leben zu gewinnen. Was das Herz dieses Mannes bewegte, so bemerkte der Papst, »war der Heilige Geist«. In der Tat war er »ein guter Mann«, so erläuterte er, indem er dessen Gestalt nachzeichnete, »denn er hatte von Jugend auf die Gesetze eingehalten.« »Gut« zu sein war »ihm aber nicht genug: Er wollte mehr! Der Heilige Geist trieb ihn dazu!«

In der Tat, so fuhr der Papst fort, »sah Jesus ihn an, er freute sich, diese Worte zu hören«. So sehr, dass »das Evangelium sagt, dass er ihn liebte«. Also »spürte auch Jesus diese Begeisterung. Und er antwortet ihm: Geh, verkaufe, was du hast, und komm mit mir, um das Evangelium zu verkünden.« Aber, wie im Bericht des Evangelisten zu lesen steht, »war der Mann, als er diese Worte hörte, betrübt und ging traurig weg«. Dieser gute Mann »war voller Hoffnung, voller Freude gekommen, um Jesus zu finden. Er hat seine Frage gestellt. Er hat die Worte Jesu gehört. Und er trifft eine Entscheidung: wegzugehen.« So »verwandelt sich diese Freude, die ihn antrieb, die Freude des Heiligen Geistes, in Traurigkeit«. Markus erzähle in der Tat, dass »er traurig wegging; denn er hatte ein großes Vermögen.«

Das Problem, so kommentierte der Papst, sei gewesen, dass »sein Herz«, das »unruhig« gewesen sei durch das Wirken des »Heiligen Geistes, der ihn drängte, sich Jesus zu nähern und ihm nachzufolgen, ein volles Herz gewesen sei«. Aber »er brachte nicht den Mut auf, es zu leeren. Und er hat eine Wahl getroffen: das Geld!« Er hatte »ein Herz voller Geld«. Und doch war er kein »Dieb oder Verbrecher. Er war ein guter Mann: Er hatte niemals gestohlen, niemals betrogen.« Sein Geld war »redlich erworben«. Aber »sein Herz war da gefangen, es war an das Geld gekettet und er war nicht frei, eine Wahl zu treffen.« So habe schließlich »am Ende das Geld für ihn die Entscheidung getroffen« …

Der Heilige Vater verschwieg nicht, dass die Gestalt des reichen jungen Mannes eine gewisse Anteilnahme errege, die uns dazu bringe, zu sagen: »Der Ärmste, er ist so gut und dann so unglücklich, warum ist er nicht glücklich weggegangen« nach seinem Gespräch mit Jesus? Und heute gäbe es sehr viele junge Leute wie ihn. Aber, so lautete die Frage des Papstes: »Was tun wir für sie?« Das Erste, was getan werden müsse, sei das Gebet: »Herr, hilf diesen jungen Menschen, damit sie frei und keine

Sklaven sind«, damit »sie ein Herz haben, das nur für dich da ist«. Auf diese Weise »kann der Ruf des Herrn kommen, er kann Früchte tragen«.

Frühmesse, 3.3.14

Jesu Rede von der Endzeit

13 [28]Lernt etwas aus dem Vergleich mit dem Feigenbaum! Sobald seine Zweige saftig werden und Blätter treiben, wisst ihr, dass der Sommer nahe ist.

Mk 13,28

Die Zeichen der Zeit erkennen
»Vielleicht fühlen wir uns als Herr des Augenblicks.« Aber, so fügte der Papst hinzu, »die Täuschung besteht darin, dass wir uns für die Herren der Zeit halten. Die Zeit gehört nicht uns. Die Zeit gehört Gott.« Sicher, wir halten den Augenblick in Händen und wir sind frei, ihn so zu nehmen, wie es uns am besten gefällt, erklärte der Papst weiter. Ja, »wir können die Beherrscher des Augenblicks werden. Aber die Zeit hat einen einzigen Herrscher: Jesus Christus …«

Der Christ, so erklärte der Heilige Vater, muss, um den Augenblick leben zu können, ohne sich täuschen zu lassen, mit Hilfe des Gebets und der Gabe der Unterscheidung Orientierung finden. »Jesus tadelte jene, die den Augenblick nicht zu unterscheiden vermochten«, fügte der Papst hinzu, um sich anschließend auf das Gleichnis vom Feigenbaum zu beziehen (*Mk* 13,28f.), in dem Christus diejenigen tadelt, die zwar imstande sind, aus dem Treiben des Feigenbaumes das Nahen des Sommers zu erkennen, die hingegen außerstande sind, die Zeichen dieses »Augenblicks, der ein Teil der Zeit Gottes ist«, zu erkennen. Dazu also diene die Gabe der Unterscheidung, erläuterte der Papst: »Um die wahren Zeichen zu erkennen, um den Weg zu erkennen, den wir in diesem Augenblick einschlagen müssen.« Das Gebet sei notwendig, um diesen Augenblick gut zu leben.

Was hingegen die Zeit anbelange, »deren einziger Herr Gott ist«, so können wir, wie der Papst betonte, nichts tun. In der Tat existiere keine einzige menschliche Tugend, die dazu beitragen könnte, irgendeine Macht über die Zeit auszuüben. Die einzige Tugend, mit der es möglich sei, auf die Zeit zu schauen, »muss uns vom Herrn geschenkt werden: Es ist die Hoffnung.« Gebet und Unterscheidungsgabe für den Augenblick; Hoffnung für die Zeit: »So bewegt sich der Christ auf diesem Weg des Augenblicks, mit dem Gebet und der Unterscheidung. Aber er überlässt die Zeit der Hoffnung. Der Christ versteht es, jeden Augenblick den Herrn zu erwarten; aber er hofft auf den Herrn am Ende der Zeiten. Männer und Frauen der Augenblicke und der Zeit, des Gebets und der Unterscheidung und der Hoffnung.

Frühmesse, 26.11.13

Jesus stirbt am Kreuz

15 39Als der Hauptmann, der Jesus gegenüberstand, ihn auf diese Weise sterben sah, sagte er: Wahrhaftig, dieser Mensch war Gottes Sohn.

Mk 15,39

Sohn eines Gottes, der Liebe ist

Man muss sich mit Jesus in der spröden Konkretheit seiner Geschichte auseinandersetzen, so wie sie uns vor allem von dem ältesten der Evangelien, dem des Markus, erzählt wird. Dann stellt man fest, dass der »Anstoß«, den das Wort und das Handeln Jesu in seiner Umgebung erregen, von seiner außerordentlichen »Vollmacht« herrühren – ein Wort, das vom Markusevangelium an bezeugt, jedoch nicht leicht zu übersetzen ist.

Das griechische Wort dafür ist *»exousia«* und verweist wörtlich genommen auf das, was »vom Sein ausgeht«, was man ist. Es handelt sich also nicht um etwas Äußeres oder etwas Erzwungenes, sondern um etwas, das von innen her ausstrahlt und sich von selbst durchsetzt. Tatsächlich beeindruckt, verwirrt und erneuert Jesus – wie er selber sagt – von seiner Beziehung zu Gott her, den er vertrauensvoll *Abba* [Vater] nennt und der ihm diese »Vollmacht« verleiht, damit er sie zum Wohl der Menschen verwende.

So predigt Jesus »wie einer, der Vollmacht hat«, heilt, ruft die Jünger, ihm zu folgen, vergibt Sünden – alles Dinge, die im Alten Testament Gott und nur Gott zustehen. Die Frage, die im Markusevangelium mehrmals vorkommt: »Was ist das für ein Mensch, dass …?« und die die Identität Jesu betrifft, wird durch die Feststellung einer Vollmacht hervorgerufen, die anders ist als die der Welt – eine Vollmacht, die nicht darauf ausgerichtet ist, über die anderen Macht auszuüben, sondern ihnen zu dienen, ihnen Freiheit und Leben in Fülle zu geben. Und das bis zu dem Punkt, das eigene Leben aufs Spiel zu setzen, Unverständnis, Verrat, Ablehnung zu erfahren, zum Tod verurteilt zu werden, bis dahin, in der Verlassenheit am Kreuz zu versinken. Doch Jesus bleibt Gott treu bis zum Ende.

Und gerade da geschieht es – wie im Markusevangelium der römische Hauptmann unter dem Kreuz ausruft –, dass Jesus sich paradoxerweise als Sohn Gottes erweist! Der Sohn eines Gottes, der Liebe ist und mit seinem ganzen Selbst will, dass der Mensch – jeder Mensch – sich ebenfalls als sein wahres Kind entdeckt und so lebt. Das findet für den christlichen Glauben seine Bestätigung darin, dass Jesus auferstanden ist: nicht um den Triumph über die, die ihn abgelehnt haben, davonzutragen, sondern um zu beweisen, dass die Liebe Gottes stärker ist als der Tod, dass die Vergebung Gottes stärker ist als jede Sünde und dass es sich lohnt, das eigene Leben bis zum Letzten einzusetzen, um diese unermessliche Gabe zu bezeugen.

Der christliche Glaube besagt, dass Jesus der Sohn Gottes ist, der gekommen ist, um sein Leben hinzugeben und dadurch allen den Weg der Liebe zu eröffnen. Darum haben Sie, sehr geehrter Herr Dr. Scalfari, Recht, wenn Sie in der Inkarnation des Gottessohnes den Angelpunkt des christlichen Glaubens sehen. Schon Tertullian schrieb: »*Caro cardo salutis*«, das Fleisch (Christi) ist der Angelpunkt des Heils. Denn die Inkarnation, d.h. die Tatsache, dass der Sohn Gottes in unser Fleisch gekommen ist und Freuden und Leiden, Siege und Niederlagen unseres Lebens bis zum Schrei am Kreuz mit uns geteilt hat, indem er alles in der Liebe und der Treue zum *Abba* durchlebte, bezeugt die unglaubliche Liebe, die Gott zu jedem Menschen hat, und den unschätzbaren Wert, den er ihm zuerkennt. Darum ist jeder von uns dazu berufen, sich den liebenden Blick und die Entscheidung Jesu für die Liebe zu eigen zu machen, seine Weise zu sein, zu denken und zu handeln.

Brief an den Publizisten Eugenio Scalfari, 4.9.13

Die Auferstehung Jesu

16 [6]Erschreckt nicht! Ihr sucht Jesus von Nazaret, den Gekreuzigten. Er ist auferstanden; er ist nicht hier. Seht, da ist die Stelle, wo man ihn hingelegt hatte. Mk 16,6

Sie behalten es nicht für sich

Vor allem sehen wir, dass die ersten Zeuginnen dieses Ereignisses die Frauen waren. Als eben die Sonne aufgeht, kommen sie zum Grab, um den Leib Jesu zu salben, und finden das erste Zeichen: das leere Grab (vgl. *Mk* 16,1). Dann folgt die Begegnung mit einem Boten Gottes, der verkündigt: Jesus von Nazaret, der Gekreuzigte, ist nicht hier; er ist auferstanden (vgl. V. 5–6). Die Frauen sind von der Liebe getrieben und können diese Verkündigung mit Freude annehmen: Sie glauben und geben es sofort weiter. Sie behalten es nicht für sich, sie geben es weiter. Die Freude zu wissen, dass Jesus lebt, die Hoffnung, die das Herz erfüllt, lässt sich nicht im Zaum halten. Das sollte auch in unserem Leben geschehen. Wir müssen die Freude spüren, Christen zu sein! Wir glauben an einen Auferstandenen, der das Böse und den Tod überwunden hat! Wir müssen den Mut haben »hinauszugehen«, um diese Freude und dieses Licht an alle Orte unseres Lebens zu bringen! Die Auferstehung Christi ist unsere größte Gewissheit; sie ist der kostbarste Schatz! Gerade das ist unser Zeugnis.

Ein weiteres Element: In den Glaubensbekenntnissen des Neuen Testaments werden als Zeugen der Auferstehung nur Männer erwähnt, die Apostel, aber nicht die Frauen. Das liegt daran, dass nach dem jüdischen Gesetz jener Zeit Frauen und Kinder kein verlässliches, glaubwürdiges Zeugnis geben konnten. In den Evangelien dagegen haben die Frauen eine erstrangige, grundlegende Rolle. Hier können wir ein Element erblicken, das für die Geschichtlichkeit der Auferstehung spricht: Wenn sie eine erfundene Tatsache wäre, dann wäre sie im Kontext jener Zeit nicht mit dem Zeugnis von Frauen verbunden worden. Die Evangelisten berichten jedoch einfach das, was geschehen ist: Die Frauen sind die ersten Zeuginnen. Das heißt, dass Gott nicht nach menschlichen Maßstäben auserwählt: Die ersten Zeugen der Geburt Jesu sind die Hirten, einfache und bescheidene Menschen; die ersten Zeuginnen der Auferstehung sind die Frauen.

… Die Apostel und die Jünger tun sich schwerer zu glauben. Die Frauen nicht. Petrus läuft zum Grab, bleibt aber beim leeren Grab stehen; Thomas muss mit seinen Händen die Wunden des Leibes Jesu berühren. Auch auf unserem Glaubensweg ist es wichtig zu wissen und zu spüren, dass Gott uns liebt, und keine Angst zu haben, ihn zu lieben: Den Glauben bekennt man mit Mund und Herz, mit Worten und mit Liebe.

Generalaudienz, 3.4.13

Der Auferstandene erscheint den Aposteln

16 [14]Später erschien Jesus auch den Elf, als sie bei Tisch waren; er tadelte ihren Unglauben und ihre Verstocktheit, weil sie denen nicht glaubten, die ihn nach seiner Auferstehung gesehen hatten. Mk 16,14

Eine unvergleichliche Kraft

Wenn wir denken, die Dinge werden sich nicht ändern, dann erinnern wir uns daran, dass Jesus Christus die Sünde und den Tod besiegt hat und voller Macht ist. Jesus Christus lebt wirklich. Anders hieße das: »*Ist aber Christus nicht auferweckt worden, dann ist unsere Verkündigung leer und euer Glaube sinnlos*« (*1 Kor* 15,14). Das Evangelium berichtet uns, was geschah, als die ersten Jünger auszogen und predigten: »*Der Herr stand ihnen bei und bekräftigte die Verkündigung*« (*Mk* 16,20). Das geschieht auch heute. Wir sind eingeladen, es zu entdecken, es zu leben …

Seine Auferstehung gehört nicht der Vergangenheit an; sie beinhaltet eine Lebenskraft, die die Welt durchdrungen hat. Wo alles tot zu sein scheint, sprießen wieder überall Anzeichen der Auferstehung hervor. Es ist eine unvergleichliche Kraft. Es ist wahr, dass es oft so scheint, als existiere Gott nicht: Wir sehen Ungerechtigkeit, Bosheit, Gleichgültigkeit und Grausamkeit, die nicht aufhören. Es ist aber auch gewiss, dass mitten in der

Dunkelheit immer etwas Neues aufkeimt, das früher oder später Frucht bringt. Auf einem eingeebneten Feld erscheint wieder das Leben, hartnäckig und unbesiegbar. Es mag viel Dunkles geben, doch das Gute neigt dazu, immer wiederzukommen, aufzukeimen und sich auszubreiten. Jeden Tag wird in der Welt die Schönheit neu geboren, die durch die Stürme der Geschichte verwandelt wieder aufersteht. Die Werte tendieren dazu, immer wieder auf neue Weise zu erscheinen, und tatsächlich ist der Mensch oft aus dem, was unumkehrbar schien, zu neuem Leben erstanden. Das ist die Kraft der Auferstehung und jeder Verkünder des Evangeliums ist ein Werkzeug dieser Dynamik.

Apostolisches Schreiben Evangelii Gaudium, 24.11.13

Lukas

Geburt Jesu in Betlehem

2 [6]Als sie dort waren, kam für Maria die Zeit ihrer Niederkunft
[7]und sie gebar ihren Sohn, den Erstgeborenen. Sie wickelte ihn
in Windeln und legte ihn in eine Krippe, weil in der Herberge
kein Platz für sie war. Lk 2,6–7

Sicher nicht die beste Zeit
Wenn wir unseren Blick auf den geschichtlichen Moment richten, können wir gleich enttäuscht sein. Rom herrschte mit seiner militärischen Macht über einen großen Teil der damals bekannten Welt. Kaiser Augustus war an die Macht gekommen, nachdem er fünf Bürgerkriege geführt hatte. Auch Israel war vom Römischen Reich erobert worden und das erwählte Volk war seiner Freiheit beraubt. Für die Zeitgenossen Jesu war das also sicher nicht die beste Zeit. Demnach ist es nicht der geopolitische Bereich, auf den man schauen muss, um den Höhepunkt der Zeit zu bestimmen.

So bedarf es einer anderen Interpretation, welche die Fülle *von Gott her* versteht … Die Fülle der Zeit ist also die persönliche Gegenwart Gottes in unserer Geschichte. Jetzt können wir seine Herrlichkeit sehen, die in der Armut eines Stalles erstrahlt, und von seinem Wort, das in Gestalt eines Kindes »klein« geworden ist, Ermutigung und Halt erfahren. Predigt in St. Peter, 1.1.16

Nicht in Rom, sondern in einem Randgebiet
Jesus wurde in diese Familie hineingeboren. Er hätte auf spektakuläre Weise kommen können oder als Krieger, als Kaiser … Nein, nein: Er kommt als Sohn einer Familie, in eine Familie.

Das ist wichtig: in der Krippe diese wunderschöne Szene zu betrachten. Gott wollte in einer menschlichen Familie geboren werden, die er selbst gebildet hat. Er hat sie in einem entlegenen Dorf am Rande des Römischen Reiches gebildet. Nicht in Rom, der Hauptstadt des Reiches, nicht in einer großen Stadt, sondern in einem fast unsichtbaren, ja sogar ziemlich verrufenen Randgebiet. Daran erinnern auch die Evangelien, es ist fast wie eine Redensart: »Aus Nazaret? Kann von dort etwas Gutes kommen?« (*Joh* 1,46). Vielleicht reden wir selbst in vielen Teilen der Welt noch so, wenn wir den Namen irgendeines Randgebietes einer großen Stadt hören. Und dennoch: Gerade dort, am Rande des großen Reiches, hat die heiligste und beste Geschichte begonnen, die Geschichte Jesu unter den Menschen! Und dort befand sich diese Familie. Generalaudienz, 17.12.14

Darstellung Jesu im Tempel

2 [27]Jetzt wurde Simeon vom Geist in den Tempel geführt; und
als die Eltern Jesus hereinbrachten, um zu erfüllen, was nach
dem Gesetz üblich war, [28]nahm Simeon das Kind in seine Arme
und pries Gott mit den Worten: [29]Nun lässt du, Herr, deinen
Knecht, / wie du gesagt hast, in Frieden scheiden. Lk 2,27–29

Begegnung zwischen Gesetzestreue und Prophetie
Dies war auch eine Begegnung innerhalb der Geschichte des Volkes, eine Begegnung zwischen Jung und Alt: Jung waren Maria und Josef mit ihrem Neugeborenen; die Alten waren Simeon und Hanna, zwei Menschen, die beständig den Tempel aufsuchten. Sehen wir, was der Evangelist Lukas uns über sie sagt, wie er sie beschreibt. In Bezug auf die Muttergottes und den heiligen Josef wiederholt er viermal, dass sie das *tun wollten, was das Gesetz*

des Herrn vorschreibt (vgl. *Lk* 2,22.23.24.27). Man merkt, ja spürt gleichsam, dass die Eltern Jesu sich freuen, die Gebote des Herrn zu befolgen, ja sie freuen sich, den Weg des Gesetzes des Herrn zu gehen! Es sind zwei Neuvermählte, sie haben gerade ihr Kind bekommen und sind ganz beseelt von dem Wunsch, das zu erfüllen, was vorgeschrieben ist. Das ist keine Äußerlichkeit, es geht nicht darum, sich in Ordnung zu fühlen, nein! Es ist ein starker, tiefer Wunsch, voller Freude. Es ist das, was der Psalm sagt: »Nach deinen Vorschriften zu leben freut mich … deine Weisung macht mich froh« (119,14.77).

Und was sagt der heilige Lukas über die Betagten? Er unterstreicht mehr als einmal, dass sie *vom Heiligen Geist geführt wurden.* Über Simeon sagt er, dass er ein gerechter und frommer Mann war, der die Rettung Israels erwartete, und dass »der Heilige Geist auf ihm ruhte« (2,25). Er sagt, dass »ihm vom Heiligen Geist offenbart worden war«, dass er vor seinem Tod Christus, den Messias, sehen sollte (V. 26), und schließlich, dass er »vom Geist in den Tempel geführt« (V. 27) wurde. Über Hanna sagt er dann, dass sie eine »Prophetin« (V. 36) war, das heißt von Gott inspiriert, und dass sie sich ständig im Tempel aufhielt und »Gott diente mit Fasten und Beten« (V. 37). Diese beiden Greise waren also voller Leben! Sie sind voller Leben, weil sie vom Heiligen Geist beseelt sind, fügsam gegenüber seinem Wirken, aufmerksam für seine Weisungen … Und dann die Begegnung zwischen der Heiligen Familie und diesen beiden Vertretern des heiligen Volkes Gottes. Im Mittelpunkt steht Jesus. Er ist es, der alles bewegt, der beide Seiten zum Tempel hinzieht, der das Haus seines Vaters ist.

Es ist eine Begegnung zwischen den Jungen, die ganz erfüllt sind von der Freude, das Gesetz des Herrn zu erfüllen, und den Alten, die erfüllt sind von der Freude über das Wirken des Heiligen Geistes. Es ist *eine einzigartige Begegnung zwischen Geset-*

zestreue und Prophetie, wo die Jungen die Gesetzestreuen sind und die Alten die Propheten! Predigt, 2.2.14

Das Gedächtnis des Herzens

2 [51]Seine Mutter bewahrte alles, was geschehen war, in ihrem Herzen. Lk 2,51

Er hat dreißig Jahre vergeudet
Man könnte sagen: »Hat dieser Gott, der kommt, um uns zu retten, denn dreißig Jahre dort, in jenem verrufenen Randgebiet, vergeudet?« Er hat dreißig Jahre vergeudet! Er wollte das. Der Weg Jesu fand in jener Familie statt. »Seine Mutter bewahrte alles, was geschehen war, in ihrem Herzen. Jesus aber wuchs heran und seine Weisheit nahm zu und er fand Gefallen bei Gott und den Menschen« (2,51–52). Es ist nicht die Rede von Wundern oder Heilungen, von Verkündigung – er hat in jener Zeit nicht gelehrt –, von Menschenmengen, die herbeilaufen. In Nazaret scheint alles »normal« vor sich zu gehen, den Gewohnheiten einer frommen und arbeitsamen israelitischen Familie zufolge: Man arbeitete, die Mutter kochte, machte die ganze Hausarbeit, bügelte die Hemden … all die Dinge, die Mütter tun. Der Vater, ein Tischler, arbeitete, lehrte den Sohn zu arbeiten. Dreißig Jahre lang. »Welch eine Vergeudung, Vater!« Gottes Wege sind geheimnisvoll. Was dort jedoch wichtig war, war die Familie! Und das war keine Vergeudung! Sie waren große Heilige: Maria, die heiligste, unbefleckte Frau, und Josef, der gerechteste Mann … die Familie …

Jesus hat in jenen dreißig Jahren seine Berufung gepflegt, für die der Vater ihn gesandt hat. Jesus hat in jener Zeit nie den Mut verloren, sondern sein Mut, seine Sendung fortzusetzen, ist gewachsen … Wir wollen in unserem Herzen und in unserem Tagesablauf Raum schaffen für den Herrn. Das taten auch Maria und Josef und es war nicht leicht: Wie viele Schwierigkeiten mussten sie überwinden! Es war keine fiktive Familie, es war keine unechte Familie … Maria »bewahrte alles, was geschehen war, in ihrem Herzen«, wie es im Evangelium heißt (*Lk* 2,19.51). Seitdem ist überall dort, wo es eine Familie gibt, die dieses Geheimnis bewahrt – auch am Rande der Welt –, das Geheimnis des Gottessohnes am Werk, das Geheimnis Jesu, der kommt, um uns zu retten.

Generalaudienz, 17.12.14

In der Synagoge von Nazaret

4 [22]Seine Rede fand bei allen Beifall; sie staunten darüber, wie begnadet er redete, und sagten: Ist das nicht der Sohn Josefs?

Lk 4,22

Eine der dramatischsten Episoden der Bibel

Der Papst ging aus von der Erzählung der Rückkehr Jesu nach Nazaret, wie sie bei Lukas wiedergegeben ist (4,16–30), in einer der »dramatischsten« biblischen Geschichten, in der man, wie der Papst sagte, »sehen kann, wie unsere Seele veranlagt ist« und dass der Wind sie von einer Seite zur anderen wenden kann. In Nazaret, so erläuterte der Papst, »warteten alle auf Jesus. Sie wollten ihm begegnen. Und er kam, um seine Mitbürger zu besuchen. Er kam erstmals in seine Stadt zurück. Und sie erwarteten ihn, weil sie von alldem gehört hatten, was Jesus in Kafarnaum getan hatte, von den Wundern. Und als wie üblich der Gottesdienst beginnt, da bitten sie den Gast darum, die Schriftlesung vorzunehmen. Jesus tut das und liest das Buch des Propheten Jesaja, das ein wenig eine Prophezeiung über ihn selbst war, und deshalb beendet er die Lesung mit den Worten ›Heute hat sich das Schriftwort, das ihr eben gehört habt, erfüllt.‹«

Die erste Reaktion, so erläuterte der Papst, war wunderschön, alle wussten ihn zu würdigen. Dann aber begann sich in die Seele von jemandem der Wurm des Neides einzuschleichen und er fing an zu sagen: »Aber wo hat dieser studiert? Ist das nicht der Sohn Josefs? Und wir kennen seine ganze Verwandtschaft. Aber auf welcher Hohen Schule hat er studiert?« Und sie fingen damit an, zu fordern, dass er für sie ein Wunder vollbringe: Erst dann hätten sie ihm geglaubt. »Sie«, so führte der Papst aus, »wollten das Spektakel: ›Vollbringe ein Wunder und dann werden wir an dich glauben.‹ Aber Jesus ist kein Schausteller.« Jesus vollbrachte in Nazaret keine Wunder. Stattdessen betonte er die Kleingläubigkeit derer, die ein »Spektakel« von ihm wollten. Diese, so bemerkte Papst Franziskus, »wurden sehr wütend, sie sprangen auf und trieben Jesus bis an den Abhang des Berges, um ihn hinabzustürzen und zu töten«. Das, was so freudig angefangen hatte, drohte, mit einem Verbrechen zu enden, mit der Tötung Jesu »aus Eifersucht, aus Neid«. Aber es handelt sich hierbei keineswegs nur um ein Ereignis, das sich vor zweitausend Jahren zugetragen hat, so hob der Bischof von Rom hervor. »Das geschieht Tag für Tag«, sagte er, »in unserem Herzen, in unseren Gemeinschaften«, jedes Mal dann, wenn man jemanden aufnimmt, am ersten Tag gut über ihn spricht und dann zunehmend immer schlechter, bis man bei so übler Nachrede endet, dass man ihn fast »häutet«.

Frühmesse, 2.9.13

Der wunderbare Fischfang

> 5 [5]Simon antwortete ihm: Meister, wir haben die ganze Nacht gearbeitet und nichts gefangen. Doch wenn du es sagst, werde ich die Netze auswerfen. [6]Das taten sie und sie fingen eine so große Menge Fische, dass ihre Netze zu reißen drohten.
>
> Lk 5,5–6

Verheißung, Verzicht und Sendung
»Der Herr geht durch unser Leben, so wie es hier geschehen ist, im Leben des Petrus, des Jakobus, des Johannes.« In diesem Fall ist der Herr mit einem Wunder durch das Leben seiner Jünger gegangen. Aber, so machte der Papst klar, »nicht immer geht Jesus mit einem Wunder durch unser Leben.« Auch wenn, wie er hinzufügte, »er sich immer bemerkbar macht. Immer. Und wenn der Herr vorbeigeht, dann geschieht immer das, was hier geschehen ist: Er sagt etwas zu uns, er lässt uns etwas vernehmen, dann sagt er ein Wort zu uns, das eine Verheißung ist; er verlangt etwas, das zu unserer Art zu leben gehört, er verlangt, dass wir auf etwas verzichten, dass wir uns einer Sache entäußern. Und dann erteilt er uns einen Auftrag.«

Diese drei Aspekte von Jesu Durchgang durch unser Leben – er sagt uns »ein Wort, das eine Verheißung ist«, er verlangt »den Verzicht auf etwas«, er vertraut uns »einen Auftrag« an – sind in der angeführten Stelle bei Lukas gut vertreten. Der Heilige Vater wies vor allem auf die Reaktion des Petrus auf das Wunder Jesu hin: »Simon, der ein Sanguiniker war, ist zu ihm gegangen: ›Aber Herr, geh weg von mir; ich bin ein Sünder.‹ Das fühlte er tatsächlich, denn er war so veranlagt. Und was antwortet ihm Jesus darauf? ›Fürchte dich nicht!‹«

»Das ist ein schönes Wort, das oft wiederholt wird: ›Habt keine Angst, fürchtet euch nicht‹«, kommentierte der Papst und fügte hinzu: »Und dann, und das ist die Verheißung, sagt er zu ihm: ›Von jetzt an wirst du Menschen fangen!‹« Der Herr sagt uns, wenn er in unser Leben kommt, wenn er in unser Herz kommt, immer ein Wort und gibt uns eine Verheißung: ›Vorwärts, hab Mut, fürchte dich nicht: Du wirst dieses tun!‹« Das ist »eine Aufforderung, ihm nachzufolgen«. Und »wenn wir diese Einladung vernehmen und sehen, dass es in unserem Leben etwas gibt, das nicht in Ordnung ist, dann müssen wir das korrigieren« und müssen dazu bereit sein, alles, was es auch sei, zu verlassen, ganz großzügig. Selbst dann, präzisierte der Papst, wenn »es in unserem Leben etwas Gutes gibt, fordert uns Jesus dazu auf, es zurückzulassen und ihm aus größerer Nähe nachzufolgen. So wie es den Aposteln widerfahren ist, die alles aufgegeben haben, wie das Evangelium sagt: ›Und sie zogen die Boote an Land, ließen alles zurück und folgten ihm nach.‹« … Frühmesse, 5.9.13

Die Wahl der Zwölf

6 [13]Als es Tag wurde, rief er seine Jünger zu sich und wählte aus ihnen zwölf aus; sie nannte er auch Apostel. Lk 6,13

Wir sind Mitbürger

»Sie waren alle Sünder, alle.« Judas, so bemerkte der Bischof von Rom, »war nicht der größte Sünder« und »ich weiß nicht, wer der größte Sünder war.« Aber »Judas, der Ärmste, war der, der sich vor der Liebe verschloss und der deshalb zum Verräter wurde.« Es bleibe aber die Tatsache bestehen, dass »alle Apostel im schwierigen Augenblick des Leidens geflohen sind und Jesus alleingelassen haben: Sie alle sind Sünder.«

Und trotzdem habe Jesus selbst sie erwählt. Franziskus fuhr fort: So »errichtet Jesus durch sein Gebet die Kirche; er tut dies durch die Wahl der Apostel; er tut es durch die Wahl der Jünger, die er dann aussendet; er tut es durch seine Begegnung mit den Menschen.« Jesus habe »sich niemals von den Menschen abgewandt: Er ist stets mitten in der Menge, die ihn zu berühren suchte, weil von ihm eine Kraft ausging, die alle heilte«, wie Lukas in seinem Evangelium betone.

»Wir sind Bürger, Mitbürger dieser Kirche«, präzisierte der Papst. Daher »sind wir dann, wenn wir nicht in diesen Tempel eintreten und kein Teil dieses Bauwerks werden, damit der Heilige Geist in uns wohnen kann, nicht in der Kirche.« Vielmehr »stehen wir dann in der Tür und schauen herein« und vielleicht sagen wir: »Aber wie schön, ja, das ist schön!« Und so enden wir dann als »Christen, die nicht weitergehen als bis zum ›Empfangsschalter‹ der Kirche. Dort, unter der Tür, in der typischen Haltung eines Menschen, der denke: ›Aber ja, ich bin katholisch, ja, aber nicht zu sehr, so!‹« Frühmesse, 28.10.14

Wunderbare Brotvermehrung

9 [12]Als der Tag zur Neige ging, kamen die Zwölf zu ihm und sagten: Schick die Menschen weg, damit sie in die umliegenden Dörfer und Gehöfte gehen, dort Unterkunft finden und etwas zu essen bekommen; denn wir sind hier an einem abgelegenen Ort. [13]Er antwortete: Gebt ihr ihnen zu essen! Sie sagten: Wir haben nicht mehr als fünf Brote und zwei Fische; wir müssten erst weggehen und für all diese Leute Essen kaufen. Lk 9,12–13

Das Wenige teilen, das wir haben

Angesichts der Bedürfnisse der Menge ist die Lösung der Jünger folgende: Jeder soll für sich selbst sorgen; die Menge wegschicken! Wie oft haben wir Christen diese Versuchung! Wir nehmen uns nicht der Nöte der anderen an, wenn wir sie mit einem frommen: »Gott möge dir beistehen« wegschicken – oder mit einem weniger frommen »Viel Glück!«, wenn ich dich nicht mehr sehen sollte … Die Lösung Jesu aber geht in eine andere Richtung, eine Richtung, die die Jünger überrascht: »Gebt ihr ihnen zu essen!« Aber Jesus wird nicht mutlos: Er bittet die Jünger, die Menschen sich in Gruppen zu ungefähr fünfzig setzen zu lassen, er blickt zum Himmel auf, spricht den Segen, bricht die Brote und gibt sie den Jüngern, damit sie sie verteilen (vgl. *Lk* 9,16). Es ist ein Moment tiefer *Gemeinschaft*: Der Durst der Menge ist vom Wort des Herrn gestillt worden und nun wird sie von seinem Brot des Lebens genährt. Und alle wurden satt, merkt der Evangelist an (vgl. *Lk* 9,17) …

Ein letztes Element: Woher kommt die Brotvermehrung? Die Antwort liegt in der Einladung Jesu an die Jünger: »Ihr selbst gebt …«, »geben«, teilen. Was teilen die Jünger? Das Wenige, das sie haben: fünf Brote und zwei Fische. Aber gerade diese Brote und Fische sind es, die in den Händen des Herrn die ganze Menge sättigen. Verwirrt angesichts der Unfähigkeit ihrer Mittel, angesichts der Armseligkeit dessen, was sie zu Verfügung stellen können, sind es doch gerade die Jünger, die die Menschen sich niedersetzen lassen und – im Vertrauen auf das Wort Jesu – die Brote und Fische verteilen, die die Menge sättigen. Und das sagt uns, dass in der Kirche, aber auch in der Gesellschaft, ein Schlüsselwort, vor dem wir keine Angst haben dürfen, »Solidarität« ist, das heißt, dass wir Gott das, was wir haben, zur Verfügung zu stellen wissen: unsere bescheidenen Fähigkeiten, denn nur im Teilen, in der Gabe wird unser Leben fruchtbar sein, Frucht bringen. Solidarität: ein Wort, das beim weltlichen Geist verpönt ist!

Predigt an Fronleichnam, 30.5.13

Wer sein Leben retten will …

9 [24]Wer sein Leben retten will, wird es verlieren; wer aber sein
Leben um meinetwillen verliert, der wird es retten. Lk 9,24

Das lässt uns fast seine Stimme hören

Das ist eine Zusammenfassung der Botschaft Christi und sie wird durch ein sehr einprägsames Paradox zum Ausdruck gebracht, das uns mit seiner Redensweise vertraut macht, fast lässt es uns seine Stimme hören … Was aber bedeutet es, »sein Leben um Jesu willen zu verlieren«? Dazu kann es auf zweifache Weise kommen: indem man explizit den Glauben bekennt oder implizit die Wahrheit verteidigt. Die Märtyrer sind das höchste Beispiel dafür, sein Leben um Christi willen zu verlieren. In zweitausend Jahren gab es eine immense Schar von Männern und Frauen, die das Leben geopfert haben, um Jesus Christus und seinem Evangelium treu zu bleiben. Und heute gibt es viele, ganz viele in zahlreichen Teilen der Welt – mehr als in den ersten Jahrhunderten … Doch es gibt da auch das alltägliche Martyrium, das nicht den Tod mit sich bringt, doch auch ein »Verlieren des Lebens« für Christus ist, indem man seine Pflicht mit Liebe tut, entsprechend der Logik Jesu, der Logik des Geschenks, des Opfers. Denken wir daran: Wie viele Väter und Mütter setzen jeden Tag ihren Glauben in die Praxis um und opfern konkret ihr Leben für das Wohl der Familie auf! Denken wir an sie! Wie viele Priester, Ordensmänner, Schwestern, leisten großherzig ihren Dienst für das Reich Gottes! Wie viele junge Menschen verzichten auf ihre eigenen Interessen, um sich Kindern, Behinderten, alten Menschen zu widmen … Auch sie sind Märtyrer! Alltägliche Märtyrer, Märtyrer des Alltags! Angelus, 23.6.13

Maria und Marta

10 [40]Marta aber war ganz davon in Anspruch genommen, für ihn zu sorgen. Sie kam zu ihm und sagte: Herr, kümmert es dich nicht, dass meine Schwester die ganze Arbeit mir allein überlässt? Sag ihr doch, sie soll mir helfen! Lk 10,40

Beten und Handeln gehören zusammen

Vor allem ist es wichtig zu verstehen, dass es sich um keine Entgegensetzung von zwei Verhaltensweisen handelt: zwischen dem Hören auf das Wort des Herrn, der Kontemplation, und dem konkreten Dienst am Nächsten. Es sind keine zwei einander entgegengesetzten Haltungen, sondern im Gegenteil zwei Aspekte, die beide für unser christliches Leben wesentlich sind; Aspekte, die niemals getrennt werden dürfen, sondern in tiefer Einheit und Harmonie gelebt werden müssen.

Warum aber wird Marta nun getadelt, wenngleich auf sanfte Weise? Weil sie allein das, was sie tat, für wesentlich hielt, weil sie zu sehr vereinnahmt und von den Dingen in Anspruch genommen war, die zu tun waren. In einem Christen sind die Werke des Dienstes und der Nächstenliebe nie von der Grundquelle all unseres Handelns abgetrennt: dem Hören des Wortes des Herrn, dem Verweilen zu Füßen Jesu in der Haltung des Jüngers – wie Maria. Und daher wird Marta getadelt.

Auch in unserem christlichen Leben müssen Gebet und Handeln immer zutiefst vereint sein … Der hl. Benedikt fasste den Lebensstil, den er seinen Mönchen vorgab, in zwei Worten zusammen: »ora et labora«, bete und arbeite. Aus der Kontemplation, aus einer starken Beziehung der Freundschaft mit dem Herrn entsteht in uns das Vermögen, die Liebe Gottes, seine Barmherzigkeit, seine Zärtlichkeit gegenüber den anderen zu leben und weiterzugeben.

Angelus, 21. 7. 13

Der verlorene Sohn

15 [20]Der Vater sah ihn schon von Weitem kommen und er hatte Mitleid mit ihm. Er lief dem Sohn entgegen, fiel ihm um den Hals und küsste ihn. Lk 15,20

Er erspäht ihn von ferne

Mir macht es immer einen tiefen Eindruck, wenn ich das Gleichnis vom barmherzigen Vater lese; es beeindruckt mich, weil es mir stets große Hoffnung schenkt. Denkt an jenen jüngeren Sohn, der im Haus des Vaters war, der geliebt wurde! Und doch will er sein Erbteil, geht weg, gibt alles aus, sinkt auf das niedrigste Niveau herab, am weitesten entfernt vom Vater. Und als er völlig heruntergekommen ist, verspürt er Heimweh nach der Geborgenheit des Vaterhauses und er kehrt zurück. Und der Vater? Hatte er seinen Sohn vergessen? Nein, niemals. Er ist dort, sieht ihn von Weitem, erwartete ihn jeden Tag, jeden Moment: Immer hatte er ihn als Sohn in seinem Herzen, obwohl dieser ihn verlassen hatte, obwohl er das ganze Erbe, das heißt seine Freiheit, vergeudet hatte. Mit Geduld und Liebe, mit Hoffnung und Barmherzigkeit hatte der Vater nicht einen Moment aufgehört, an ihn zu denken, und sobald er ihn von ferne erspäht, läuft er ihm entgegen und umarmt ihn zärtlich – mit der Zärtlichkeit Gottes – ohne ein einziges Wort des Vorwurfs: Er ist zurückgekehrt! Und das ist die Freude des Vaters. In dieser Umarmung des Sohns liegt diese ganze Freude: Er ist zurückgekehrt! Gott wartet immer auf uns, er wird nicht müde. Jesus führt uns diese barmherzige Geduld Gottes vor Augen, damit wir Vertrauen und Hoffnung zurückgewinnen, immer! Ein großer deutscher Theologe, Romano Guardini, sagte, dass die Geduld Gottes auf unsere Schwäche antwortet und dies die Rechtfertigung unserer

Zuversicht, unserer Hoffnung ist. Das ist wie ein Zwiegespräch zwischen unserer Schwachheit und der Geduld Gottes.

Predigt in San Giovanni in Laterano, 7.4.13

Der unehrliche Verwalter

16 [8]Und der Herr lobte die Klugheit des unehrlichen Verwalters und sagte: Die Kinder dieser Welt sind im Umgang mit ihresgleichen klüger als die Kinder des Lichtes. Lk 16,8

Hier ein Trinkgeld, da ein Bestechungsgeld
Franziskus fragte: »Wie ist dieser Verwalter so weit gekommen, dass er unredlich wurde, dass er seinen Herrn beraubte? Wie gelangte er an diesen Punkt, von einem Tag auf den anderen? Nein! Ganz allmählich.« Vielleicht, indem er »an einem Tag hier ein Trinkgeld, am andern Tag da ein Bestechungsgeld« austeilte, »und so gelangt man nach und nach zur Korruption«. Denn »der Weg der Weltlichkeit dieser Feinde des Kreuzes Christi sieht genauso aus, er führt dich zur Korruption! Und am Ende geht es dir so wie diesem Mann, indem du ganz offen stiehlst.«

Frühmesse, 7.11.13

Zachäus

19 [5]Als Jesus an die Stelle kam, schaute er hinauf und sagte zu ihm: Zachäus, komm schnell herunter! Denn ich muss heute in deinem Haus zu Gast sein. Lk 19,5

Steig auf den Baum!

Dieser Mann ist ein verlorenes Schaf, er wird verachtet und ist ein »Exkommunizierter«, da er ein Zöllner ist, mehr noch, er ist der oberste Zollpächter der Stadt, Freund der verhassten römischen Besatzer, er ist ein Dieb und ein Ausbeuter. Da er wahrscheinlich aufgrund seines schlechten Rufs daran gehindert wird, sich Jesus zu nähern, und weil er von kleiner Statur ist, klettert Zachäus auf einen Baum, um den vorbeigehenden Meister sehen zu können. Diese ein wenig lächerliche äußere Handlung ist jedoch Ausdruck einer inneren Geste des Mannes, der versucht, sich über die Menschenmenge zu erheben, um mit Jesus in Kontakt zu treten.

Zachäus selbst weiß nicht um den tiefen Sinn seiner Geste, er weiß nicht, warum er dies tut, doch er tut es. Er wagt nicht einmal zu hoffen, dass der Abstand, der ihn vom Herrn trennt, überwunden werden könnte. Er begnügt sich damit, ihn nur vorübergehen zu sehen. Doch als Jesus in die Nähe jenes Baumes gelangt, ruft er ihn beim Namen: »Zachäus, komm schnell herunter! Denn ich muss heute in deinem Haus zu Gast sein« (*Lk* 19,5). Jener kleinwüchsige, von allen abgelehnte und von Jesus ferne Mensch ist gleichsam in der Anonymität verloren. Doch Jesus ruft ihn und in der Sprache jener Zeit hat der Name »Zachäus« eine schöne Bedeutung voller Anspielungen: »Zachäus« nämlich heißt »Gott erinnert sich«.

Und Jesus geht in das Haus des Zachäus und erregt damit die Kritik aller Leute von Jericho (denn auch damals wurde viel geschwatzt!), die sagten: Wie bitte? Bei all den anständigen Leuten, die es in der Stadt gibt, kehrt er ausgerechnet bei jenem Zöllner ein? Ja, denn er war verloren; und Jesus sagt: »Heute ist diesem Haus das Heil geschenkt worden, weil auch dieser Mann ein Sohn Abrahams ist« (*Lk* 19,9). Von jenem Tag an trat in das Haus des Zachäus die Freude ein, es trat der Friede ein, es trat das Heil ein, Jesus trat ein. Es gibt keinen Beruf oder sozialen Stand, es gibt keine Sünde oder kein Verbrechen irgendeiner Art, die auch nur eines seiner Kinder aus dem Gedächtnis und dem Herzen Gottes löschen könnten. »Gott erinnert sich«, immer, er vergisst keinen von denen, die er erschaffen hat ... Klettere hinauf, wie es Zachäus getan hat; steig auf den Baum des Verlangens, Vergebung zu erhalten; ich versichere dir, dass du nicht enttäuscht werden wirst.

Angelus, 3.11.13

Auferstehung Jesu: Die Frauen am Grab

24 [5]Die Frauen erschraken und blickten zu Boden. Die Männer aber sagten zu ihnen: Was sucht ihr den Lebenden bei den Toten?

Lk 24,5

Keine Angst haben vor den Überraschungen Gottes

Sie waren Jesus gefolgt, hatten ihm zugehört, hatten sich von ihm in ihrer Würde verstanden gefühlt und hatten ihn bis zum Ende begleitet, bis auf den Kalvarienberg und bis zum Moment der Kreuzesabnahme. Wir können uns ihre Gefühle vorstellen, während sie zum Grab gehen: eine gewisse Traurigkeit, der Schmerz, weil Jesus sie verlassen hatte, tot war; seine Geschichte war zu Ende. Nun kehrte man zu dem vorigen Leben zurück. Doch in den Frauen blieb die Liebe wach und die Liebe zu Jesus ist es, die sie gedrängt hatte, zum Grab zu gehen. Doch an diesem Punkt geschieht etwas völlig Unerwartetes, Neues, das ihre Herzen erschüttert und ihre Pläne umstößt und das auch ihr Leben in andere Bahnen werfen wird: Sie sehen den Stein weggewälzt vom Grab, kommen näher und finden den Leichnam des Herrn nicht. Das ist etwas, das sie ratlos macht, Zweifel aufkommen lässt, sie mit Fragen erfüllt: »Was ist los?«, »Was soll das alles bedeuten?« (vgl. *Lk* 24,4). Geht es nicht auch uns so, wenn im täglichen Ablauf der Dinge etwas wirklich Neues geschieht? Wir halten inne, verstehen nicht, wissen nicht, wie wir damit umgehen sollen. Das *Neue* macht uns häufig Angst, auch das Neue, was Gott uns bringt, das Neue, das Gott von uns verlangt. Wir sind wie die Apostel aus dem Evangelium: Oft ziehen wir es vor, unsere Sicherheiten beizubehalten, bei einem Grab stehen zu bleiben im Gedanken an den Verstorbenen, der schließlich nur in der Erinnerung der Geschichte lebt wie die großen Persönlichkeiten der Vergangenheit. Wir haben Angst vor den Überraschungen Gottes; liebe Brüder und Schwestern, in unserem Leben haben wir Angst vor den Überraschungen Gottes! Er überrascht uns immer! So ist der Herr …

Gehen wir einen Schritt weiter. Sie finden das leere Grab, der Leichnam Jesu ist nicht da, etwas Neues ist geschehen, aber all das besagt noch nichts Klares – es löst Fragen aus, Ratlosigkeit, ohne eine Antwort zu bieten. Und siehe da, plötzlich zwei Männer in leuchtenden Gewändern, die sagen: »Was sucht ihr den Lebenden bei den Toten? Er ist nicht hier, sondern er ist auferstanden« (*Lk* 24,5–6). Was eine einfache Geste, eine Tat, sicher aus Liebe getan – das Gehen zum Grab – verwandelt sich jetzt in ein Ereignis, in ein Geschehnis, das wirklich das Leben verändert. Nichts bleibt wie zuvor, nicht nur im Leben jener Frauen, sondern auch in unserem Leben und in unserer Menschheitsgeschichte. Jesus ist nicht ein Toter, er ist auferstanden, er ist *der Lebende*! Er ist nicht einfach ins Leben zurückgekehrt, sondern er ist das Leben selbst, denn er ist der Sohn Gottes, des Lebendigen (vgl. *Num* 14,21–28; *Dtn* 5,26; *Jos* 3,10). Jesus ist nicht mehr in der Vergangenheit, sondern er lebt in der Gegenwart und ist auf die Zukunft hin ausgerichtet, Jesus ist das ewige »Heute« Gottes. So zeigt sich die Neuheit Gottes vor den Augen der Frauen, der Jünger, vor unser aller Augen: der Sieg über die Sünde, über das

Böse, über den Tod, über alles, was das Leben belastet und ihm ein weniger menschliches Aussehen verleiht. Und das ist eine Botschaft, die an mich, an dich, liebe Schwester, an dich lieber Bruder, gerichtet ist. Wie oft brauchen wir es, dass die Liebe uns sagt: Was sucht ihr den Lebenden bei den Toten? …

Predigt in der Osternacht, 30.3.13

Die Emmausjünger

> **24** [18]Bist du so fremd in Jerusalem, dass du als einziger nicht weißt, was in diesen Tagen dort geschehen ist? Lk 24,18

Es gibt immer ein Wort und ein Brot für uns
Als er mit ihnen bei Tisch war, den Lobpreis sprach und das Brot brach, erkannten sie ihn, doch er verschwand vor ihren Augen und ließ sie voller Staunen zurück. Nachdem sie vom Wort erleuchtet worden waren, hatten sie den auferstandenen Jesus im Brechen des Brotes erkannt, dem neuen Zeichen seiner Gegenwart. Und sofort verspürten sie das Bedürfnis, nach Jerusalem zurückzukehren, um den anderen Jüngern diese ihre Erfahrung mitzuteilen, dass sie dem lebendigen Jesus begegnet waren und ihn in jener Geste des Brotbrechens erkannt hatten.

Der Weg nach Emmaus wird so zum Symbol unseres Glaubensweges: Die Schrift und die Eucharistie sind die Elemente, die für die Begegnung mit dem Herrn unverzichtbar sind. Auch wir kommen oft in die Sonntagsmesse mit unseren Sorgen, mit unseren Schwierigkeiten und Enttäuschungen …

Bisweilen verletzt uns das Leben und wir gehen traurig weg, hin zu unserem »Emmaus«, und wenden dem Plan Gottes den Rücken zu. Wir entfernen uns von Gott. Doch der Wortgottesdienst nimmt uns auf: Jesus erklärt uns die Schrift und entzündet in unseren Herzen erneut die Glut des Glaubens und der Hoffnung und in der Kommunion gibt er uns Kraft. Wort Gottes und Eucharistie … Wenn du traurig bist, nimm das Wort Gottes. Wenn du niedergeschlagen bist, nimm das Wort Gottes und geh zur Sonntagsmesse, um die Kommunion zu empfangen, um am Geheimnis Jesu Anteil zu haben! Wort Gottes, Eucharistie: Sie erfüllen uns mit Freude …

Es gibt immer ein Wort Gottes, das uns Orientierung schenkt, wenn wir vom Weg abgekommen sind, und über unsere Müdigkeiten und Enttäuschungen hinweg gibt es immer ein gebrochenes Brot, das uns den Weg weitergehen lässt. Regina Coeli, 4.5.14

Johannes

Prolog

1 [1]Im Anfang war das Wort / und das Wort war bei Gott / und das Wort war Gott. Joh 1,1

Wir reden vom Licht und ziehen die Finsternis vor
»In ihm war das Leben und das Leben war das Licht der Menschen. Und das Licht leuchtet in der Finsternis und die Finsternis hat es nicht erfasst … Das wahre Licht, das jeden Menschen erleuchtet, kam in die Welt« (1,4–5.9). Die Menschen sprechen viel vom Licht, doch oft ziehen sie die trügerische Ruhe der Finsternis vor. Wir reden so viel vom Frieden, doch häufig führen wir Krieg oder wählen das komplizenhafte Schweigen oder wir tun nichts Konkretes zum Aufbau des Friedens. Angelus, 4.1.15

»Seht, das Lamm Gottes …«

1 [29]Johannes sah Jesus auf sich zukommen und sagte: Seht, das Lamm Gottes, das die Sünde der Welt hinwegnimmt. Joh 1,29

Das Lamm ist kein Herrscher
Der Erzähler ist ein Augenzeuge, der Evangelist Johannes, der zusammen mit seinem Bruder Jakobus, mit Simon und Andreas, alle aus Galiläa, alle Fischer, ein Jünger des Täufers war, bevor er zum Jünger Jesu wurde. Der Täufer also sieht Jesus, der durch die Menge auf ihn zukommt, und erkennt – durch göttliche Eingebung – in ihm den Gesandten Gottes. Aus diesem Grund ver-

weist er auf ihn mit diesen Worten: »Seht, das Lamm Gottes, das die Sünde der Welt hinwegnimmt!« (*Joh* 1,29).

Das Verb, das mit »hinwegnimmt« übersetzt wird, bedeutet wörtlich »aufheben«, »auf sich nehmen«. Jesus ist mit einer konkreten Sendung in die Welt gekommen: sie von der Knechtschaft der Sünde zu befreien, indem er die Schuld der Menschheit auf sich lädt. Wie? Indem er liebt. Es gibt keine andere Weise, um das Böse und die Sünde zu besiegen außer durch die Liebe, die zur Hingabe des eigenen Lebens für die anderen drängt. Im Zeugnis Johannes' des Täufers trägt Jesus die Züge des Knechts des Herrn, der »unsere Krankheit getragen und unsere Schmerzen auf sich geladen [hat]« (*Jes* 53,4), bis zum Tod am Kreuz. Er ist das wahre Osterlamm, das in den Fluss unserer Sünde eintaucht, um uns zu läutern. Der Täufer sieht einen Mann vor sich, der sich unter die Sünder einreiht, um sich taufen zu lassen, obwohl er dessen nicht bedarf. Einen Mann, den Gott als Opferlamm in die Welt gesandt hat.

Im Neuen Testament kommt das Wort »Lamm« mehrfach und immer in Bezug auf Jesus vor. Dieses Bild des Lammes könnte einen verwundern; tatsächlich lädt sich ein Tier, das sich sicherlich nicht durch Kraft und Stärke auszeichnet, eine derart erdrückende Last auf seine Schultern. Die enorme Masse des Bösen wird hinweggenommen und von einem schwachen und gebrechlichen Geschöpf hinweggetragen, Symbol des Gehorsams, der Fügsamkeit und der wehrlosen Liebe, die bis zum Opfer seiner selbst reicht. Das Lamm ist kein Herrscher, sondern fügsam; es ist nicht aggressiv, sondern friedfertig; es zeigt angesichts eines Angriffs nicht Krallen oder Zähne, sondern es erträgt und ist ergeben. Und so ist Jesus! So ist Jesus, wie ein Lamm. Was bedeutet es für die Kirche, für uns heute, Jünger Jesu, des Lammes Gottes, zu sein? Es bedeutet, an Stelle von Listigkeit die Unschuld, an Stelle von Gewalt die Liebe, an Stelle von Hochmut die Demut, an Stelle von Prestige den Dienst zu setzen. Das ist eine gute Arbeit!

Angelus, 19.1.14

Am Jakobsbrunnen

4 [13]Jesus antwortete ihr: Wer von diesem Wasser trinkt, wird wieder Durst bekommen; [14]wer aber von dem Wasser trinkt, das ich ihm geben werde, wird niemals mehr Durst haben; vielmehr wird das Wasser, das ich ihm gebe, in ihm zur sprudelnden Quelle werden, deren Wasser ewiges Leben schenkt.

Joh 4,13–14

Jesus wird uns noch beim Diskutieren finden

Jesus ist müde von der Reise und zögert nicht, die samaritische Frau zu bitten, ihm zu trinken zu geben. Sein Durst reicht – das wissen wir – weit über den physischen Durst hinaus: Es ist auch ein Durst nach Begegnung, der Wunsch, einen Dialog mit jener Frau zu beginnen und ihr so die Möglichkeit eines Weges der inneren Umkehr zu bieten. Jesus ist geduldig, er respektiert die Person, die ihm gegenübersteht, und offenbart sich ihr schrittweise. Sein Beispiel gibt Mut, eine gelassene, unbeschwerte Gegenüberstellung mit dem anderen zu suchen …

Die Frau aus Sychar befragt Jesus über den wahren Ort der Anbetung Gottes. Jesus ergreift nicht Partei für den Berg oder den Tempel, sondern geht darüber hinaus. Er wendet sich dem Wesentlichen zu und reißt so jede trennende Wand nieder …

Schrittweise versteht die samaritische Frau, dass der, welcher sie um Wasser gebeten hatte, imstande ist, ihren Durst zu stillen. Jesus zeigt sich ihr als die Quelle, aus der das lebendige Wasser hervorsprudelt, das ihren Durst für immer stillt (vgl. *Joh* 4,13–14). Das menschliche Leben offenbart Bestrebungen, die ins Unendliche gehen: die Suche nach der Wahrheit, der Durst nach Liebe, Gerechtigkeit und Freiheit. Das sind Wünsche, die nur zum Teil befriedigt werden, denn von seinem innersten Wesen her bewegt der Mensch sich auf ein »Mehr« zu, auf ein Absolutes, das fähig ist, seinen Durst endgültig zu stillen. Die Antwort auf diese Bestrebungen gibt Gott in Jesus Christus in dessen Pascha-Geheimnis. Aus der durchbohrten Seite Jesu flossen Blut und Wasser heraus (vgl. *Joh* 19,34): Er ist die Quelle, aus der das Wasser des Heiligen Geistes entspringt, nämlich die Liebe Gottes, die am Tag unserer Taufe in unsere Herzen ausgegossen wurde (vgl. *Röm* 5,5) …

Die Begegnung mit Jesus verwandelt die Samariterin in eine Missionarin. Da sie ein Geschenk erhalten hat, das größer und wichtiger ist als das Wasser aus dem Brunnen, lässt die Frau ihren Wasserkrug stehen (vgl. *Joh* 4,28) und eilt, um den anderen Dorfbewohnern zu erzählen, dass sie dem Messias begegnet ist (vgl. *Joh* 4,29). Die Begegnung mit ihm hat ihr den Sinn des Lebens und die Lebensfreude zurückgegeben und sie verspürt den Wunsch, das mitzuteilen. Heute gibt es eine Unzahl müder und durstiger Männer und Frauen, die uns Christen bitten, ihnen zu trinken zu geben. Es ist eine Bitte, der man sich nicht entziehen darf.

Predigt in St. Paul vor den Mauern, 25.1.15

Rede vom Himmelsbrot

6 [27]Müht euch nicht ab für die Speise, die verdirbt, sondern für die Speise, die für das ewige Leben bleibt und die der Menschensohn euch geben wird. Denn ihn hat Gott, der Vater, mit seinem Siegel beglaubigt.

Joh 6,27

Wir können ihm noch heute begegnen
Herr, zu wem sollen wir gehen? Nach dem Unverständnis vieler seiner Zuhörer, die Jesus selbstsüchtig vereinnahmen möchten, macht sich Petrus mit dieser Frage zum Sprecher der Getreuen. Die Jünger setzen nicht auf die irdische Befriedigung solcher, die »satt geworden sind« (*Joh* 6,26) und sich dennoch abmühen für »eine Speise, die verdirbt« (*Joh* 6,27). Wohl kennt auch Petrus den Hunger; und lange fand er nicht die Nahrung, die ihn umfassend hätte sättigen können. Dann ließ er sich auf den Mann aus Nazaret ein. Er folgte ihm. Jetzt kennt er den Meister nicht mehr nur vom Hörensagen. Im täglichen Umgang mit ihm ist uneingeschränktes Vertrauen gewachsen. Das ist der Glaube an Jesus und nicht grundlos verspricht sich Petrus vom Herrn das ersehnte Leben in Fülle (vgl. *Joh* 10,10).

Herr, zu wem sollen wir gehen? So fragen wir hier als Glieder der Kirche von heute. Mag dieser Satz in unserem Mund zunächst noch zaghafter klingen als auf den Lippen des Petrus: Wie beim Apostel kann allein die Person Jesu unsere Antwort sein. Gewiss, er lebte vor zweitausend Jahren. Doch wir können ihm noch in unseren Tagen begegnen, wenn wir auf sein Wort hören und ihm auf einzigartige Weise in der Eucharistie nahe sind … Dass die heilige Messe uns nur nicht verkümmert zu flacher Routine; dass wir nur ihre Tiefe immer besser ausschöpfen! …

Botschaft an dt. Katholiken, 30.5.13

Jesus wird verfolgt

7 [1]Danach zog Jesus in Galiläa umher; denn er wollte sich nicht in Judäa aufhalten, weil die Juden darauf aus waren, ihn zu töten.

Joh 7,1

Das ist auch heute noch so

Kurz gesagt, es ist dasselbe Verhalten wie immer: »Sie disqualifizieren den Herrn, sie bringen den Propheten in Misskredit, um ihn seiner Autorität zu berauben.« Das ist, als wolle man sagen: »Dieser Mann tut am Sabbat Wunder, aber am Sabbat darf man nicht arbeiten, folglich ist er ein Sünder! Er isst, er geht mit Sündern zu Tisch und ist kein Mann Gottes!« So »disqualifizieren sie Jesus«, weil er »hinausging und die Menschen aus diesem geschlossenen religiösen Umfeld, aus diesem Käfig herausließ«. Und »der Prophet kämpft gegen jene Menschen, die den Heiligen Geist in einen Käfig sperren.« Eben deshalb »wird er stets verfolgt«. Die Propheten »werden alle verfolgt, missverstanden, beiseitegeschoben: Man gibt ihnen keinen Platz«. Und das sei eine Realität, die »keineswegs mit dem Tod und der Auferstehung Jesu endete«, sondern »sie setzte sich in der Kirche fort«. In der Tat gebe es in der Kirche »Menschen, die von außen und von innen verfolgt werden«. Die Heiligen selbst »sind verfolgt worden«. Tatsächlich, so bemerkte der Bischof von Rom, sehen wir uns mit viel »Unverständnis und vielen Verfolgungen« konfrontiert, »wenn wir die Heiligenviten lesen«. Denn da sie Propheten gewesen seien, hätten sie Dinge gesagt, die für »allzu hart« gehalten worden seien …

Aber »auch heute noch werden die Christen verfolgt«, warnte Papst Franziskus. So sehr, dass »ich zu sagen wage«, so bekräftigte er, »dass es heutzutage vielleicht ebenso viele oder gar noch mehr Märtyrer gibt als in den Anfangszeiten des Christentums« … Das sei im Übrigen auch »der Weg des Herrn, der Weg derer, die dem Herrn nachfolgen«. Ein Weg, der »stets so endet wie beim Herrn, mit einer Auferstehung, der aber über das Kreuz gehe«.

Frühmesse, 4.4.14

Jesus und die Ehebrecherin

> **8** [7]Als sie hartnäckig weiterfragten, richtete er sich auf und sagte zu ihnen: Wer von euch ohne Sünde ist, werfe als Erster einen Stein auf sie.
>
> Joh 8,7

Das ist so eine gewisse …

Schön ist das: zuerst – Jesus allein auf dem Berg, im Gebet. Er betete allein (vgl. *Joh* 8,1). Dann begab er sich wieder in den Tempel und alles Volk kam zu ihm (vgl. V. 2) – Jesus mitten unter dem Volk. Und dann, am Ende, ließen sie ihn allein mit der Frau (vgl. V. 9). Diese Einsamkeit Jesu! Aber eine fruchtbare Einsamkeit: die des Gebetes, mit dem Vater, und die so schöne – das ist ja die heutige Botschaft der Kirche –, die seiner Barmherzigkeit mit dieser Frau.

Dann gibt es da noch Unterschiede im Volk. Es war das ganze Volk, das zu ihm kam. Er setzte sich und lehrte sie: das Volk, das die Worte Jesu hören wollte, das Volk mit dem offenen Herzen, das hungerte nach dem Wort Gottes. Und dann gab es die, die nichts hörten, nicht hören konnten; das sind die, die mit jener Frau ankamen: »Hör mal, Meister, diese hier, das ist so eine gewisse, so eine … Wir müssen doch mit diesen Frauen tun, was Mose uns vorgeschrieben hat« (vgl. V. 4–5).

Auch wir sind, glaube ich, dieses Volk, das einerseits Jesus hören will; aber andererseits gefällt es uns, auf die anderen einzuschlagen, die anderen zu verurteilen. Und die Botschaft Jesu ist diese: Barmherzigkeit. Für mich – ich sage das in aller Bescheidenheit – ist das die stärkste Botschaft des Herrn: die Barmherzigkeit …

Es ist nicht leicht, sich der Barmherzigkeit Gottes anzuvertrauen, denn das ist ein unergründlicher Abgrund. Aber wir müssen es tun! »Oh, Pater, würden Sie mein Leben kennen, dann würden Sie nicht so mit mir reden!« – »Wieso? Was hast du getan?« – »Oh, ich habe Schlimmes getan!« – »Um so besser! Geh zu Jesus: Ihm gefällt es, wenn du ihm diese Dinge erzählst!« Er vergisst, er hat eine ganz besondere Fähigkeit, zu vergessen. Er vergisst, küsst dich, schließt dich in seine Arme und sagt dir nur: »Auch ich verurteile dich nicht. Geh und sündige von jetzt an nicht mehr!« (*Joh* 8,11). Nur diesen Rat gibt er dir. Predigt, 17.3.13

Heilung eines Blinden

> **9** [7]Geh und wasch dich in dem Teich Schiloach! Schiloach heißt übersetzt: Der Gesandte. Der Mann ging fort und wusch sich. Und als er zurückkam, konnte er sehen. Joh 9,7

Der Sehende und die angeblich Sehenden
Die lange Erzählung fängt mit einem Blinden an, der zu sehen beginnt, und endet – und das ist bemerkenswert – mit angeblich Sehenden, die in der Seele weiter blind bleiben. Das Wunder wird von Johannes in zwei knappen Versen erzählt, da der Evangelist die Aufmerksamkeit nicht auf das Wunder an sich, sondern auf das lenken will, was nachher geschieht, auf die Diskussionen, die es hervorruft; aber auch auf das Gerede. Oft erregt ein gutes Werk, ein Werk der Nächstenliebe Gerede und Diskussionen, weil da einige sind, die die Wahrheit nicht sehen wollen.

Der Evangelist Johannes will die Aufmerksamkeit auf das lenken, was auch in unseren Tagen geschieht, wenn jemand eine gute Tat vollbringt. Der geheilte Blinde wird zuerst von der erstaunten Menschenmenge befragt – sie haben das Wunder gesehen und fragen ihn aus –, dann von den Gesetzeslehrern; und diese befragen auch seine Eltern. Am Schluss gelangt der geheilte Blinde zum Glauben und das ist die größte Gnade, die ihm von Jesus geschenkt wird: nicht nur zu sehen, sondern ihn zu erkennen, ihn als das »Licht der Welt« (*Joh* 9,5) zu sehen.

Während sich der Blinde stufenweise dem Licht nähert, versinken dagegen die Gesetzeslehrer immer mehr in ihrer inneren Blindheit. Verschlossen in ihrem Stolz glauben sie, bereits im Besitz des Lichts zu sein; daher öffnen sie sich nicht der Wahrheit Jesu. Sie setzen alles daran, das Offensichtliche zu leugnen …

Der Weg des Blinden dagegen ist ein Weg in Etappen, der von der Kenntnis des Namens Jesu ausgeht. Von ihm kennt er nichts anderes; in der Tat sagt er: »Der Mann, der Jesus heißt, machte einen Teig, bestrich damit meine Augen« (V. 11). Infolge der drängenden Fragen der Gesetzeslehrer hält er ihn zunächst für einen Propheten (V. 17) und dann für einen Mann, der Gott nahesteht (V. 31). Nachdem er aus dem Tempel hinausgestoßen und somit von der Gesellschaft ausgeschlossen worden ist, findet ihn Jesus erneut und »öffnet ihm die Augen« ein zweites Mal, indem er ihm seine Identität offenbart: »Ich bin der Messias«, so sagt er zu ihm. An diesem Punkt ruft der ehemals Blinde aus: »Ich glaube, Herr!« (V. 38) und wirft sich vor Jesus nieder. Das ist ein Abschnitt aus dem Evangelium, der das Drama der inneren Blindheit so vieler Menschen deutlich werden lässt, auch unserer eigenen, weil wir manchmal Momente innerer Blindheit haben. Unser Leben ähnelt bisweilen dem des Blinden, der sich dem Licht geöffnet hat, der sich Gott geöffnet hat, der sich seiner Gnade geöffnet hat. Manchmal ist es leider ein wenig wie das der Gesetzeslehrer: Von der Höhe unseres Stolzes aus urteilen wir über die anderen und sogar über den Herrn! Heute sind wir eingeladen, uns dem Licht Christi zu öffnen …

Angelus, 30.3.14

Die Stimme des Hirten

10 [27]Meine Schafe hören auf meine Stimme; ich kenne sie und sie folgen mir. Ich gebe ihnen ewiges Leben. Joh 10,27

Hier steht alles drin
In diesen vier Versen steht die ganze Botschaft Jesu, der zentrale Kern seines Evangeliums: Er ruft uns, an seiner Beziehung mit dem Vater teilzuhaben, und das ist das ewige Leben.

Jesus will mit seinen Freunden eine Beziehung aufbauen, die der Widerschein jener Beziehung sein soll, die er selbst mit dem Vater lebt: eine Beziehung gegenseitiger Zugehörigkeit in vollem Vertrauen, in inniger Gemeinschaft. Um diese tiefe Übereinstimmung zum Ausdruck zu bringen, diese Beziehung der Freundschaft, benutzt Jesus das Bild vom Hirten mit seinen Schafen: Er ruft sie und sie erkennen seine Stimme, sie antworten auf seinen Ruf und folgen ihm. Dieses Gleichnis ist wunderschön! Das Geheimnis der Stimme ist faszinierend: Denken wir daran, dass wir vom Mutterleib an lernen, die Stimme unserer Mutter und unseres Vaters wiederzuerkennen; am Klang der Stimme nehmen wir die Liebe oder die Verachtung, die Zuneigung oder die Kälte wahr. Die Stimme Jesu ist einmalig! Wenn wir lernen, sie zu erkennen, führt er uns auf den Weg des Lebens, auf einen Weg, der selbst über den Abgrund des Todes hinausgeht.

Doch Jesus sagte an einem bestimmten Punkt, als er von seinen Schafen sprach: »Mein Vater, der sie mir gab …« (*Joh* 10,29). Das ist sehr wichtig, es ist ein tiefes, nicht leicht zu verstehendes Geheimnis: Wenn ich mich von Jesus angezogen fühle, wenn seine Stimme mein Herz erwärmt, so geschieht dies durch Gott, den Vater, der das Verlangen nach Liebe, Wahrheit, Leben, Schönheit in mich hineingelegt hat … und Jesus ist all dies in

Fülle! Das hilft uns, das Geheimnis der Berufung zu verstehen, vor allem der Berufungen zu einer besonderen Weihe.

Regina Coeli, 21.4.13

Auferweckung des Lazarus

11 [25]Jesus erwiderte ihr: Ich bin die Auferstehung und das Leben. Wer an mich glaubt, wird leben, auch wenn er stirbt …

Joh 11,25

Weil Jesus auferstanden ist, werden wir auferstehen

… Denken wir immer daran: Wir sind Jünger dessen, der gekommen ist, der jeden Tag kommt und der am Ende kommen wird. Wenn es uns gelingen würde, uns diese Wirklichkeit besser vor Augen zu halten, wären wir weniger bedrückt vom Alltag, weniger im Vergänglichen verhaftet und eher bereit, mit Barmherzigkeit auf dem Weg des Heils zu wandeln.

Ein weiterer Aspekt: Was bedeutet »auferstehen«? Unserer aller Auferstehung wird am letzten Tag geschehen, am Ende der Welt, durch das Wirken der Allmacht Gottes, der unserem Leib das Leben zurückgeben und ihn wieder mit der Seele vereinigen wird, kraft der Auferstehung Jesu. Das ist die grundlegende Erklärung: Weil Jesus auferstanden ist, werden wir auferstehen. Wir haben die Hoffnung auf die Auferstehung, weil er uns die Tür zu dieser Auferstehung geöffnet hat …

Ein letztes Element: Bereits in diesem Leben tragen wir einen Anteil an der Auferstehung Christi in uns. Wie es wahr ist, dass Jesus uns am Ende der Zeiten auferwecken wird, so ist es auch wahr, dass wir in gewisser Hinsicht bereits mit ihm auferstanden sind. Das ewige Leben beginnt schon in diesem Augenblick, es beginnt während des ganzen Lebens, das auf den Augenblick der endgültigen Auferstehung ausgerichtet ist. Wir sind nämlich schon durch die Taufe auferstanden, wir sind hineingenommen in den Tod und die Auferstehung Christi und haben teil am neuen Leben, das sein Leben ist. In Erwartung des letzten Tages haben wir daher in uns selbst ein Samenkorn der Auferstehung, als Angeld der vollen Auferstehung, die wir als Erbe erlangen werden. Daher ist auch der Leib eines jeden von uns ein Widerhall der Ewigkeit und muss daher stets in Ehren gehalten werden; und vor allem muss das Leben der Leidenden in Ehren gehalten und geliebt werden, damit sie die Nähe des Reiches Gottes spüren, jenes Zustands des ewigen Lebens, auf den wir zugehen.

Generalaudienz, 4.12.13

»Ich bin das Licht …«

12 [46]Ich bin das Licht, das in die Welt gekommen ist, damit jeder, der an mich glaubt, nicht in der Finsternis bleibt. Joh 12,46

Wer glaubt, sieht

Das Licht des Glaubens: Mit diesem Ausdruck hat die Tradition der Kirche das große Geschenk bezeichnet, das Jesus gebracht hat, der im Johannesevangelium über sich selber sagt: »Ich bin das Licht, das in die Welt gekommen ist, damit jeder, der an mich glaubt, nicht in der Finsternis bleibt« (*Joh* 12,46). In der heidnischen, lichthungrigen Welt hatte sich der Kult für den Sonnengott *Sol invictus* entwickelt, der beim Sonnenaufgang angerufen wurde. Auch wenn die Sonne jeden Tag wiedergeboren wurde, verstand man sehr wohl, dass sie nicht imstande war, ihr Licht über das ganze Sein des Menschen auszustrahlen. Die Sonne erleuchtet ja nicht die ganze Wirklichkeit, ihr Strahl vermag nicht bis in den Schatten des Todes vorzudringen, dorthin, wo das menschliche Auge sich ihrem Licht verschließt. »Niemals konnte jemand beobachtet werden, der bereit gewesen wäre, für seinen Glauben an die Sonne zu sterben«, sagt der heilige Märtyrer Justinus. Im Bewusstsein des weiten Horizonts, den der Glaube ihnen eröffnete, nannten die Christen Christus die wahre Sonne, »deren Strahlen Leben schenken«. Zu Marta, die über den Tod ihres Bruders Lazarus weint, sagt Jesus: »Habe ich dir nicht gesagt: Wenn du glaubst, wirst du die Herrlichkeit Gottes sehen?« (*Joh* 11,40). Wer glaubt, sieht; er sieht mit einem Licht, das die gesamte Wegstrecke erleuchtet, weil es vom auferstandenen Christus her zu uns kommt, dem Morgenstern, der nicht untergeht.

Enzyklika Lumen fidei, 29. 6. 13

Die Fußwaschung

13 [3]Jesus, der wusste, dass ihm der Vater alles in die Hand gegeben hatte und dass er von Gott gekommen war und zu Gott
zurückkehrte, [4]stand vom Mahl auf, legte sein Gewand ab und
umgürtete sich mit einem Leinentuch. [5]Dann goss er Wasser
in eine Schüssel und begann, den Jüngern die Füße zu waschen
und mit dem Leinentuch abzutrocknen, mit dem er umgürtet
war.

Joh 13,3–5

Lass es gut sein

Das ist bewegend: Jesus wäscht seinen Jüngern die Füße. Petrus verstand gar nichts, er verweigerte es. Aber Jesus hat es ihm erklärt. Jesus – Gott – hat das getan! Und er selbst erklärt den Jüngern: »Begreift ihr, was ich für euch getan habe? Ihr sagt zu mir Meister und Herr und ihr nennt mich mit Recht so; denn ich bin es. Wenn nun ich, der Herr und Meister, euch die Füße gewaschen habe, dann müsst auch ihr einander die Füße waschen. Ich habe euch ein Beispiel gegeben, damit auch ihr so handelt, wie ich an euch gehandelt habe« (*Joh* 13,12b–15). Es ist das Vorbild des Herrn. Er ist der Wichtigste und … wäscht die Füße. Denn unter uns muss der, welcher der Höchste ist, den anderen zu Diensten sein. Und das ist ein Symbol, ein Zeichen, nicht wahr? Die Füße waschen bedeutet: Ich bin dir zu Diensten. Und auch wir, unter uns – nicht dass wir jeden Tag einander die Füße waschen müssen –, aber was bedeutet dies? Dass wir einander helfen müssen, einer dem andern. Manchmal habe ich mich geärgert über den einen, über die andere … aber … lass es gut sein! Lass es gut sein, und wenn er dich um einen Gefallen bittet, tu es! Uns gegenseitig helfen: Das ist es, was Jesus uns lehrt …

Predigt am Gründonnerstag in einem Gefängnis, 28.3.13

Das Gesetz der Liebe

13 [35]Daran werden alle erkennen, dass ihr meine Jünger seid: wenn ihr einander liebt. Joh 13,35

Beten für die, über die wir uns ärgern

Welches ist das Gesetz des Volkes Gottes? Es ist das Gesetz der Liebe, Liebe zu Gott und Liebe zum Nächsten nach dem neuen Gebot, das der Herr uns gegeben hat (vgl. *Joh* 13,34). Eine Liebe jedoch, die keine unfruchtbare Sentimentalität oder etwas Vages ist, sondern bedeutet, Gott als einzigen Herrn des Lebens anzuerkennen und gleichzeitig den anderen als echten Bruder anzunehmen und Spaltungen, Feindschaften, Unverständnis, Egoismus zu überwinden; diese beiden Dinge gehören zusammen. Wie lang ist doch der Weg, den wir noch zurücklegen müssen, um dieses neue Gesetz, das Gesetz des Heiligen Geistes, der in uns wirkt, das Gesetz der Liebe konkret zu leben! Wenn wir in den Zeitungen oder im Fernsehen die vielen Kriege unter Christen sehen: Wie kann das nur geschehen? Wie viele Kriege gibt es im Volk Gottes! In den Stadtvierteln, an den Arbeitsplätzen, gibt es so viele Kriege aus Neid, aus Eifersucht!

Und wie viele Kriege gibt es auch im Inneren der Familie! Wir müssen den Herrn bitten, dass er uns dieses Gesetz der Liebe gut verstehen lässt. Wie schön ist es, einander zu lieben als echte Geschwister. Wie schön ist das! Wir wollen heute etwas tun. Wir alle haben wohl Sympathien und Antipathien; viele von uns sind vielleicht über einen anderen verärgert. Sagen wir also zum Herrn: Herr, ich bin verärgert über denjenigen oder diejenige; ich bitte dich für ihn und für sie. Für jene zu beten, über die wir verärgert sind, ist ein ganz schöner Schritt in diesem Gesetz der Liebe. Tun wir das? Tun wir es heute! Generalaudienz, 12.6.13

Jesus kündigt das Kommen des Geistes an

14 [16]Ich werde den Vater bitten und er wird euch einen anderen Beistand geben, der für immer bei euch bleiben soll. Joh 14,16

Wahrheit ist Begegnung mit einer Person

Wir leben in einer Zeit, in der man gegenüber der Wahrheit ziemlich skeptisch ist … Es kommt die Frage auf: Gibt es »die« Wahrheit wirklich? Was ist »die« Wahrheit? Können wir sie erkennen? Können wir sie finden? Hier kommt mir die Frage des römischen Statthalters Pontius Pilatus in den Sinn, als Jesus ihm den tiefen Sinn seiner Sendung offenbart: »Was ist Wahrheit?« (*Joh* 18,37.38). Pilatus kann nicht verstehen, dass »die« Wahrheit vor ihm steht, er kann in Jesus nicht das Antlitz der Wahrheit sehen, das Antlitz Gottes. Und dennoch ist Jesus genau das: Die Wahrheit, die in der Fülle der Zeit »Fleisch geworden« ist

(*Joh* 1,14), ist zu uns gekommen, damit wir sie erkennen. Die Wahrheit begreift man nicht wie eine Sache, der Wahrheit begegnet man. Sie ist kein Besitz, sie ist eine Begegnung mit einer Person.

Wer aber lässt uns erkennen, dass Jesus »das« Wort der Wahrheit ist, der eingeborene Sohn Gottes, des Vaters? Der hl. Paulus lehrt: »Keiner kann sagen: Jesus ist der Herr!, wenn er nicht aus dem Heiligen Geist redet« (*1 Kor* 12,3). Der Heilige Geist, die Gabe des auferstandenen Herrn, lässt uns die Wahrheit erkennen. Jesus bezeichnet ihn als den »Parakleten«, also als denjenigen, der »uns zu Hilfe kommt«, der uns zur Seite steht, um uns auf diesem Weg der Erkenntnis zu stützen; und beim Letzten Abendmahl versichert Jesus den Jüngern, dass der Heilige Geist sie alles lehren und sie an seine Worte erinnern wird (vgl. *Joh* 14,26).

Wie also wirkt der Heilige Geist in unserem Leben und im Leben der Kirche, um uns zur Wahrheit zu führen? Vor allem erinnert er an die Worte, die Jesus gesagt hat, und prägt sie in die Herzen der Gläubigen ein und eben durch diese Worte wird Gottes Gesetz – wie die Propheten des Altes Testaments angekündigt hatten – in unser Herz eingeschrieben und wird in uns zum Beurteilungsprinzip in den Entscheidungen und zur Leitlinie im täglichen Handeln, wird es zum Lebensprinzip …

Versuchen wir, uns zu fragen: Bin ich offen für das Wirken des Heiligen Geistes, bete ich zu ihm, auf dass er mir Licht schenke, mich empfänglicher mache für die Dinge Gottes? Dieses Gebet müssen wir jeden Tag sprechen: »Heiliger Geist, lass mein Herz offen sein für das Wort Gottes, lass mein Herz offen sein für das Gute, lass mein Herz jeden Tag offen sein für die Schönheit Gottes.« Ich möchte allen eine Frage stellen: Wie viele von euch beten täglich zum Heiligen Geist? Es werden wenige sein, aber wir müssen diesen Wunsch Jesu erfüllen und jeden Tag zum Heiligen Geist beten, auf dass er uns das Herz für Jesus öffnen möge … Durch den Heiligen Geist nehmen der Vater und der Sohn in uns Wohnung: Wir leben in Gott und aus Gott. Aber ist unser Leben wirklich von Gott beseelt? Wie viele Dinge ziehe ich Gott vor?

Generalaudienz, 15. 5. 13

Der ungläubige Thomas

20 [27]Dann sagte Jesus zu Thomas: Streck deinen Finger aus – hier sind meine Hände! Streck deine Hand aus und leg sie in meine Seite und sei nicht ungläubig, sondern gläubig! Joh 20,27

In die Wundmale Jesu hineingehen

Der Papst befasste sich vor allem mit dem unterschiedlichen Verhalten der Jünger, »als Jesus sich nach der Auferstehung wieder sehen ließ«: Einige von ihnen seien glücklich und fröhlich gewesen, andere hätten gezweifelt. Auch Thomas, dem sich der Herr erst acht Tage nach jener Erscheinung gezeigt habe, sei misstrauisch gewesen. »Der Herr«, sagte der Papst, indem er diese Verzögerung erläuterte, »weiß, wann und weshalb er was tun muss. Er lässt jedem so viel Zeit, wie er es für angebracht hält.« Dem hl. Thomas habe er acht Tage gewährt; und er habe gewollt, dass auf seinem Körper noch die Wundmale zu sehen waren, obwohl er »rein, wunderschön und voller Licht« gewesen sei, eben deshalb, weil der Apostel, wie der Papst erinnerte, gesagt hatte, dass er nicht glauben werde, bis er nicht seinen Finger in die Wunden des Herrn habe legen können. »Er war ein Dickkopf! Aber der Herr«, kommentierte der Papst, »wollte gerade einen Dickkopf, um uns dabei zu helfen, etwas noch Größeres zu verstehen. Thomas sah den Herrn, er wurde dazu aufgefordert, seinen Finger in die von den Nägeln verursachten Wunden zu legen, seine

Hand in die Wunde an seiner Seite zu legen. Aber dann hat er nicht etwa gesagt: ›Es ist wahr, der Herr ist auferstanden.‹ Nein. Er ist noch darüber hinausgegangen, er hat gesagt: ›mein Herr und mein Gott‹. Er ist der erste der Jünger, der das Bekenntnis zur Göttlichkeit Christi nach dessen Auferstehung ablegt. Und er hat ihn angebetet.«

Von diesem Bekenntnis her, so erläuterte der Bischof von Rom, verstehe man dann, was die Absicht gewesen sei, die der Herr Thomas gegenüber im Sinn gehabt habe: Ausgehend von seiner Ungläubigkeit habe er ihn nicht etwa dazu gebracht, die Auferstehung zuzugeben, sondern vielmehr seine Göttlichkeit. »Und Thomas«, sagte der Papst, »betet den Sohn Gottes an. Aber um anzubeten, um Gott zu finden, den Sohn Gottes, musste er den Finger in die Wundmale legen, seine Hand in seine offene Seite stecken. Das ist der Weg.« Es gebe keinen anderen.

Natürlich »gab es im Lauf der Geschichte der Kirche einige Fehler«, fuhr der Papst fort, »die auf dem Weg zu Gott hin begangen wurden. Einige dachten, dass man den lebendigen Gott, den Gott der Christen« finden könne, indem man »noch höher gehe in der Kontemplation«. Aber das sei »gefährlich; wie viele verirren sich auf diesem Weg und kommen nicht ans Ziel?«, sagte der Papst. »Ja, vielleicht gelangen sie zur Kenntnis Gottes, aber nicht zu derjenigen Jesu Christi, des Gottessohnes, der zweiten Person der Dreifaltigkeit«, präzisierte er. »Zu ihm gelangen sie nicht. Das ist der Weg der Gnostiker: Das sind gute Menschen, sie mühen sich ab, aber das ist nicht der richtige Weg, er ist äußerst kompliziert« und führt an kein gutes Ziel. Andere hingegen, fuhr der Papst fort, »dachten, wir müssten, um zu Gott zu gelangen, gut sein, uns kasteien und streng sein, und sie haben den Weg der Buße, nichts als Buße, und das Fasten gewählt. Aber auch diese sind nicht zum lebendigen Gott, zu Jesus Christus, dem lebendigen Gott, gelangt.« Das, fügte der Papst hinzu, »sind die Pelagianer, die glauben, dank ihrer Bemühungen ans Ziel kommen zu können. Aber Jesus sagt Folgendes zu uns: ›Wir haben Thomas auf dem Weg gesehen.‹ Aber wie kann ich heute noch die Wunden Jesu finden?

Ich kann sie nicht so sehen, wie sie Thomas gesehen hat. Die Wundmale Jesu findest du, wenn du Werke der Barmherzigkeit vollbringst, wenn du dem Körper, dem Körper und auch der Seele deines mit Wunden übersäten Bruders etwas gibst, weil er hungert, weil er dürstet, weil er nackt ist, weil er erniedrigt ist, weil er geknechtet ist, weil er im Gefängnis ist, weil er im Krankenhaus ist. Das sind in unseren Tagen die Wundmale Jesu. Und Jesus erwartet von uns, dass wir durch diese Wundmale einen Akt des Glaubens an ihn ablegen.« Frühmesse, 3.7.13

Die Apostelgeschichte

Himmelfahrt Jesu

> 1 [9]Als er das gesagt hatte, wurde er vor ihren Augen emporgehoben und eine Wolke nahm ihn auf und entzog ihn ihren Blicken.
>
> Apg 1,9

Auf neue Weise unter uns lebendig

Der hl. Lukas berichtet auch am Anfang der Apostelgeschichte über die Himmelfahrt, um hervorzuheben, dass dieses Ereignis wie das Glied einer Kette das irdische Leben Jesu mit dem der Kirche verbindet. Hier erwähnt der hl. Lukas auch die Wolke, die Jesus dem Blick der Jünger entzieht, während sie Christus, der zu Gott auffährt, nachschauen (vgl. *Apg* 1,9–10). Dann tauchen zwei Männer in weißen Gewändern auf, die sie auffordern, nicht dazustehen und zum Himmel emporzuschauen, sondern ihr Leben und ihr Zeugnis aus der Gewissheit zu nähren, dass Jesus ebenso wiederkommen wird, wie sie ihn haben zum Himmel hingehen sehen (vgl. *Apg* 1,10–11). Das ist eine Einladung, von der Betrachtung der Herrschaft Christi auszugehen, um von ihm die Kraft zu erhalten, im täglichen Leben das Evangelium zu verkündigen und zu bezeugen. Betend betrachten und handeln, »ora et labora«, lehrt der hl. Benedikt: Beides ist in unserem Leben als Christen notwendig.

Liebe Brüder und Schwestern, die Himmelfahrt zeigt nicht die Abwesenheit Jesu an, sondern sie sagt uns, dass er auf neue Weise unter uns lebendig ist; er ist nicht mehr an einem bestimmten Ort der Welt wie vor der Himmelfahrt; jetzt ist er in der Herrschaft Gottes, in jedem Raum und in jeder Zeit gegenwärtig, einem jeden von uns nahe. In unserem Leben sind wir nie allein: Wir haben diesen Fürsprecher, der uns erwartet, der uns verteidigt …

Generalaudienz, 17.4.13

Pfingsten

2 [4]Alle wurden mit dem Heiligen Geist erfüllt und begannen, in fremden Sprachen zu reden, wie es der Geist ihnen eingab.

Apg 2,4

Auch Freimut ist eine Gabe des Heiligen Geistes

In Babel hatte, dem biblischen Bericht zufolge, die Zerstreuung der Völker und die Verwirrung der Sprachen begonnen, Frucht der Geste des Hochmuts und des Stolzes des Menschen, der nur aus eigenen Kräften und ohne Gott »eine Stadt und einen Turm mit einer Spitze bis zum Himmel« bauen wollte (*Gen* 11,4). An Pfingsten werden diese Spaltungen überwunden. Es gibt keinen Hochmut gegenüber Gott mehr und auch nicht die Verschlossenheit der einen gegenüber den anderen, sondern es gibt die Öffnung für Gott, es gibt das Herausgehen, um sein Wort zu verkündigen: eine neue Sprache, die Sprache der Liebe, die der Heilige Geist in die Herzen ausgießt (vgl. *Röm* 5,5); eine Sprache, die alle verstehen können und die, wenn sie angenommen wird, in jedem Leben und in jeder Kultur zum Ausdruck gebracht werden kann. Die Sprache des Geistes, die Sprache des Evangeliums ist die Sprache der Gemeinschaft, die dazu einlädt, Verschlossenheit und Gleichgültigkeit, Spaltungen und Gegensätze zu überwinden. Wir alle sollten uns fragen: Wie lasse ich mich vom Heiligen Geist führen, sodass mein Leben und mein Glaubenszeugnis Einheit und Gemeinschaft zum Ausdruck bringt? Bringe ich das Wort der Versöhnung und der Liebe, die das Evangelium ist, in das Umfeld, in dem ich lebe? …

Ein zweites Element: Am Pfingsttag tritt Petrus auf »zusammen mit den Elf«, er erhebt »seine Stimme« (*Apg* 2,14) und verkündigt »freimütig« (V. 29) die gute Nachricht von Jesus, der sein Leben hingegeben hat für unser Heil und den Gott von den Toten auferweckt hat. Das ist eine weitere Wirkung des Geisteshandelns: der Mut, allen mit Freimut (»parrhesia«) die Neuheit des Evangeliums Jesu zu verkündigen, mit lauter Stimme, zu jeder Zeit und an jedem Ort. Und das geschieht auch heute für die Kirche und für jeden von uns: Das Feuer von Pfingsten, das Wirken des Heiligen Geistes setzt immer neue Kräfte für die Mission frei, neue Wege zur Verkündigung der Heilsbotschaft, neuen Mut zum Evangelisieren. Verschließen wir uns nie diesem Wirken! Leben wir das Evangelium mit Demut und Mut! Bezeugen wir die Neuheit, die Hoffnung, die Freude, die der Herr ins Leben bringt! …

Ich erwähne nur kurz ein drittes Element, das jedoch besonders wichtig ist: Eine Neuevangelisierung, eine evangelisierende Kirche muss immer beim Gebet beginnen, beim Bitten um das Feuer des Heiligen Geistes, so wie es die Apostel im Abendmahlssaal getan haben. Nur die treue und tiefe Beziehung zu Gott gestattet es, aus der eigenen Verschlossenheit herauszukommen und das Evangelium mit Freimut zu verkündigen. Ohne das Gebet wird unser Handeln leer und hat unser Verkündigen keine Seele … Generalaudienz, 22.5.13

Die Eintracht der Urgemeinde

4 [32]Die Gemeinde der Gläubigen war ein Herz und eine Seele. Keiner nannte etwas von dem, was er hatte, sein Eigentum, sondern sie hatten alles gemeinsam. Apg 4,32

Drei Pinselstriche

Der Papst sprach über das, was er »die drei Pinselstriche« nannte … »Die große Zahl derer, die gläubig geworden waren«, so merkte er an, »war ein Herz und eine Seele; das ist das erste Merkmal.« Das zweite besteht in der Tatsache, dass es sich dabei um viele Menschen handelte, die »mit großer Kraft Zeugnis von Jesus, dem Herrn, ablegten«. Das dritte ist, dass »keiner unter ihnen Not litt« … Gleichwohl »ist es nicht immer so gegangen«, fügte er hinzu. In der Tat seien im Lauf der Zeit »innere Kämpfe ausgebrochen, Kämpfe um die Lehre, Machtkämpfe untereinander. Auch im Verhältnis zu den Armen haben sich Probleme ergeben; die Witwen beschwerten sich darüber, dass ihnen nicht ausreichend geholfen würde«: Kurz, es herrschte kein Mangel an Schwierigkeiten.

Und doch zeige dieses Bild, wie »die Lebensweise einer christlichen Gemeinschaft« wirklich sein solle, der Gemeinschaft derer, die an Jesus glauben. Zunächst, so merkte Papst Franziskus an, sei es erforderlich, ein Klima zu schaffen, in dem »Friede und Harmonie« herrschen. »Sie ›waren ein Herz und eine Seele …‹, Friede, eine friedlich zusammenlebende Gemeinschaft. Das heißt«, so fügte er hinzu, »dass in dieser Gemeinschaft kein Platz ist für Gerede, für Eifersüchteleien, für üble Nachrede, für Verleumdungen«, sondern nur für den Frieden. Denn »die Vergebung, die Liebe deckten alles zu.«

Um eine christliche Gemeinschaft in diesem Sinne zu beurteilen, so führte Papst Franziskus aus, »müssen wir uns fragen, wie die Haltung der Christen ist. Sind sie sanftmütig, sind sie demütig? Gibt es in dieser Gemeinschaft interne Kämpfe um die Macht, Streit aus Neid? Gibt es Gerede? In dem Fall gehen sie nicht den Weg Jesu Christi.« In der Tat sei der Friede, der in einer Gemeinschaft herrsche, ein »äußerst wichtiges Merkmal. Es ist deshalb so wichtig, weil der Teufel stets versucht, unter uns Zwietracht zu säen. Er ist der Vater der Spaltung; er spaltet durch den Neid. Jesus zeigt uns diesen Weg, den Weg des Friedens unter uns, den Weg der Liebe unter uns.« …

Frühmesse, 29.4.14

Heilung eines Gelähmten im Tempel

> **3** [6]Petrus sagte: Silber und Gold besitze ich nicht. Doch was ich habe, das gebe ich dir: Im Namen Jesu Christi, des Nazoräers, geh umher! Apg 3,6

Die Freude der Begegnung mit Christus

(Der Gelähmte), der immer an der Tür geblieben war, tritt nun auf eigenen Füßen ein, umherspringend, Gott lobend und seine Wunder preisend. Und seine Freude ist ansteckend. Das sagt uns heute die Heilige Schrift: Die Menschen waren voll Verwunderung und liefen staunend herbei, um dieses Wunder zu sehen. Und mitten in diesem Durcheinander, dieser Bewunderung verkündete Petrus die Botschaft. Die Freude der Begegnung mit Jesus Christus – jene, die anzunehmen uns so viel Angst macht – ist ansteckend und verkündet laut: und dort wächst die Kirche! … Ich frage mich …: Bin ich wie Petrus fähig, mich zu meinem Nächsten zu setzen und in Ruhe das Geschenk des Wortes Gottes zu erklären, das ich empfangen habe, und ihn mit meiner Freude anzustecken? Predigt, 24.4.14

Die Wahl der ersten Diakone

6 [3]Brüder, wählt aus eurer Mitte sieben Männer von gutem Ruf und voll Geist und Weisheit; ihnen werden wir diese Aufgabe übertragen.

Apg 6,3

Nicht weil sie geschäftstüchtig sind

Bis zu jenem Moment war die Einheit der christlichen Gemeinde durch die Zugehörigkeit zu einem einzigen Volk und zu einer einzigen Kultur begünstigt worden: der jüdischen. Als sich aber das Christentum, das durch den Willen Jesu für alle Völker bestimmt ist, dem griechischen Kulturraum öffnet, fehlt diese Homogenität und es treten die ersten Schwierigkeiten auf. In jenem Augenblick schleicht sich die Unzufriedenheit ein, es gibt Klagen, Gerüchte über Günstlingswirtschaft und ungleiche Behandlung machen die Runde. Dies geschieht auch in unseren Pfarreien! Bei der Hilfe der Gemeinde für die Bedürftigen – Witwen, Waisen und Arme im Allgemeinen – scheinen die Christen jüdischer Herkunft gegenüber den anderen bevorzugt zu werden.

Also nehmen die Apostel angesichts dieses Konflikts die Situation in die Hand: Sie berufen eine Versammlung ein, die auch die Schar der Jünger einschließt, und diskutieren die Frage gemeinsam. Alle. Denn die Probleme lassen sich nicht dadurch lösen, dass man so tut, als gebe es sie nicht! Und diese ehrliche Auseinandersetzung zwischen den Hirten und den anderen Gläubigen ist schön. Man gelangt also zu einer Aufgabenteilung. Die Apostel machen einen Vorschlag, der den Beifall aller findet: Sie selbst werden sich dem Gebet und dem Dienst am Wort widmen, während sich sieben Männer, die Diakone, um den Dienst an den Tischen für die Armen kümmern werden. Diese sieben Männer werden nicht gewählt, weil sie geschäftstüchtig sind, sondern weil es sich um ehrliche Männer von gutem Ruf handelt, erfüllt vom Heiligen Geist und von Weisheit; und sie werden für ihren Dienst eingesetzt, indem die Apostel ihnen die Hände auflegen. Und so gelangt man von jener Unzufriedenheit, von jenen Klagen, von jenen Gerüchten der Günstlingswirtschaft und der Ungleichbehandlung zu einer Lösung. Indem man sich mit dem anderen auseinandersetzt, diskutiert und betet: So werden die Konflikte in der Kirche gelöst.

Regina Coeli, 18.5.14

Vom Saulus zum Paulus

9 [4]Er stürzte zu Boden und hörte, wie eine Stimme zu ihm sagte: Saul, Saul, warum verfolgst du mich? Apg 9,4

Der Unterschied zwischen einem Helden und einem Heiligen
So sei »aus einem Mann, für den alles klar gewesen sei, der wusste, was er gegen diese Sekte der Christen zu tun hatte«, einer geworden, der »wie ein Kind war und gehorchte: Er steht auf, geht und wartet.« Aber Saulus »wartet nicht mit dem Handy«, indem er sage: »Aber komm …, was soll ich tun …, sage es mir …, ich warte schon seit zwei Tagen …« Nein, »er wartet so, wie er war: mit Gebet und Fasten. Sein Herz war verwandelt.«

Der Bericht der Apostelgeschichte zeige dann den Jünger Hananias, der Paulus tauft. Und so »steht Paulus schließlich auf, isst etwas und verkündet dann in den Synagogen, dass Jesus der Sohn Gottes ist«. Sein Leben »war ein anderes geworden«. In diesem Zusammenhang unterstrich der Papst den Unterschied zwischen Helden und Heiligen, indem er die Worte wiederholte, die der Herr zu Hananias sagte: »Geh nur! Dieser Mann ist mein auserwähltes Werkzeug: Er soll meinen Namen vor Völker und

Könige und die Söhne Israels tragen. Ich werde ihm auch zeigen, wie viel er für meinen Namen leiden muss.«

»Der Unterschied zwischen Helden und Heiligen«, erklärte der Papst, sei »das Zeugnis, die Nachfolge Jesu: das Gehen auf dem Weg Jesu Christi«. Daher »verkündet Paulus das Evangelium, wird er verfolgt, wird er ausgepeitscht, wird er verurteilt und beendet er sein Leben mit einer kleinen Gruppe von Freunden in Rom, als Opfer seiner Schüler«. So werde Paulus »kleiner, kleiner, immer kleiner«, eben genau der Regel der Heiligkeit entsprechend. In diesem Zusammenhang verwies der Papst auch auf die Gestalt des heiligen Johannes des Täufers: »der größte unter allen Menschen, der im Gefängnis endet aufgrund der Laune einer Tänzerin und des Hasses einer Ehebrecherin«.

So »endet Paulus auf gewöhnliche Weise. Sicherlich sind am Morgen drei, vier, fünf Soldaten zu ihm gekommen« und hätten zu ihm gesagt: »Komm mit!« Dann »haben sie ihn weggebracht und enthauptet. Ganz einfach.« Der große Paulus, »der in die ganze Welt gegangen war, endet so«. Und das, so wiederholte der Papst, »ist der Unterschied zwischen einem Helden und einem Heiligen: Der Heilige ist derjenige, der Jesus folgt, auf dem Weg Jesu, mit dem Kreuz … Sehr viele von der Kirche heiliggesprochene Menschen enden in so demütiger Weise«, unterstrich der Papst. Das seien »die großen Heiligen«. Frühmesse, 9.5.14

Petrus beginnt mit der Heidenmission

10 [11]Er sah den Himmel offen und eine Schale auf die Erde herabkommen, die aussah wie ein großes Leinentuch, das an den
vier Ecken gehalten wurde. [12]Darin lagen alle möglichen Vier-
füßler, Kriechtiere der Erde und Vögel des Himmels.

Apg 10,11–12

Vielleicht hielt er gerade seinen Mittagsschlaf
Gebet. Auf Gottes Angesicht schauen, aber vor allem … sich angeschaut fühlen. Der Herr schaut uns an: Er schaut zuerst auf uns … – wir spüren, dass Gott uns an der Hand hält! … Wahre Glaubensboten sind wir, wenn wir uns von ihm führen lassen. Denken wir an Petrus. Vielleicht hielt er gerade seinen Mittagsschlaf und da hatte er eine Vision – die Vision von dem Tischtuch mit all den Tieren darin – und er hörte, dass Jesus etwas zu ihm sagte, aber er begriff es nicht. In dem Moment kamen einige nicht jüdische Männer, die ihn baten, in ein Haus zu kommen, und er sah, dass der Heilige Geist auch dort war. Petrus hat sich von Jesus leiten lassen, um zu jener ersten Evangelisierung der Heiden zu gelangen, die eben keine Juden waren – etwas zu jener Zeit Unvorstellbares! Und so die ganze Geschichte hindurch, die ganze Geschichte! Sich von Jesus leiten lassen.

Ansprache, 18.5.13

Viele wurden gläubig

> **11** 21 Die Hand des Herrn war mit ihnen und viele wurden gläu-
> big und bekehrten sich zum Herrn. 22 Die Nachricht davon kam
> der Gemeinde von Jerusalem zu Ohren und sie schickten Bar-
> nabas nach Antiochia.
>
> Apg 11,21–22

Immer zwischen Kreuz und Auferstehung
(Das) lässt mich daran denken, dass gerade in dem Moment, da die Verfolgung losbricht, sich der missionarische Aufbruch der Kirche ereignet. Und diese Christen sind bis nach Phönizien, nach Zypern und nach Antiochia gekommen und haben das Wort verkündet. Sie hatten diesen apostolischen Eifer; und so wird der Glaube verbreitet! Einige, Leute aus Zypern und

Zyrene – nicht dieselben, sondern andere, die Christen geworden waren – begannen, als sie nach Antiocha kamen, auch zu den Griechen zu sprechen (vgl. *Apg* 11,20). Das ist ein weiterer Schritt. Und so kommt die Kirche voran. Von wem kommt diese Initiative, zu den Griechen zu sprechen? Eine ganz unbegreifliche Sache, denn man predigte nur den Juden! Sie ist vom Heiligen Geist, von dem, der weiter, weiter, immer weiter drängte.

Doch in Jerusalem – als man davon hörte – sind einige etwas nervös geworden und sie haben eine Apostolische Visitation geschickt, sie haben Barnabas geschickt. Vielleicht können wir – mit ein bisschen Sinn für Humor – sagen, dass das der theologische Anfang der Kongregation für die Glaubenslehre war: diese Apostolische Visitation des Barnabas. Er hat beobachtet und er hat gesehen, dass die Dinge sich gut entwickelten. Und in dieser Weise ist die Kirche mehr Mutter, Mutter von mehr Kindern, von vielen Kindern …

Der dritte Gedanke, der mir in den Sinn kommt – der erste: der missionarische Aufbruch; der zweite: die Kirche als Mutter – der dritte Gedanke ist, dass Barnabas, als er die vielen Menschen sah, … sich freute. »Als er ankam und die Gnade Gottes sah, freute er sich« (*Apg* 11,23). Es ist die typische Freude des Glaubensboten. Es ist, wie Paul VI. sagte, »die innige und tröstliche Freude der Verkündigung des Evangeliums«. – Und diese Freude beginnt mit einer Verfolgung, mit einer großen Traurigkeit, die in der Freude endet. Und so geht die Kirche voran – wie ein Heiliger sagt – zwischen den Verfolgungen der Welt und den Tröstungen des Herrn (vgl. *Augustinus,* De Civitate Dei, 18,51,2: PL 41,614).

Predigt, 23.4.13

Ein Engel befreit Petrus aus dem Gefängnis

12 [11]Der Herr [hat] seinen Engel gesandt und mich der Hand des Herodes entrissen. Apg 12,11

Unser Gottvertrauen überprüfen
Zu Beginn des Dienstes Petri in der christlichen Gemeinde von Jerusalem herrschte noch große Furcht wegen der Verfolgungen des Herodes gegen einige Mitglieder der Kirche. Jakobus war hingerichtet worden und nun war Petrus selbst ins Gefängnis geworfen worden, um dem Volk einen Gefallen zu tun. Während er in Ketten gefangen gehalten wird, hört er die Stimme des Engels, der zu ihm sagt: »Schnell, steh auf! … Gürte dich und zieh deine Sandalen an! … Wirf deinen Mantel um und folge mir!« Die Ketten fallen und das Gefängnistor öffnet sich von selbst. Petrus bemerkt, dass der Herr ihn »der Hand des Herodes entrissen« hat; er wird sich bewusst, dass Gott ihn von der Angst und von den Ketten befreit hat. Ja, der Herr befreit uns von aller Angst und von allen Ketten, damit wir wirklich frei sein können …

Das Zeugnis des Apostels Petrus erinnert uns daran, dass unsere wahre Zuflucht das Vertrauen auf Gott ist: Es vertreibt alle Angst und macht uns frei von jeder Versklavung und aller weltlichen Versuchung. Heute fühlen wir … uns vom Beispiel des heiligen Petrus aufgerufen, unser Vertrauen auf den Herrn zu überprüfen. Predigt, 29.6.14

Die Missionserfolge

13 [44]Am folgenden Sabbat versammelte sich fast die ganze Stadt,
um das Wort des Herrn zu hören. [45]Als die Juden die Scharen

sahen, wurden sie eifersüchtig, widersprachen den Worten des Paulus und stießen Lästerungen aus. Apg 13,44–45

Sie waren nicht offen für die Neuheit des Heiligen Geistes
Als die Juden so viel Freude sahen, »wurden sie eifersüchtig und begannen jene Menschen zu verfolgen«, die »nicht schlecht waren, es waren gute Menschen, die eine religiöse Haltung hatten«.

»Warum haben sie das getan?«, fragte Papst Franziskus. Sie hätten das getan, »weil ihr Herz verschlossen war, sie waren nicht offen für die Neuheit des Heiligen Geistes. Sie glaubten, dass alles schon gesagt worden wäre, dass alles so sei, wie sie dachten, dass es sein müsse, und deshalb fühlten sie sich als Verteidiger des Glaubens. Sie begannen den Aposteln zu widersprechen, sie zu verleumden.« Das sei eine Haltung, der man im Lauf der Geschichte begegne. Es sei ein Merkmal von »in sich selbst verschlossenen Gruppen«, mit »der Macht zu verhandeln« und »die Fragen ›unter uns‹ zu lösen. So wie es diejenigen getan haben, die am Morgen der Auferstehung – als die Soldaten zu ihnen kamen und gesagt haben: ›Wir haben das und das gesehen‹ – diesen gedroht haben: ›Seid still! Nehmt …‹, und mit dem Geld haben sie alles vertuscht. Das ist genau jene Haltung einer verschlossenen Religiosität, die nicht die Freiheit hat, sich dem Herrn zu öffnen.« In ihrem öffentlichen Leben wählen sie, »um immer die Wahrheit zu wählen, weil sie glauben, die Wahrheit zu verteidigen«, »die Verleumdung, den Klatsch. Sie sind wirklich klatschsüchtige Gemeinschaften, die schlecht über den Nächsten reden, ihn zerstören« und nur an sich selbst denken, als wären sie durch eine Mauer geschützt. Der Papst wies darauf hin: »Eine freie Gemeinschaft hingegen, die die Freiheit Gottes und des Heiligen Geistes hat, machte weiter. Auch unter Verfolgungen. Und das Wort des Herrn breitete sich in der ganzen Gegend aus. Es ist eine Eigenschaft der Gemeinschaft des Herrn, weiterzumachen, sich zu verbreiten, denn so ist das Wesen des Guten: Es breitet sich immer aus! Das Gute beugt sich nicht. Das ist ein Kriterium, ein Kriterium der Kirche. Auch für unsere Gewissensprüfung: Wie sind unsere Gemeinschaften, die religiösen Gemeinschaften, die Gemeinschaften der Pfarrgemeinden? Sind es Gemeinschaften, die offen sind für den Heiligen Geist, der uns immer voranträgt, um das Wort Gottes zu verbreiten, oder sind es geschlossene Gemeinschaften?« Frühmesse, 27.4.13

Protest gegen Paulus

14 [11]Als die Menge sah, was Paulus getan hatte, fing sie an zu schreien und rief auf Lykaonisch: Die Götter sind in Menschengestalt zu uns herabgestiegen. Apg 14,11

Wir sind nicht für Kleinigkeiten auserwählt

Paulus und Barnabas bekräftigen: »Durch viele Drangsale müssen wir in das Reich Gottes gelangen« (*Apg* 14,22). Der Weg der Kirche, auch unser persönlicher christlicher Weg, ist nicht immer leicht, stößt auf Schwierigkeiten, auf Drangsale. Dem Herrn zu folgen, zuzulassen, dass sein Geist unsere Schattenseiten, unser nicht Gott gemäßes Verhalten verwandelt und unsere Sünden reinwäscht, ist ein Weg, der auf viele Hindernisse stößt, außerhalb von uns in der Welt und auch in uns, im Herzen. Aber die Schwierigkeiten, die Drangsale gehören zu dem Weg, um zur Herrlichkeit Gottes zu gelangen, wie für Jesus, der am Kreuz verherrlicht wurde; wir werden ihnen immer im Leben begegnen! Nicht den Mut verlieren: Wir haben die Kraft des Heiligen Geistes, um diese Drangsale zu überwinden! …

Es gibt keine Schwierigkeiten, Drangsale, Verständnislosigkeiten, die uns Angst machen müssen, wenn wir mit Gott verbunden bleiben … Haben wir Vertrauen in das Handeln Gottes! Mit ihm können wir große Dinge tun; er wird uns die Freude spüren lassen, seine Jünger, seine Zeugen zu sein. Setzt auf die großen Ideale, auf die großen Dinge! Wir Christen sind vom Herrn nicht für Kleinigkeiten auserwählt, geht immer darüber hinaus, zu den großen Dingen! Predigt, 28.4.13

Das Apostelkonzil

15 [7]Als ein heftiger Streit entstand, erhob sich Petrus und sagte zu ihnen: Brüder, wie ihr wisst, hat Gott schon längst hier bei euch die Entscheidung getroffen, dass die Heiden durch meinen Mund das Wort des Evangeliums hören und zum Glauben gelangen sollen. Apg 15,7

Erst drängt er, dann sorgt er für Harmonie

Die Kirche als eine vom Heiligen Geist geschmiedete »Gemeinschaft des Ja«, im Gegensatz zu einer »Kirche des Nein«, die den Heiligen Geist zur »Doppelarbeit« zwingt …

In einem Kommentar zur Apostelgeschichte … beschrieb der Papst das Wirken der Kirche, die »in die Peripherien des Glaubens gegangen ist, wo die Menschen der Verkündigung Jesu Christi nicht geglaubt haben, weil sie ihn nicht kannten«. Sie »ging hin, um zu predigen, nach dem Willen des Heiligen Geistes«, der im Wesentlichen »auf zweierlei Arten« wirkt: Zuerst »drängt« er, sagte der Papst, wobei er »auch einige Probleme schafft«, dann aber errichtet er »die Harmonie der Kirche in deren Innerem. Es ist eine unablässige Bewegung, diejenige des Heiligen Geistes.« Die Jünger sind also hingegangen und haben in Jerusalem den Glauben verbreitet und da, erklärte der Papst, gab es bereits erste Probleme, weil viele unterschiedliche

Meinungen aufeinanderprallten. Vor allem mit denen, die die Ansicht vertraten, dass sie all das übernehmen mussten, was die Schriftgelehrten bereits festgelegt hatten. Dann gab es aber auch andere, die an die Möglichkeit glaubten, zu einer Einigung zu kommen. Und das waren Leute, deren Sinn offen war, so der Papst. Also »musste der Heilige Geist seine zweite Aufgabe erfüllen: zwischen diesen beiden entgegengesetzten Standpunkten Harmonie schaffen, die Harmonie der Kirche, zwischen ihnen und Jerusalem und zwischen ihnen und den Heiden. Das ist eine gewaltige Arbeit, die der Heilige Geist immer schon in der Geschichte geleistet hat und leistet. Und wenn wir ihn nicht arbeiten lassen, dann beginnen die Trennungen in der Kirche, die Sekten, all diese Dinge, weil wir uns der Wahrheit des Geistes gegenüber verschlossen haben.« Frühmesse, 2. 5. 13

Die Briefe des Paulus

Brief an die Römer

1 [18]Der Zorn Gottes wird vom Himmel herab offenbart wider alle Gottlosigkeit und Ungerechtigkeit der Menschen, die die Wahrheit durch Ungerechtigkeit niederhalten. Röm 1,18

Was ist mein Götze?
Der Apostel Paulus, betonte der Papst, spare nicht an Worten, um den Götzendienst zu beschreiben. Er sei »feurig«, »heftig … gegen die Menschen, ›die die Wahrheit durch Ungerechtigkeit niederhalten‹« …

Man könnte dazu neigen, anzunehmen, so warnte der Papst, dass es sich hierbei um Verhaltensweisen der Vergangenheit handle: »Keiner von uns geht heutzutage durch die Straßen und betet Statuen an.« Aber dem sei nicht so, da es »auch heute«, so der Papst, »viele Götzenbilder gibt und es auch heutzutage viele Götzenanbeter gibt. Viele halten sich für weise, auch unter uns, unter den Christen.« Und er fügte unverzüglich hinzu: »Ich spreche hier nicht von denen, die keine Christen sind; ich respektiere sie. Aber wir sprechen darüber in der Familie.« In der Tat gebe es viele Christen, »die sich für weise halten, die alles zu wissen meinen«, aber letzten Endes »›werden sie zu Toren. Sie vertauschen die Herrlichkeit des unvergänglichen Gottes mit Bildern‹: dem eigenen Ich«, mit ihren eigenen Gedanken, mit dem, was ihnen gelegen kommt. Und das sei keine Angelegenheit aus anderen Zeiten, denn »auch heutzutage«, so hob der Papst hervor, »stehen Götzenbilder auf den Straßen.«

Da sei aber noch mehr, fügte er hinzu: »Wir alle haben irgendein verborgenes Götzenbild in uns. Und wir können uns vor Gott fragen: Was ist mein verborgenes Götzenbild, das den Platz einnimmt, der dem Herrn zusteht? Ein sehr frommer französischer Schriftsteller wurde sehr leicht wütend. Das war sein Fehler, er wurde sehr leicht und oft wütend. Er sagte: Wer nicht zu Gott betet, betet zum Teufel. Wenn du nicht Gott anbetest, dann betest du einen Götzen an, immer!« Das Bedürfnis des Menschen, Gott anzubeten, das sich daraus ableitet, dass wir seine »Prägung« in uns tragen, ist so groß, »dass dann, wenn der lebendige Gott nicht da ist, diese Götzenbilder da sind.« … »Was ist mein Götze?« Frühmesse, 15.10.13

5 [1]Gerecht gemacht aus Glauben, haben wir Frieden mit Gott durch Jesus Christus, unseren Herrn. Röm 5,1

Die Hoffnung ist wahr, stark, sicher

Gott ist unsere Stärke! Gott ist unsere Hoffnung! Liebe Brüder und Schwestern, wir müssen als Erste an dieser Hoffnung festhalten und allen ein sichtbares, deutliches, leuchtendes Zeichen dafür sein! Der auferstandene Herr ist die unvergängliche Hoffnung, die nicht zugrunde gehen lässt (*Röm* 5,5). Die Hoffnung lässt nicht zugrunde gehen. Die Hoffnung des Herrn! Wie oft in unserem Leben schwinden die Hoffnungen, wie oft werden die Erwartungen, die wir im Herzen tragen, nicht erfüllt! Die Hoffnung, die wir Christen haben, ist wahr, stark, sicher, auf dieser Erde, wohin Gott uns berufen hat, um unseren Weg zu gehen, und sie ist offen auf die Ewigkeit hin, weil sie auf Gott gründet, der immer treu ist. Wir dürfen nicht vergessen: Gott ist immer treu … Generalaudienz, 10.4.13

5 [20]Wo die Sünde mächtig wurde, da ist die Gnade übergroß geworden. Röm 5,20

Gott wartet gerade auf dich

Das ist wichtig: der Mut, mich der Barmherzigkeit Jesu anzuvertrauen, auf seine Geduld zu zählen, immer Zuflucht in den Wunden seiner Liebe zu nehmen. Der heilige Bernhard geht so weit zu sagen: »Doch was soll ich sagen, wenn ich Gewissensbisse habe wegen meiner vielen Sünden? ›Wo die Sünde mächtig wurde, da ist die Gnade übergroß geworden‹ (*Röm* 5,20).« Vielleicht könnte jemand unter uns denken: Meine Sünde ist so groß, meine Entfernung von Gott ist wie die des jüngeren Sohnes aus dem Gleichnis, mein Unglaube ist wie der des Thomas; ich habe nicht den Mut umzukehren, zu meinen, Gott könne mich aufnehmen und warte ausgerechnet auf mich. Doch Gott wartet gerade auf dich, er verlangt von dir nur den Mut, zu ihm zu gehen. Wie oft habe ich in meinem seelsorglichen Dienst die Worte gehört: »Pater, ich habe viele Sünden«; und meine Einladung war immer: »Keine Angst, geh zu ihm, er erwartet dich, er wird alles tun.« Wie viele weltliche Angebote hören wir in unserer Umgebung, aber lassen wir uns vom Angebot Gottes ergreifen – es ist eine herzliche Liebkosung. Für Gott sind wir keine Nummern, wir sind ihm wichtig, ja, wir sind das Wichtigste, das er hat; auch wenn wir Sünder sind, sind wir das, was ihm am meisten am Herzen liegt. Predigt im Lateran, 7.4.13

10 [9]Wenn du mit deinem Mund bekennst: »Jesus ist der Herr« und in deinem Herzen glaubst: »Gott hat ihn von den Toten auferweckt«, so wirst du gerettet werden. Röm 10,9

Alle Linien laufen hier zusammen

Der christliche Glaube hat seinen Mittelpunkt in Christus; er ist das Bekenntnis, dass Jesus der Herr ist und dass Gott ihn von den Toten auferweckt hat (vgl. *Röm* 10,9). Alle Linien des Alten Testaments laufen in Christus zusammen; er wird das endgültige Ja zu allen Verheißungen, das Fundament unseres abschließenden »Amen« zu Gott (vgl. *2 Kor* 1,20). Die Geschichte Jesu ist der vollkommene Erweis der Verlässlichkeit Gottes. Wenn Israel der großen Taten der Liebe Gottes gedachte, die das Eigentliche seines Bekenntnisses bildeten und ihm die Augen des Glaubens auftaten, erscheint nun das Leben Jesu wie der Ort des endgültigen Eingreifens Gottes, als der äußerste Ausdruck seiner Liebe zu uns. Was Gott uns in Jesus zuspricht, ist nicht ein weiteres Wort unter vielen anderen, sondern sein ewiges Wort. Es gibt keine größere Garantie, die Gott geben könnte, um uns seiner Liebe zu versichern, wie der heilige Paulus uns in Erinnerung ruft (vgl. *Röm* 8,31–39). Der christliche Glaube ist also ein Glaube an die vollkommene Liebe, an ihre wirkungsvolle Macht, an ihre Fähigkeit, die Welt zu verwandeln …

Enzyklika Lumen Fidei, 29. 6. 13

12 [2]Gleicht euch nicht dieser Welt an, sondern wandelt euch und erneuert euer Denken, damit ihr prüfen und erkennen könnt, was der Wille Gottes ist: was ihm gefällt, was gut und vollkommen ist.

Röm 12,2

Im Originaltext noch stärkere Worte

Die Korrupten, so führte der Papst aus, haben keine Ahnung, was Demut ist. Jesus verglich sie mit weiß angestrichenen Gräbern: außen schön, innen aber voll von verwesenden Knochen. »Und ein Christ, der sich rühmt, ein Christ zu sein, aber kein christliches Leben führt«, so unterstrich er, »ist ein Verdorbener.«

Wir alle kennen jemanden, der »sich in dieser Lage befindet, und wir alle wissen, welchen Schaden die verdorbenen Christen, die verdorbenen Priester der Kirche zufügen. Wie viel Schaden fügen sie doch der Kirche zu! Sie leben nicht im Geist des Evangeliums, sondern dem Geist der Weltlichkeit gemäß. Und der heilige Paulus sagt den Römern in ganz eindeutigen Worten: ›Gleicht euch nicht dieser Welt an‹ (vgl. *Röm* 12,2). Aber im Originaltext spricht er sogar noch stärkere Worte aus: Passt euch nicht den Verhaltensmustern dieser Welt, den Maßstäben dieser Welt an, denn gerade sie sind es, diese Weltlichkeit, die zum Doppelleben führen.«

Abschließend sagte der Heilige Vater: »Eine schön lackierte Verderbtheit: das ist das Leben des Korrupten. Und Jesus nannte diese Menschen nicht Sünder, sondern er nannte sie Heuchler.« Jesus, so erinnerte er nochmals, vergibt immer, er wird nicht müde, zu vergeben. Die einzige Bedingung, die er stelle, sei die, dass man nicht dieses Doppelleben führe: »Bitten wir den Herrn heute darum, dass er uns vor jeder Täuschung fliehen lasse, dass wir uns als Sünder bekennen. Sünder ja, Korrupte nein.«

Frühmesse, 11.11.13

Erster Brief an die Korinther

1 [9]Wir verkündigen, wie es in der Schrift heißt, was *kein Auge gesehen und kein Ohr gehört hat,* was keinem Menschen in den Sinn gekommen ist: das Große, das Gott denen bereitet hat, die ihn lieben.

1 Kor 1,9

Die Fähigkeit, hineinzusehen

Das bedeutet natürlich nicht, dass ein Christ alles verstehen und die Pläne Gottes vollständig erkennen kann: All das wartet weiter darauf, in seiner ganzen Klarheit offenbart zu werden, wenn wir vor dem Angesicht Gottes stehen und wirklich mit ihm eins sein werden. Wie jedoch das Wort selbst sagt, gibt die Einsicht die Fähigkeit zum »intus legere«, also »hineinzusehen«: Diese Gabe lässt uns die Dinge so verstehen, wie Gott sie versteht, mit der Erkenntnis Gottes. Denn man kann eine Situation mit dem menschlichen Verstand, mit Klugheit, verstehen, und das ist gut. Aber eine Situation in der Tiefe zu verstehen, wie Gott sie versteht, ist die Auswirkung dieser Gabe. Und Jesus hat uns den Heiligen Geist gesandt, damit wir diese Gabe haben, damit wir alle die Dinge so verstehen können, wie Gott sie versteht, mit der Erkenntnis Gottes.

Generalaudienz, 30.4.14

1 [13]Ist denn Christus zerteilt? Wurde etwa Paulus für euch gekreuzigt? Oder seid ihr auf den Namen des Paulus getauft worden?

1 Kor 1,13

Nicht einfach nur eine Formsache

Natürlich ist Christus nicht zerteilt worden. Wir müssen jedoch aufrichtig und mit Schmerz erkennen, dass unsere Gemeinschaften auch weiterhin in Spaltungen leben, die ein Ärgernis sind. Die Spaltungen unter uns Christen sind ein Skandal. Es gibt kein anderes Wort: ein Skandal. »Jeder von euch«, schrieb der Apostel, »sagt: Ich halte zu Paulus – ich zu Apollos – ich zu Kephas – ich zu Christus« (1,12). Auch jene, die sich zu Christus als ihrem Haupt bekannten, werden von Paulus nicht mit Beifall bedacht, weil sie den Namen Christi benutzten, um sich innerhalb der christlichen Gemeinde von den anderen abzusetzen.

Der Name Christi schafft jedoch Gemeinschaft und Einheit, nicht Spaltung! Er ist gekommen, um Gemeinschaft unter uns zu schaffen, nicht um uns zu spalten …

Paulus tadelt die Korinther für ihre Streitgespräche, aber er dankt auch dem Herrn »für die Gnade Gottes, die euch in Christus Jesus geschenkt wurde, dass ihr an allem reich geworden seid in ihm, an aller Rede und aller Erkenntnis« (1,4–5). Diese Worte des Paulus sind nicht einfach nur eine Formsache, sondern das Zeichen, dass er vor allem – und darüber freut er sich aufrichtig – die Gaben sieht, die Gott der Gemeinde geschenkt hat. Diese Haltung des Apostels ist eine Ermutigung für uns und für jede christliche Gemeinschaft, mit Freude die Gaben Gottes zu erkennen, die in anderen Gemeinschaften vorhanden sind.

Generalaudienz, 22.1.14

3 [16]Wisst ihr nicht, dass ihr Gottes Tempel seid und der Geist Gottes in euch wohnt?

1 Kor 3,16

Eine Liturgie der Liebe in unserem Tempel
In diesem Tempel, der wir sind, wird eine Lebensliturgie gefeiert: die der Güte, des Verzeihens, des Dienens – in einem Wort: die Liturgie der Liebe. Dieser Tempel wird gleichsam entweiht, wenn wir die Pflichten gegenüber dem Nächsten vernachlässigen. Wenn in unserem Herzen der Kleinste unserer Brüder Raum findet, dann ist es Gott selber, der dort Raum findet. Wenn jener Bruder ausgesperrt wird, ist es Gott selber, der keine Aufnahme findet. Ein Herz ohne Liebe ist wie eine entweihte Kirche, die dem Gottesdienst entzogen und für anderes bestimmt ist.

Predigt, 23.2.14

3 [22]Alles gehört euch; Paulus, Apollos, Kephas, Welt, Leben, Tod, Gegenwart und Zukunft: alles gehört euch; [23] ihr aber gehört Christus und Christus gehört Gott. 1 Kor 3,22–23

Diener, nicht Herren

Warum sagt der Apostel das? Weil das Problem, mit dem er sich konfrontiert sieht, das der Spaltungen in der Gemeinde von Korinth ist, wo sich Gruppen gebildet hatten, die sich auf die verschiedenen Prediger beriefen und sie als ihre Anführer erachteten; sie sagten: »Ich halte zu Paulus – ich zu Apollos – ich zu Kephas …« (1,12). Der heilige Paulus erklärt, dass diese Art zu denken falsch ist, weil die Gemeinde nicht den Aposteln gehört, sondern sie es sind – die Apostel –, die der Gemeinde gehören; doch die Gemeinde gehört als Ganze Christus! Aus dieser Zugehörigkeit ergibt sich, dass in den christlichen Gemeinden – in den Bistümern, Pfarreien, Vereinigungen, Bewegungen – die Unterschiede nicht im Widerspruch zur Tatsache stehen dürfen, dass wir alle durch die Taufe dieselbe Würde haben: Alle sind wir in Jesus Christus Kinder Gottes. Und das ist unsere Würde: In Jesus Christus sind wir Kinder Gottes! Jene, die ein Amt empfangen haben, um zu leiten, zu predigen, die Sakramente zu spenden, dürfen sich nicht für Besitzer besonderer Macht halten, für Herren, sondern sie müssen sich in den Dienst an der Gemeinde stellen und ihr helfen, freudig den Weg der Heiligkeit zu beschreiten. Angelus, 23.2.14

4 [7]Was hast du, das du nicht empfangen hättest? 1 Kor 4,7

Wie ein Baum fern vom Wasser

Genau hier ist die Mitte der Polemik des heiligen Paulus gegen die Pharisäer angesiedelt, die Diskussion über das Heil durch den Glauben oder durch die Werke des Gesetzes. Was der heilige Paulus verwirft, ist die Haltung dessen, der sich durch sein eigenes Handeln selbst vor Gott rechtfertigen will. Auch wenn er die Gebote befolgt, auch wenn er gute Werke vollbringt, setzt er sich selber ins Zentrum und erkennt nicht an, dass der Ursprung des Guten Gott ist. Wer so handelt, wer selbst die Quelle seiner Gerechtigkeit sein will, erlebt, dass sie sich bald erschöpft, und entdeckt, dass er sich nicht einmal in der Treue zum Gesetz halten kann. Er schließt sich ein und isoliert sich vom Herrn und den anderen und darum wird sein Leben leer, werden seine Werke fruchtlos wie ein Baum fern vom Wasser. Der heilige Augustinus drückt das in seiner bündigen und wirkungsvollen Sprache so aus: »*Ab eo qui fecit te noli deficere nec ad te*« – »Von dem, der dich gemacht hat, entferne dich nicht einmal, um zu dir zu gehen.« Wenn der Mensch meint, zu sich selber zu finden, indem er sich von Gott entfernt, dann scheitert sein Leben. Der Anfang des Heiles ist das Sichöffnen für etwas Vorausgehendes, für eine ursprüngliche Gabe, die das Leben bekräftigt und im Sein bewahrt. Nur wenn man sich diesem Ursprung öffnet und ihn anerkennt, vermag man verwandelt zu werden, indem man zulässt, dass das Heil in uns wirkt und so unser Leben fruchtbar, reich an guten Früchten macht. Enzyklika Lumen Fidei, 29.6.13

9 24Wisst ihr nicht, dass die Läufer im Stadion zwar alle laufen, aber dass nur einer den Siegespreis gewinnt? Lauft so, dass ihr ihn gewinnt. 1 Kor 9,24

Trainieren, um in Form zu bleiben

Nun, was macht ein Spieler, wenn er in eine Mannschaft berufen wird? Er muss trainieren, viel trainieren. Genauso ist unser Leben als Jünger des Herrn. Der heilige Paulus sagt uns, als er die

Christen beschreibt: »Jeder Wettkämpfer lebt aber völlig enthaltsam; jene tun dies, um einen vergänglichen, wir aber, um einen unvergänglichen Siegeskranz zu gewinnen« (*1 Kor* 9,25). Jesus bietet uns etwas Größeres als den Weltcup! Etwas Größeres als den Weltcup! Jesus bietet uns die Möglichkeit eines fruchtbaren Lebens, eines glücklichen Lebens, und er bietet uns auch eine Zukunft mit ihm, die kein Ende haben wird, im ewigen Leben. Das ist es, was Jesus uns bietet. Aber er verlangt von uns, dass wir den Eintritt bezahlen, und der Eintrittspreis ist, dass wir trainieren, um »in Form zu bleiben«, um allen Situationen des Leben ohne Angst zu begegnen und dabei unseren Glauben zu bezeugen. Durch den Dialog mit ihm: das Gebet. Vater, und jetzt lässt du uns alle beten? Nein? Ich stelle dir eine Frage … aber antwortet in eurem Herzen, nicht mit lauter Stimme, sondern im Schweigen: Bete ich? Jeder soll antworten. Spreche ich mit Jesus oder habe ich Angst vor der Stille? Lasse ich zu, dass der Heilige Geist in meinem Herzen spricht? Frage ich Jesus: Was willst du, das ich tun soll, was erwartest du von meinem Leben? – Das bedeutet trainieren. Fragt Jesus, sprecht mit Jesus!

Gebetswache in Rio / Brasilien, 27.7.13

12 [12]Denn wie der Leib eine Einheit ist, doch viele Glieder hat, alle Glieder des Leibes aber, obgleich es viele sind, einen einzigen Leib bilden: So ist es auch mit Christus. 1 Kor 12,12

Kein Verein, sondern ein lebendiger Leib

Das Bild des Leibes hilft uns, die tiefe Verbindung zwischen der Kirche und Christus zu verstehen, die der hl. Paulus insbesondere im *ersten Brief an die Korinther* dargelegt hat. Zunächst verweist uns der Leib auf eine lebendige Wirklichkeit. Die Kirche ist kein karitativer, kultureller oder politischer Verein, sondern ein lebendiger Leib, der in der Geschichte unterwegs ist und wirkt. Und dieser Leib hat ein Haupt: Jesus, der ihn leitet, nährt und aufrichtet. Diesen Punkt möchte ich hervorheben: Wenn man das Haupt vom übrigen Leib trennt, dann kann die ganze Person nicht überleben. So ist es auch in der Kirche: Wir müssen immer enger mit Jesus verbunden bleiben. Aber nicht nur das: Ebenso wie in einem Leib der Lebenssaft fließen muss, damit er leben kann, so müssen wir Jesus in uns wirken lassen, uns von seinem Wort leiten lassen, uns von seiner eucharistischen Gegenwart nähren, beseelen lassen, uns von seiner Liebe Kraft für unsere Nächstenliebe schenken lassen. Und das immer! Immer, immer! Liebe Brüder und Schwestern, wir wollen mit Jesus vereint bleiben, ihm vertrauen, unser Leben nach seinem Evangelium ausrichten; wir wollen uns aus dem täglichen Gebet, dem Hören auf das Wort Gottes, der Teilnahme an den Sakramenten nähren.

Und hier komme ich zu einem zweiten Aspekt der Kirche als Leib Christi. Der hl. Paulus sagt: Wie die Glieder des menschlichen Leibes, obgleich es viele verschiedene sind, einen einzigen Leib bilden, so wurden wir alle in der Taufe durch den einen Geist in einen einzigen Leib aufgenommen (vgl. *1 Kor* 12,12–13). In der Kirche gibt es also eine Vielfalt, eine Verschiedenheit der Aufgaben und Funktionen; es gibt keine platte Gleichförmigkeit, sondern den Reichtum der Gaben, die der Heilige Geist austeilt. Es gibt jedoch die Gemeinschaft und die Einheit: Alle stehen in Beziehung zueinander und alle tragen dazu bei, einen einzigen lebendigen Leib zu bilden, der tief mit Christus verbunden ist. Behalten wir das gut in Erinnerung: Teil der Kirche zu sein bedeutet, mit Christus vereint zu sein und von ihm göttliches Leben zu empfangen, das uns als Christen leben lässt; es bedeutet, vereint zu bleiben mit dem Papst und den Bischöfen, die Werkzeuge der Einheit und der Gemeinschaft sind, und es bedeutet auch zu lernen, persönlichen Ehrgeiz und Spaltungen zu überwinden, einander besser zu verstehen, die Vielfalt und den Reichtum eines jeden in Einklang zu bringen: kurz gesagt, Gott und die Menschen um uns herum – in der Familie, in der Pfarrei, in den Vereinigungen – mehr zu lieben. Leib und Glieder müssen vereint sein, um zu leben! Generalaudienz, 19. 6. 13

13 [1]Wenn ich in den Sprachen der Menschen und Engel redete, / hätte aber die Liebe nicht, / wäre ich dröhnendes Erz oder eine lärmende Pauke. 1 Kor 13,1

Mit schlechter Laune kann man die Kirche nicht wachsen lassen

Als die Heiden die ersten Christen beobachteten, sagten sie: Wie sehr sie einander doch lieben, wie lieb sie einander haben! Sie hassen einander nicht, sie reden nicht schlecht übereinander. Das ist die Liebe, die Liebe Gottes, die der Heilige Geist uns ins Herz legt. Die Charismen sind wichtig im Leben der christlichen Gemeinschaft, aber es sind stets Mittel, um in der Liebe zu wachsen, die der hl. Paulus über die Charismen stellt (vgl. *1 Kor* 13,1–13). Denn ohne die Liebe sind auch die außerordentlichsten Gaben nichts wert: Dieser Mann heilt Menschen, er hat diese Eigenschaft, jene Tugend … aber hat er Liebe in seinem Herzen? Wenn er sie hat, gut – wenn er sie aber nicht hat, dient er der Kirche nicht.

Ohne die Liebe dienen all diese Gaben und Charismen der Kirche nicht, denn wo keine Liebe ist, da ist eine Leere, die vom Egoismus gefüllt wird. Und ich frage mich: Wenn wir alle Egoisten sind, können wir dann in Gemeinschaft und im Frieden leben? Das kann man nicht, daher ist die Liebe notwendig, die uns vereint. Die kleinste unserer liebevollen Gesten hat gute Auswirkungen für alle! Die Einheit in der Kirche und die Gemeinschaft der Liebe zu leben bedeutet daher, nicht den Eigennutz zu suchen, sondern das Leiden und die Freude der Brüder zu teilen (vgl. *1 Kor* 12,26), mit der Bereitschaft, die Last der Schwächsten und Ärmsten zu teilen. Diese brüderliche Solidarität ist kein rhetorisches Stilmittel, keine Redensart, sondern sie ist ein wesentlicher Bestandteil der Gemeinschaft unter den Christen. Wenn wir sie leben, sind wir in der Welt Zeichen, »Sakrament« der Liebe Gottes. Wir sind es füreinander und wir sind es für alle!

Generalaudienz, 6.11.13

Zweiter Brief an die Korinther

4 [7]Diesen Schatz tragen wir in zerbrechlichen Gefäßen; so wird deutlich, dass das Übermaß der Kraft von Gott und nicht von uns kommt.

2 Kor 4,7

Der Abend des Jesuiten

Um die Gnade der Scham bitten, einer Scham, die dem beständigen Dialog der Barmherzigkeit mit ihm entspringt; einer Scham, die uns vor Jesus Christus erröten lässt; einer Scham, die uns in Einklang bringt mit dem Herzen Christi, der für mich zur Sünde geworden ist; einer Scham, die unser Herz unter Tränen zur Harmonie führt und die uns begleitet auf dem Weg der täglichen Nachfolge »meines Herrn«.

Und das führt uns immer, als Einzelne und als Gesellschaft, zur Demut, es führt uns dazu, diese große Tugend zu leben. Eine Demut, die uns jeden Tag bewusst macht, dass nicht wir es sind, die das Reich Gottes errichten, sondern dass es immer die Gnade des Herrn ist, die in uns wirkt; eine Demut, die uns dazu treibt, unser ganzes Selbst nicht in unseren eigenen Dienst oder den unserer Ideen zu stellen, sondern in den Dienst Christi und der Kirche, als tönerne, zerbrechliche, ungeeignete, unzureichende Gefäße, in denen wir aber einen unermesslichen Schatz tragen und weitergeben (2 *Kor* 4,7). Ich habe immer gerne an den Abend des Jesuiten gedacht, wenn ein Jesuit sein Leben beendet, wenn er vergeht.

Und mir kommen dabei immer zwei Bilder dieses Lebensabends des Jesuiten in den Sinn: ein klassisches, das des hl. Franz Xaver, der nach China blickt. Die Kunst hat diesen Lebensabend, dieses Ende Xavers sehr häufig dargestellt. Auch die Literatur in diesem schönen Stück von Pemán. Am Ende, ohne Alles, aber vor dem Herrn; das tut mir gut, daran zu denken. Der andere Abend, das andere Bild, das mir als Beispiel einfällt, ist Pater Arrupe bei seinem letzten Gespräch im Flüchtlingslager, als er uns gesagt hatte – etwas, das er selbst sagte –: »das sage ich euch, als wäre es mein Schwanengesang: betet!« Das Gebet, die Einheit mit Jesus. Und nachdem er das gesagt hatte, hat er das Flugzeug genommen und ist in Rom mit einem Schlaganfall angekommen, der der Beginn jenes langen und beispielhaften Abends war. Zwei Lebensabende, zwei Bilder, auf die zu blicken uns allen guttut und auf die wir immer wieder zurückkommen sollten. Und um die Gnade bitten, dass unser Lebensabend wie der ihre sein möge.

Predigt in der römischen Jesuitenkirche, 31. 7. 13

5 [21]Er hat den, der keine Sünde kannte, für uns zur Sünde gemacht, damit wir in ihm Gerechtigkeit Gottes würden.

2 Kor 5,21

Genau das richtige Wort

»Kann man sagen, dass Jesus ein Sünder geworden sei? So ist es gerade nicht, denn er konnte nicht sündigen. Der hl. Paulus spricht genau das richtige Wort: Er ist nicht Sünder geworden, er ist Sünde geworden (vgl. 2 *Kor* 5,21). Er hat alle Sünde der Welt auf sich genommen. Und das ist schön, das ist die neue Schöpfung«, das ist »Jesus, der aus der Herrlichkeit herabsteigt und sich erniedrigt bis zum Tod, bis zum Tod am Kreuz. Das ist seine Herrlichkeit und das ist unser Heil. Und das Kreuz wird am Ende zur Sünde (vgl. 2 *Kor* 5,21)« …

Jesus »ist Sünde geworden, um uns frei zu machen (vgl. 2 *Kor* 5,21)«, das »ist das allergrößte Wunder«, durch das Jesus uns zu Kindern Gottes gemacht und uns die Freiheit von Kindern gegeben habe. Und gerade deshalb »dürfen wir sagen: ›Vater‹. Sonst hätten wir das niemals sagen können.« Frühmesse, 4.7.13

12 [8]Dreimal habe ich den Herrn angefleht, dass dieser Bote Satans von mir ablasse. [9]Er aber antwortete mir: Meine Gnade genügt dir; denn sie erweist ihre Kraft in der Schwachheit. Viel lieber also will ich mich meiner Schwachheit rühmen, damit die Kraft Christi auf mich herabkommt. 2 Kor 12,8–9

Wir können keine theoretische Armut gebrauchen

Die *Armut* als Überwindung jedes Egoismus in der Logik des Evangeliums, das lehrt, auf die Vorsehung Gottes zu vertrauen. Armut als Hinweis an die ganze Kirche, dass nicht wir das Reich Gottes aufbauen, dass es nicht die menschlichen Mittel sind, die es wachsen lassen, sondern dass in erster Linie die Macht, die Gnade des Herrn durch unsere Schwachheit wirkt. »Meine Gnade genügt dir; denn sie erweist ihre Kraft in der Schwachheit«, sagt der Völkerapostel (2 *Kor* 12,9). Armut, die Solidarität, Teilen und Nächstenliebe lehrt und die immer auch in einer Nüchternheit und Freude über das Wesentliche zum Ausdruck kommt, um vor den materiellen Götzen zu warnen, die den echten Sinn des Lebens verdunkeln: Armut, die man bei den Geringen, den Armen, den Kranken lernt und bei allen, die sich in den existenziellen Randgebieten des Lebens befinden. Wir können keine theoretische Armut gebrauchen. Armut lernt man, indem man den Leib des armen Christus berührt, in den Geringen, in den Armen, in den Kranken, in den Kindern.

An Generaloberinnen, 8.5.13

Brief an die Galater

2 [20]Nicht mehr ich lebe, sondern Christus lebt in mir.

Gal 2,20

Von einem Anderen bewohnt
Der Glaubende wird von der Liebe verwandelt, der er sich im Glauben geöffnet hat. In seinem Sichöffnen für diese Liebe, die ihm angeboten wird, weitet sich sein Leben über sich selbst hinaus. Der heilige Paulus sagt: »Nicht mehr ich lebe, sondern Christus lebt in mir« (*Gal* 2,20) und fordert dazu auf: »Durch den Glauben wohne Christus in eurem Herzen« (*Eph* 3,17). Im Glauben dehnt sich das Ich des Glaubenden aus, um von einem Anderen bewohnt zu sein, um in einem Anderen zu leben, und so weitet sich sein Leben in der Liebe. Hier hat das besondere Handeln des Heiligen Geistes seinen Platz. Der Christ kann mit den Augen Jesu sehen, seine Gesinnung haben, seine Kind-Vater-Beziehung teilen, weil er seiner Liebe teilhaftig wird, die

der Heilige Geist ist. In dieser Liebe empfängt man in gewisser Weise die Sichtweise Jesu. Enzyklika Lumen fidei, 29.6.13

6 [14]Ich aber will mich allein des Kreuzes Jesu Christi, unseres Herrn, rühmen … Gal 6,14

Kreuz ohne Christus, das geht nicht

In seinem Dienst hat Paulus Leiden, Schwachheit und Niederlage erfahren, aber auch Freude und Trost. Das ist das Pascha-Mysterium Jesu: Geheimnis des Todes und der Auferstehung. Und gerade dadurch, dass er den Tod Jesu in sich Gestalt annehmen ließ, konnte der heilige Paulus an Jesu Auferstehung, an seinem Sieg teilhaben. In der Stunde des Dunkels, in der Stunde der Prüfung ist das erste Aufleuchten des Lichtes und des Heiles schon da und bereits am Werk … Die pastorale Fruchtbarkeit, die Fruchtbarkeit der Verkündigung des Evangeliums hängt weder vom Erfolg noch vom Misserfolg nach den Kriterien menschlichen Ermessens ab, sondern von einer inneren Ausrichtung nach der Logik des Kreuzes Jesu, welche die Logik des Aus-sich-Herausgehens und des Sich-Schenkens ist, die Logik der Liebe. Das Kreuz ist es – immer das Kreuz mit Christus, denn manchmal bieten sie uns das Kreuz ohne Christus: Das geht nicht! –, das Kreuz ist es, immer das Kreuz mit Christus, das die Fruchtbarkeit unserer Sendung garantiert. Und aus dem Kreuz, dem höchsten Akt der Barmherzigkeit und Liebe, geht man als »neue Schöpfung« hervor (*Gal* 6,15). Predigt, 7.7.13

Aus der Sicht des hl. Franz von Assisi

Wo nimmt der Weg des heiligen Franziskus zu Christus seinen Anfang? Beim Blick des gekreuzigten Jesus. Sich von ihm anschauen lassen in dem Moment, in dem er sein Leben für uns hingibt und uns zu sich zieht. Franziskus hat diese Erfahrung in besonderer Weise in der kleinen Kirche von San Damiano gemacht, als er vor dem Kruzifix betete … Auf diesem Kreuz erscheint Jesus nicht tot, sondern lebend! Das Blut fließt aus den Wunden der Hände, der Füße und der Seite herab, doch dieses Blut drückt Leben aus. Jesus hat die Augen nicht geschlossen, sondern geöffnet, weit offen: ein Blick, der zum Herzen spricht. Und der Gekreuzigte spricht uns nicht von Niederlage, von Scheitern. Paradoxerweise spricht er uns von einem Tod, der Leben ist, der Leben hervorbringt, denn er spricht uns von Liebe, weil er die Mensch gewordene Liebe Gottes ist. Und die Liebe stirbt nicht, nein, sie besiegt das Böse und den Tod. Wer sich vom gekreuzigten Jesus anschauen lässt, wird gleichsam neu erschaffen, wird eine »neue Schöpfung«. Das ist der Ausgangspunkt von allem: Es ist die Erfahrung der verwandelnden Gnade, unverdient geliebt zu sein, obwohl man Sünder ist. Darum kann Franziskus wie der heilige Paulus sagen: »Ich aber will mich allein des Kreuzes Jesu Christi, unseres Herrn, rühmen« (*Gal* 6,14).

Predigt in Assisi, 4.10.13

Brief an die Epheser

2 [14]Denn er ist unser Friede. Er vereinigte die beiden Teile (Juden und Heiden) und riss durch sein Sterben die trennende Wand der Feindschaft nieder. Eph 2,14

In Gottes Familie gibt es keine Wegwerf-Leben

Im Kreuzestod Jesu liegt auch die Überwindung der *Trennung* zwischen Völkern, zwischen dem Volk des Bundes und dem Volk der Heiden, das ohne Hoffnung lebte, weil es bis zu jenem

Zeitpunkt nicht in die mit der Verheißung verbundenen Abmachungen einbezogen war. Wie im Brief an die Epheser steht, ist Jesus Christus derjenige, der in sich alle Menschen miteinander versöhnt. Er *ist* der Friede, denn er hat die beiden Völker zu einem einzigen vereint, indem er die trennende Wand, die zwischen ihnen stand, nämlich die Feindschaft, niederriss. Er hat in sich selbst ein einziges Volk, den einen neuen Menschen, die eine neue Menschheit geschaffen (vgl. 2,14–16).

Wer das Leben Christi akzeptiert und in ihm lebt, erkennt Gott als Vater an und schenkt sich ihm gänzlich hin, da er ihn über alles liebt. Der versöhnte Mensch sieht in Gott den Vater aller und fühlt sich folglich gedrängt, eine Brüderlichkeit zu leben, die gegenüber allen offen ist. In Christus kann er den anderen annehmen, ihn als Sohn oder Tochter Gottes, als Bruder oder Schwester lieben und ihn nicht als Fremden und weniger noch als Gegenspieler oder sogar als Feind betrachten. In der Familie Gottes, wo alle Kinder des einen Vaters und, in Christus eingefügt, *Söhne im Sohn* sind, gibt es keine »Wegwerf-Leben«. Alle erfreuen sich derselben unantastbaren Würde … Das ist der Grund, warum man gegenüber dem Geschick der Brüder und Schwestern nicht gleichgültig bleiben kann.

Botschaft zum Weltfriedenstag, 8.12.13

5 [25]Ihr Männer, liebt eure Frauen, wie Christus die Kirche geliebt und sich für sie hingegeben hat, [26]um sie im Wasser und durch das Wort rein und heilig zu machen. Eph 5,25–26

Manchmal fliegen auch die Teller

Der heilige Paulus hebt im *Brief an die Epheser* hervor, dass sich im christlichen Ehepaar ein großes Geheimnis widerspiegelt: die Beziehung, die Christus mit der Kirche geknüpft hat, eine bräutliche Beziehung (vgl. *Eph* 5,21–33). Die Kirche ist die Braut Christi. Das ist die Beziehung. Das bedeutet, dass die Ehe auf eine besondere Berufung antwortet und als Weihe verstanden werden muss. Sie ist eine Weihe: Der Mann und die Frau sind in ihrer Liebe geweiht. Denn kraft des Sakraments wird den Gatten eine wahre und eigene Sendung übertragen, damit sie, ausgehend von den einfachen Dingen des Alltags, die Liebe sichtbar machen können, mit der Christus seine Kirche liebt, der damit fortfährt, das Leben für sie hinzugeben, in der Treue und im Dienen.

Es ist wirklich ein wunderbarer Plan, der dem Sakrament der Ehe innewohnt! Und er wird in der Einfachheit und auch in der Schwachheit des menschlichen Daseins verwirklicht. Wir wissen gut, wie viele Schwierigkeiten und Prüfungen das Leben zweier Eheleute kennt … Wichtig ist, die Beziehung zu Gott lebendig zu erhalten, die dem Ehebund zugrunde liegt. Und der wahre Bund besteht immer mit dem Herrn. Wenn die Familie betet, bleibt der Bund erhalten. Wenn der Ehemann für die Ehefrau betet und die Ehefrau für den Ehemann betet, dann wird dieser Bund stark; einer betet für den anderen. Es stimmt, dass es im Eheleben viele Schwierigkeiten gibt, recht viele; dass die Arbeit, das Geld nicht ausreichen, dass die Kinder Probleme haben. Viele Schwierigkeiten. Und oft werden der Ehemann und die Ehefrau etwas nervös und streiten miteinander. Sie streiten – das ist so. Man streitet immer in der Ehe, manchmal fliegen auch die Teller.

Wir dürfen darüber aber nicht traurig werden, das menschliche Dasein ist so. Und das Geheimnis ist, dass die Liebe stärker ist als der Augenblick, in dem man streitet, und daher rate ich den Eheleuten immer: Lasst den Tag, an dem ihr gestritten habt, nicht zu Ende gehen, ohne Frieden zu schließen! Immer! Und um Frieden zu schließen, braucht man nicht die Vereinten Nationen anzurufen, damit sie nach Hause kommen, um Frieden herzustellen. Es genügt eine kleine Geste, eine zärtliche Berührung … Gute Nacht! Bis morgen! Und morgen beginnt man von Neuem. Und das ist das Leben, so muss es weitergeführt werden, weitergeführt mit dem Mut, es gemeinsam leben zu wollen.

Generalaudienz, 2.4.14

Brief an die Philipper

1 [6]Ich vertraue darauf, dass er, der bei euch das gute Werk begonnen hat, es auch vollenden wird bis zum Tag Christi Jesu.

Phil 1,6

Die Betrachtung, die die anderen draußen lässt, ist eine Täuschung

Es gibt eine Gebetsform, die uns besonders anspornt, uns der Evangelisierung zu widmen, und uns motiviert, das Wohl der anderen zu suchen: das Fürbittgebet. Schauen wir für einen Augenblick in das Innere eines großen Evangelisierers wie des heiligen Paulus, um zu verstehen, wie sein Gebet war. Dieses Gebet war angefüllt mit Menschen: »Immer, wenn ich für euch alle bete, tue ich es mit Freude […] weil ich euch ins Herz geschlossen habe« (*Phil* 1,4.7). So entdecken wir, dass uns das Fürbittgebet nicht von der echten Betrachtung abbringt, denn die Betrachtung, welche die anderen draußen lässt, ist eine Täuschung.

Diese Haltung wird auch zu einem Dank an Gott für die anderen: »Zunächst danke ich meinem Gott durch Jesus Christus für euch alle« (*Röm* 1,8). Es ist ein beständiges Danken: »Ich danke Gott *jederzeit* euretwegen für die Gnade Gottes, die euch in Christus Jesus geschenkt wurde« (*1 Kor* 1,4). »Ich danke meinem Gott *jedes Mal*, wenn ich an euch denke« (*Phil* 1,3). Es ist kein ungläubiger, negativer und hoffnungsloser Blick, sondern ein geistlicher Blick aus tiefem Glauben, der anerkennt, was Gott selbst in ihnen wirkt. Zugleich ist es die Dankbarkeit, die einem Herzen entspringt, das wirklich aufmerksam ist gegenüber den anderen. Auf diese Weise ist das Herz des Evangelisierenden, wenn er sich vom Gebet erhebt, großzügiger geworden, befreit von einer abgeschotteten Geisteshaltung und begierig, das Gute zu tun und das Leben mit den anderen zu teilen.

Die großen Männer und Frauen Gottes waren große Fürbitter. Das Fürbittgebet ist wie ein »Sauerteig« im Schoß der Dreifaltigkeit. Es ist ein Eingehen in den Vater und ein Entdecken neuer Dimensionen, welche die konkreten Situationen erhellen und verändern. Apostolisches Schreiben Evangelii Gaudium, 24.11.13

2 [6]Er war Gott gleich, / hielt aber nicht daran fest, wie Gott zu sein, [7]sondern er entäußerte sich / und wurde wie ein Sklave / und den Menschen gleich. Phil 2,6–7

An einen demütigen Gott gewöhnen wir uns nie!

Die Erniedrigung Jesu. Dieses Wort zeigt uns den Stil Gottes und auch das, was für Christen gilt: die Demut. Ein Stil, der niemals aufhört, uns zu überraschen und uns in eine Krise zu bringen: An einen demütigen Gott gewöhnen wir uns nie!

Sich zu erniedrigen ist vor allem ein Stil Gottes: Gott erniedrigt sich, um mit seinem Volk zu gehen, um seine Untreue auszuhalten. Man sieht das gut im Buch Exodus: Was für eine Demütigung für den Herrn, alles dieses Gerede zu hören, die Klagen! Sie richteten sich gegen Mose, aber im Grunde gegen Ihn selbst, ihren Vater, der sie aus der Sklaverei herausgeführt hatte und sie den Weg durch die Wüste zum Land der Freiheit führte …

Diesen Weg bis zum Ende gehend, wurde der Sohn Gottes »wie ein Sklave« (*Phil* 2,7). Und wirklich, Demut bedeutet Dienst, es bedeutet, Gott Raum zu geben und sich von sich selbst zu entkleiden, leer zu werden, wie die Schrift sagt. Das ist die größte Demütigung.

Predigt am Palmsonntag, 29. 3. 15

Brief an die Kolosser

1 [17]Er ist vor aller Schöpfung, / in ihm hat alles Bestand. [18]Er ist das Haupt des Leibes, / der Leib aber ist die Kirche. Kol 1,17–18

Nicht die Mitte verlieren
(Dieser Abschnitt) bietet uns eine sehr tiefgreifende Vision der Zentralität Jesu. Er zeigt ihn uns als *Erstgeborenen der ganzen Schöpfung*: In Ihm, durch Ihn und auf Ihn hin wurde alles erschaffen. Er ist die Mitte aller Dinge, Er ist ihr Ursprung: Jesus Christus, der Herr. Gott hat Ihm die Fülle, die Gesamtheit übergeben, um durch Ihn alles zu versöhnen (vgl. 1, 12–20). Herr der Schöpfung und Herr der Versöhnung.

Durch dieses Bild können wir verstehen, dass Jesus die Mitte der Schöpfung ist. Vom Glaubenden, wenn er ein solcher sein will, wird daher eine Haltung erwartet, diese Zentralität Jesu Christi anzuerkennen und in seinem Leben aufzunehmen, in den Gedanken, in Worten und Taten Gestalt werden zu lassen. Und so werden unsere Gedanken christliche Gedanken sein, Gedanken Christi. Unsere Werke werden christliche Werke sein, Werke Christi, unsere Worte werden christliche Worte sein, Worte Christi. Wenn man hingegen diese Mitte verliert, weil man sie durch etwas anderes ersetzt, werden davon nur Schäden entstehen, sowohl für die Umgebung um uns wie auch für den Menschen selbst …

Schließlich ist Christus *die Mitte der Geschichte der Menschheit und auch die Mitte der Geschichte jedes Menschen.* Ihm können wir die Freuden und Hoffnungen, die Kümmernisse und Ängste sagen, von denen unser Leben durchwoben ist. Wenn Jesus in der Mitte ist, dann werden auch die dunkelsten Augenblicke unseres Daseins hell … Predigt, 24.11.13

1 [23]In der ganzen Schöpfung unter dem Himmel wurde das Evangelium verkündet; ihr habt es gehört und ich, Paulus, diene ihm. Kol 1,23

Unser eigenes Innere befrieden

Die Botschaft des Evangeliums beginnt immer mit dem Friedensgruß und der Friede krönt und festigt in jedem Augenblick die Beziehungen zwischen den Jüngern. Der Friede ist möglich, weil der Herr die Welt und ihre beständige Konfliktgeladenheit überwunden hat. Der Herr ist es ja, »der Friede gestiftet hat am Kreuz durch sein Blut« (*Kol* 1,20). Wenn wir uns diese biblischen Texte aber genau anschauen, werden wir eines feststellen müssen: Der erste Bereich, wo wir aufgerufen werden, diese Befriedung in der Verschiedenheit zu vollziehen, ist unsere eigene Innerlichkeit, unser eigenes Leben, das immer von einer dialektischen Zersplitterung bedroht ist. Mit Herzen, die in tausend Stücke zerbrochen sind, wird es schwer sein, einen authentischen sozialen Frieden aufzubauen.

Apostolisches Schreiben Evangelii Gaudium, 24.11.13

Erster Brief an die Thessalonicher

4 [16]Der Herr selbst wird vom Himmel herabkommen, wenn
der Befehl ergeht, der Erzengel ruft und die Posaune Gottes er-
schallt. Zuerst werden die in Christus Verstorbenen auferstehen;
[17]dann werden wir, die Lebenden, die noch übrig sind, zugleich
mit ihnen auf den Wolken in die Luft entrückt, dem Herrn entgegen. Dann werden wir immer beim Herrn sein.

1 Thess 4,16–17

Die Angst vor der Auferstehung

»Vielleicht haben wir keine so große Angst vor der Apokalypse des Bösen, des Antichristen, die zuvor erfolgen wird; vielleicht haben wir davor nicht so viel Angst. Vielleicht haben wir keine große Angst vor der Stimme des Erzengels oder vor dem Schall der Posaune: Ja, es wird der Sieg des Herrn sein.« Und doch hätten wir »Angst vor unserer Auferstehung: Wir alle werden verwandelt werden«. Und »diese Verwandlung stellt das Ende unseres christlichen Weges dar.«

»Diese Versuchung, nicht an die Auferstehung der Toten zu glauben«, so erläuterte der Papst, »entstand bereits in der Urkirche, in den ersten Tagen der Kirche. Paulus muss ungefähr im Jahr 50 n. Chr. diesen Sachverhalt den Thessalonichern auseinandersetzen und ein oder zweimal zu ihnen sprechen.« Und »am Ende spricht er, um sie zu trösten, um sie zu ermutigen, einen der hoffnungsvollsten Sätze, die im Neuen Testament enthalten sind: ›Am Ende werden wir bei ihm sein.‹« Und dieses »Beim-Herrn-Sein« werde so sein, »mit unserem Leib und mit unserer Seele«. Das sei unsere »christliche Identität: beim Herrn sein«. Eine Aussage, die, wie der Papst betonte, gewiss »keine Neuigkeit« sei. Ja, »es ist das Erste, was man über die ersten Jünger sagt.« Tatsächlich »sagt das Evangelium an der Stelle, wo

Johannes der Täufer Jesus als das Lamm Gottes bezeichnet und die beiden Jünger ihn begleiten: ›Sie blieben jenen Tag bei ihm.‹«

»Wir werden auferstehen, um beim Herrn zu bleiben«, wiederholte der Papst, »und die Auferstehung beginnt hier, als Jünger, wenn wir beim Herrn bleiben, wenn wir mit dem Herrn gehen. Das ist der Weg zur Auferstehung. Und wenn wir daran gewöhnt sind, beim Herrn zu sein, dann rückt diese Angst vor der Verwandlung unseres Leibes in weite Ferne.«

Frühmesse, 19.9.14

5 [5]Ihr alle seid Söhne des Lichts und Söhne des Tages. Wir gehören nicht der Nacht und nicht der Finsternis. 1 Thess 5,5

Ein anspruchsloses Licht

Es ist klar, erläuterte der Papst, was der Apostel sagen will: »Die Identität des Christen ist die Identität des Lichts, nicht der Finsternis.« Und Jesus hat dieses Licht in die Welt gebracht. »Der hl. Johannes«, so präzisierte Papst Franziskus, »sagt uns im ersten Kapitel seines Evangeliums, das Licht kam in die Welt: er, Jesus.« Ein Licht, »das von der Welt nicht geliebt wurde«, das uns aber trotzdem »rettet vor der Finsternis, vor der Finsternis der Sünde«.

Heute, so fuhr der Papst fort, meint man, es sei möglich, dieses Licht, das die Finsternis durchbricht, mit Hilfe wissenschaftlicher Entdeckungen und anderer Erfindungen des Menschen, mit denen »man alles wissen kann, Kenntnis von allem erhalten kann«, besitzen zu können. Aber »das Licht Jesu«, so warnte Papst Franziskus, »ist etwas völlig anderes. Es ist kein Licht der Unwissenheit, nein, nein! Es ist ein Licht der Weisheit, der Erfahrung; aber es ist etwas anderes. Das Licht, das uns die Welt anbietet, ist ein künstliches Licht. Vielleicht ist es stark, stärker als jenes von Jesus, ja? Stark wie ein Feuerwerk, wie das Blitzlicht in der Fotografie. Das Licht Jesu hingegen ist ein mildes Licht, es ist ein ruhiges Licht, es ist ein Licht des Friedens. Es gleicht dem Licht der Weihnachtsnacht: Es ist anspruchslos.

So ist es: Es bietet sich an und gibt Frieden. Das Licht Jesu ist nicht spektakulär; es ist ein Licht, das von Herzen kommt. Es ist wahr, dass der Teufel – und das sagt der hl. Paulus – oft in der Verkleidung eines Engels des Lichts daherkommt. Es macht ihm Spaß, das Licht Jesu zu imitieren. Er gibt sich gut und spricht so zu uns, mit ruhiger Stimme, so wie er nach dessen Fasten in der Wüste zu Jesus sprach: Wenn du Gottes Sohn bist, so tu dieses Wunder, stürz dich vom Tempel herab, gib ein Schauspiel! Und er sagt es auf ganz ruhige und deshalb täuschende Art.« Aus diesem Grund empfahl Papst Franziskus, »den Herrn inbrünstig um die Weisheit des Unterscheidungsvermögens zu bitten, um erkennen zu können, wann es Jesus ist, der uns das Licht schenkt, und wann es hingegen gerade der als Engel des Lichts verkleidete Dämon ist. Wie viele Menschen glauben doch, im Licht zu leben, während sie in der Finsternis sind und sich dessen nicht bewusst werden!«

Frühmesse, 3.9.13

> 5 [19]Löscht den Geist nicht aus! [20]Verachtet prophetisches Reden nicht! [21]Prüft alles und behaltet das Gute! [22]Meidet das Böse in jeder Gestalt!
>
> 1 Thess 5,19–22

Wenn das unser Lebensstil sein wird …

Beten ohne Unterlass, immer Gott danken, fügsam seinem Geist folgen, das Gute suchen, das Böse meiden (vgl. *1 Thess* 5,17–22). Wenn das unser Lebensstil sein wird, dann wird die Frohe Botschaft in viele Häuser eintreten und den Menschen und Familien helfen können, neu zu entdecken, dass in Jesus das Heil ist. In ihm ist es möglich, den inneren Frieden und die Kraft zu finden, um jeden Tag den verschiedenen Situationen des Lebens entgegenzutreten, auch den schwersten und schwierigsten. Man hat noch nie von einem traurigen Heiligen oder von einer Heiligen mit einem Gesicht wie bei einer Beerdigung gehört. Nie hat man so etwas gehört! Das wäre ein Widerspruch. Der Christ ist ein Mensch, dessen Herz von Frieden erfüllt ist, da er seine Freude auch dann in den Herrn zu setzen weiß, wenn er durch schwierige Momente in seinem Leben geht. Glauben haben bedeutet nicht, keine schwierigen Momente zu haben, sondern die Kraft zu besitzen, ihnen in dem Wissen zu begegnen, dass wir nicht allein sind. Und das ist der Friede, den Gott seinen Kindern schenkt.

Angelus, 14.12.14

Die Pastoralbriefe

Erster Brief an Timotheus

> **4** [14]Vernachlässige die Gnade nicht, die in dir ist und die dir verliehen wurde, als dir die Ältesten aufgrund prophetischer Worte gemeinsam die Hände auflegten.
>
> 1 Tim 4,14

Man muss den Dienst »nähren«

Wenn man den Dienst – den bischöflichen Dienst, den priesterlichen Dienst – nicht durch das Gebet, durch das Hören auf das Wort Gottes und durch die tägliche Feier der Eucharistie und auch durch den häufigen Empfang des Bußsakraments nährt, dann verliert man am Ende unvermeidlich den wahren Sinn des eigenen Dienstes aus dem Blick und ebenso die Freude, die aus einer tiefen Gemeinschaft mit Jesus kommt.

Der Bischof, der nicht betet, der Bischof, der nicht das Wort Gottes hört, der nicht jeden Tag die Eucharistie feiert, der nicht regelmäßig beichten geht, und auch der Priester, der diese Dinge nicht tut, verlieren auf lange Sicht die Gemeinschaft mit Jesus und sind von einer Mittelmäßigkeit, die der Kirche nicht guttut.

Generalaudienz, 26. 3. 14

5 [1]Einen älteren Mann sollst du nicht grob behandeln, sondern ihm zureden wie einem Vater. Mit jüngeren Männern rede wie mit Brüdern … 1 Tim 5,1

Der Herr hat eine neue Familie geformt

Es gibt gelegentlich Generationen von jungen Leuten, die aus vielschichtigen historischen und kulturellen Motiven in stärkerem Maße die Notwendigkeit verspüren, sich gegenüber ihren Eltern selbstständig zu machen, sich gewissermaßen vom Vermächtnis der vorherigen Generation zu »befreien«. Es ist wie ein Moment rebellischer Jugend. Aber wenn der Kontakt nicht wieder aufgenommen wird und man ein neues fruchtbares Gleichgewicht zwischen den Generationen wiederfindet, ergibt sich für das Volk eine schwerwiegende geistige Verarmung und die Freiheit, welche in der Gesellschaft vorherrscht, ist eine falsche Freiheit, die sich fast immer in ein autoritäres System verwandelt.

Die gleiche Botschaft erhalten wir aus der Aufforderung des Apostels Paulus an Timotheus und durch ihn an die christliche Gemeinde. Jesus hat das Gesetz der Familie und des Übergangs der Generationen nicht aufgehoben, sondern zur Vollendung geführt. Der Herr hat eine neue Familie geformt, in der die Beziehung zu ihm und das Tun des Willens Gottes, des Vaters, wichtiger als die Blutsbande sind. Doch die Liebe zu Jesus und zum Vater führt die Liebe zu den Eltern, Geschwistern und Großeltern zur Vollendung. Sie erneuert die familiären Beziehungen mit dem Saft des Evangeliums und des Heiligen Geistes.

Predigt, 28.9.14

Zweiter Brief an Timotheus

1 [5]Ich denke an deinen aufrichtigen Glauben, der schon in deiner Großmutter Loïs und in deiner Mutter Eunike lebendig war und der nun, wie ich weiß, auch in dir lebt. 2 Tim 1,5

Ich hatte auch so eine Großmutter

Ich hatte die Gnade, in einer Familie aufzuwachsen, in der der Glaube auf einfache, konkrete Weise gelebt wurde; aber es war vor allem meine Großmutter, die Mutter meines Vaters, die meinen Glaubensweg geprägt hat. Sie war eine Frau, die uns Jesus erklärte, uns von ihm erzählte, uns den Katechismus beibrachte. Ich erinnere mich immer noch, dass sie uns am Karfreitag abends zur Kerzenprozession mitnahm, und am Ende dieser Prozession kam der »liegende Christus« und die Großmutter ließ uns – uns Kinder – niederknien und sagte zu uns: »Seht, er ist tot, aber morgen wird er auferstehen.« Ich habe die erste christliche Verkündigung ausgerechnet von dieser Frau empfangen, von meiner Großmutter! Das ist so schön! Die erste Verkündigung zu Hause, mit der Familie! Und das lässt mich an die Liebe so vieler Mütter und so vieler Großmütter in der Weitergabe des Glaubens denken. Sie sind es, die den Glauben weitergeben. Das geschah auch in den ersten Zeiten, denn der heilige Paulus sagte zu Timotheus: »Ich erinnere mich an den Glauben deiner Mutter und deiner Großmutter« (vgl. *2 Tim* 1,5). Alle Frauen, die hier sind, alle Großmütter, denkt daran: den Glauben weitergeben! Denn

Gott stellt uns Menschen an die Seite, die unseren Glaubensweg fördern. Wir finden den Glauben nicht im Abstrakten, nein! Da ist immer ein Mensch, der predigt, der uns sagt, wer Jesus ist; der den Glauben an uns weitergibt, uns die erste Verkündigung bringt.

Pfingstvigil, 18. 5. 13

4 [2]Verkünde das Wort, tritt dafür ein, ob man es hören will oder nicht …

2 Tim 4,2

Bin ich ruhelos für Gott?

Verkünde das Wort, unermüdlich, ob man es hören will oder nicht, verkünde das Evangelium mit dem großmütigen, großen Herzen (vgl. 2 *Tim* 4,2) eines Hirten, der keine Ruhe hat wegen seiner Schafe … Immer zu Gott hin hinausgehen, immer zur Herde hinausgehen … Immer auf dem Weg, sagten Sie, Pater. Immer ruhelos! Und das ist der Friede der Ruhelosigkeit. Wir können uns fragen: Bin ich ruhelos für Gott, um ihn zu verkünden, ihn bekannt zu machen? Oder lasse ich mich von der geistlichen Weltlichkeit faszinieren, die dazu verleitet, alles aus Liebe zu sich selbst zu tun? Wir Geweihte, wir denken an die persönlichen Interessen, an die Funktionalität der Werke, an das Karrierestreben … Habe ich es mir sozusagen »bequem« gemacht in meinem Leben als Christ, als Priester, in meinem religiösen Leben, auch in meinem Gemeinschaftsleben, oder bewahre ich die Kraft der Ruhelosigkeit für Gott, für sein Wort, die mich dazu führt »hinauszugehen«, auf die anderen zuzugehen?

Predigt, 28. 8. 13

4 [9]Beeil dich, komm bald zu mir! [10]Demas hat mich aus Liebe
zu dieser Welt verlassen und ist nach Thessalonich gegangen;
Kreszenz ging nach Galatien, Titus nach Dalmatien.

2 Tim 4,9–10

Altersheime sind Wallfahrtsorte

»Er ist nicht gerade im siebten Himmel.« Um dann die Worte des Apostels zu zitieren: »›Mein Sohn, Demas hat mich aus Liebe zu dieser Welt verlassen; Kreszenz ging nach Galizien, Titus nach Dalmatien. Nur Lukas ist noch bei mir. Bring Markus mit, denn er wird mir ein guter Helfer sein. Wenn du kommst, bring mir den Mantel mit, den ich zurückgelassen habe, auch die Bücher, vor allem die Pergamente.‹« … Der Papst fuhr fort, indem er an den Bericht erinnert, den Paulus von seinem Prozess gab: »Bei meiner ersten Verteidigung ist niemand für mich eingetreten; alle haben mich im Stich gelassen. Aber der Herr stand mir zur Seite und gab mir Kraft, damit durch mich die Verkündigung vollendet wird.« Ein Bild, das dem Papst zufolge den »Untergang« jedes Apostels enthalte: »allein, verlassen, verraten«; nur der Herr steht ihm zur Seite, der »weder im Stich lässt noch verrät«, denn »Er ist getreu, da er sich selbst nicht verleugnen kann.«

Die Größe des Apostels, so betonte der Papst, besteht also darin, mit seinem Leben das zu tun, was Johannes der Täufer sagte: »Er muss wachsen, ich aber muss kleiner werden«; in der Tat ist derjenige ein Apostel, »der sein Leben gibt, damit der Herr wächst. Und am Ende steht das Vergehen.« Und Papst Franziskus merkte an, dass es so auch bei Petrus war, dem Jesus vorhergesagt hatte: »Wenn du aber alt geworden bist, wird man dich führen, wohin du nicht willst.«

Die Meditation über das Lebensende dieser Persönlichkeiten rief dem Heiligen Vater »die Erinnerung an jene Wallfahrtsorte der Apostolizität und der Heiligkeit« ins Gedächtnis, »die die

Altersheime für Priester und Ordensschwestern sind«. Strukturen, die, wie er hinzufügte, »tüchtige, alt gewordene Priester und Ordensschwestern aufnehmen, die die Bürde der Einsamkeit tragen, die darauf warten, dass der Herr kommt, um an die Tür ihres Herzens zu klopfen«. Leider, so kommentierte der Papst, neigen wir dazu, diese Wallfahrtsorte zu vergessen: »Es sind keine schönen Orte, weil einer da sieht, was uns erwartet.« Andererseits: »Wenn wir ganz auf den Grund schauen, dann sind sie wunderschön«, aufgrund des Reichtums an Menschlichkeit, den man dort findet. Sie zu besuchen heißt also, »wahre Wallfahrten zu diesen Stätten der Heiligkeit und Apostolizität zu unternehmen«, auf dieselbe Art, wie man Wallfahrten zu den Marienwallfahrtsorten oder jenen, die Heiligen gewidmet sind, unternimmt …

In den Altersheimen »warten diese Schwestern und diese Priester«, so sagte der Papst, »ein bisschen so wie Paulus auf den Herrn: ein wenig traurig, das ist wahr, aber auch in einem gewissen Frieden, mit heiterem Gesicht«. Eben deshalb tut es »jedermann gut, an diesen Abschnitt zu denken, der der Lebensabend des Apostels ist«. Und abschließend bat er darum, den Herrn zu bitten, die Priester und Ordensschwestern zu behüten, die sich in ihrer letzten Lebensphase befinden, sodass sie wenigstens ein weiteres Mal sagen können: »Ja, Herr, ich möchte dir folgen.«

Frühmesse, 18. 10. 13

Brief an Titus

1 [1]Paulus, Knecht Gottes und Apostel Jesu Christi, berufen, um
die Auserwählten Gottes zum Glauben und zur Erkenntnis der
wahren Gottesverehrung zu führen, … [4]an Titus, seinen echten

Sohn aufgrund des gemeinsamen Glaubens: Gnade und Friede von Gott, dem Vater, und Christus Jesus, unserem Retter.

1 Tit 1,4

Kein Ärgernis erregen

»Paulus schreibt seinem Schüler Bischof Titus und gibt ihm einige Ratschläge, wie sich Priester und Bischöfe als Verwalter Gottes verhalten sollen.« Und »er rät: Ein Priester – sei er nun Pfarrer oder Bischof – muss unbescholten sein; er darf nicht überheblich sein, er darf die anderen Menschen nicht von oben herab anschauen; er darf nicht jähzornig sein, sondern sanftmütig; er soll kein Trinker sein, sondern spirituell, nicht Spirituosen zugeneigt; er darf nicht gewalttätig sein, sondern friedfertig; er soll nicht habgierig nach unrechten Verdiensten lechzen, darf nicht am Geld hängen, sondern er soll vielmehr gastfreundlich sein, das Gute lieben, besonnen, gerecht, fromm und beherrscht. Er muss ein Mann sein, der sich an das wahre Wort der Lehre hält, die er empfangen hat.« Denn »wenn ein Priester – sei er nun Pfarrer oder Bischof – nicht auf diese Weise lebt, dann erregt er Ärgernis, er gibt Ärgernis.« Und dann fühle man sich genötigt, ihm zu sagen: »Aber du bist der Lehrer, du sagst das Eine und lebst das Andere!« Daher bemerkte der Papst: »Wie viel Schaden fügen doch die Ärgernisse, die Priester erregen, dem Volk Gottes zu! Die Kirche leidet deshalb sehr!«

Diese Worte beträfen die Priester, seien aber auch »für alle anderen Christen« gültig. Die Tatsache, selbst kein Priester zu sein, rechtfertige es keineswegs, »arrogant, jähzornig oder trunksüchtig zu sein«. Es handle sich um »allgemeingültige« Worte, bekräftigte der Papst. Man müsse stets bedenken: »Wenn ein Christ oder eine Christin, die in die Kirche gehen und in der Pfarrei aktiv sind, nicht so leben, dann erregen sie Ärgernis.« Franziskus fuhr fort: »Wie oft haben wir im Übrigen gehört:

›Aber ich gehe nicht in die Kirche – ob Männer oder Frauen –, weil es besser ist, zuhause ehrlich zu sein und sich nicht so zu verhalten wie dieser oder diese, die in die Kirche gehen und dann dies und jenes tun …‹« Man könne daran sehen, dass »das Ärgernis zerstört, es zerstört den Glauben«. Und »aus diesem Grund gebrauche Jesus harte Worte« und wiederhole: »Seht euch vor! Seht euch vor!« Denn: »Wir alle sind dazu imstande, Ärgernis zu erregen.«

Frühmesse, 10.11.14

Brief an Philemon

> **1** [15]Denn vielleicht wurde er nur deshalb eine Weile von dir getrennt, damit du ihn für ewig zurückerhältst, [16]nicht mehr als Sklaven, sondern als weit mehr: als geliebten Bruder.

Phlm 1,15–16

Wie wertvoll sind diese Gesten, die uns nichts kosten

Das Thema, das ich für diese Botschaft gewählt habe, knüpft an den Philemonbrief des heiligen Paulus an. Darin bittet der Apostel seinen Mitarbeiter Philemon, Onesimus, dessen ehemaligen Sklaven, der nun Christ geworden und darum – nach Paulus – würdig ist, als *Bruder* betrachtet zu werden, wieder aufzunehmen … Onesimus ist dadurch, dass er Christ wurde, zum *Bruder* Philemons geworden. So stellt die Bekehrung zu Christus den Beginn eines Lebens der *Jüngerschaft in Christus*, eine *neue Geburt* dar (vgl. *2 Kor* 5,17; *1 Petr* 1,3), welche die *Brüderlichkeit* als grundlegende Bindung des Familienlebens und als Basis des gesellschaftlichen Lebens zu neuem Leben erweckt …

Seit unerdenklichen Zeiten kennen die verschiedenen menschlichen Gesellschaften das Phänomen der Verknechtung des Menschen durch den Menschen … Heute ist infolge einer positiven Entwicklung des Bewusstseins der Menschheit die Sklaverei, ein Verbrechen gegen die Menschheit, weltweit formell abgeschafft. Das Recht eines jeden Menschen, nicht in Sklaverei oder Knechtschaft gehalten zu werden, ist im Völkerrecht als unabdingbarer Grundsatz anerkannt. Doch obwohl die internationale Gesellschaft zahlreiche Abkommen getroffen hat …, werden noch heute Millionen Menschen – Kinder, Männer und Frauen jeden Alters – ihrer Freiheit beraubt und gezwungen, unter Bedingungen zu leben, die denen der Sklaverei vergleichbar sind …

Heute wie gestern liegt an der Wurzel der Sklaverei ein Verständnis vom Menschen, das die Möglichkeit zulässt, ihn wie einen Gegenstand zu behandeln … In dieser Perspektive möchte ich jeden einladen, in seiner Rolle und seinen besonderen Verantwortlichkeiten Gesten der Brüderlichkeit denen gegenüber zu vollbringen, die in einem Zustand der Verknechtung gehalten werden. Fragen wir uns, wie wir uns als Gemeinschaft oder als Einzelne angefragt fühlen, wenn wir im Alltag Menschen begegnen oder mit ihnen zu tun haben, die Opfer des Menschenhandels sein könnten, oder wenn wir entscheiden müssen, ob wir Produkte kaufen, die aus gutem Grund vermuten lassen, dass sie durch die Ausbeutung anderer Menschen hergestellt worden sind. Einige von uns schließen aus Gleichgültigkeit oder weil sie durch die täglichen Sorgen abgelenkt sind oder aus finanziellen Gründen die Augen. Andere entscheiden sich hingegen, etwas Positives zu tun, sich in den Vereinen der Zivilgesellschaft zu engagieren oder kleine alltägliche Gesten zu vollbringen, wie zum Beispiel ein gutes Wort, einen Gruß, ein »Guten Tag« oder ein Lächeln. Wie wertvoll sind diese Gesten! Sie kosten uns nichts, können aber Hoffnung geben, Wege öffnen, einem Menschen, der in der Unsichtbarkeit lebt, das Leben verändern und auch unser Leben in der Gegenüberstellung mit dieser Wirklichkeit verändern.

Botschaft zum Weltfriedenstag, 8.12.14

Brief an die Hebräer

4 [15]Wir haben ja nicht einen Hohenpriester, der nicht mitfühlen könnte mit unserer Schwäche, sondern einen, der in allem wie wir in Versuchung geführt worden ist, aber nicht gesündigt hat.

Hebr 4,15

Jesus ist Herr vom Kreuz aus
(In diesem Text hören wir), dass wir einen Hohenpriester haben, der mit unserer Schwäche mitfühlen kann, der in allem wie wir in Versuchung geführt worden ist, aber nicht gesündigt hat (vgl. *Hebr* 4,15). Jesus ist wie wir. Jesus hat gelebt wie wir. Er ist in allem uns gleich. In allem, außer der Sünde, denn er war kein Sünder. Doch um uns noch ähnlicher zu sein, »bekleidete« er sich mit unseren Sünden und nahm sie auf sich. Er machte sich selbst zur Sünde (vgl. 2 *Kor* 5,21)! Das sagt uns der heilige Paulus, der das sehr wohl erkannt hatte. Jesus geht uns immer voran, und wenn wir in irgendeiner Weise das Kreuz erfahren, hat er es schon vor uns erfahren …

Ich bin hier, um euch zu sagen, dass Jesus der Herr ist; dass Jesus nicht enttäuscht. »Vater«, könnte mir einer von euch sagen, »mich hat er enttäuscht, denn ich habe mein Haus verloren, habe meine Familie verloren, habe alles verloren, was ich besaß, und ich bin krank.« Es stimmt, was du mir sagst, und ich respektiere deine Gefühle. Doch ich sehe Ihn, ans Kreuz genagelt, und von dort aus enttäuscht er uns nicht. Auf diesem Thron wurde er geweiht, Herr zu sein, und dort machte er alle Plagen durch, die wir erleben. Jesus ist der Herr! Und er ist Herr vom Kreuz aus, dort herrschte er. Darum ist er fähig, mit uns mitzufühlen …

Viele von euch haben alles verloren. Ich weiß nicht, was ich euch sagen soll. Er aber weiß, was er euch zu sagen hat! Viele von euch haben einen Teil ihrer Familie verloren. Mir bleibt nur das Schweigen. Ich bin bei euch mit schweigendem Herzen …

Viele von euch haben sich im Blick auf Christus gefragt: »Warum, Herr?« Und jedem gibt der Herr aus seinem Herzen eine Antwort ins Herz. Ich habe keine anderen Worte, die ich euch sagen könnte. Schauen wir auf Christus: Er ist der Herr und er versteht uns, denn er hat all die Prüfungen durchgemacht, die über uns hereinbrechen …

Messe mit Taifunopfern in Tacloban/Philippinen, 17.1.15

9 24 Denn Christus ist nicht in ein von Menschenhand errichtetes Heiligtum hineingegangen, in ein Abbild des wirklichen, sondern in den Himmel selbst, um jetzt für uns vor Gottes Angesicht zu erscheinen … Hebr 9,24

Wir haben diesen Fürsprecher

Jesus ist der einzige und ewige Priester, der in seinem Leiden durch Tod und Grab hindurchgegangen und der auferstanden und zum Himmel aufgefahren ist; er ist bei Gott, dem Vater, wo er für immer für uns Fürsprache hält (vgl. *Hebr* 9,24). Wie der hl. Johannes in seinem *ersten Brief* sagt, ist er unser Fürsprecher: Wie schön, das zu hören! Wenn jemand vor den Richter gerufen wird oder einen Prozess anstrengt, dann sucht er sich als Erstes einen Fürsprecher, einen Anwalt, der ihn verteidigt. Wir haben einen Fürsprecher, der uns immer verteidigt, der uns gegen die List des Teufels verteidigt, der uns gegen uns selbst, gegen unsere Sünden verteidigt!

Liebe Brüder und Schwestern, wir haben diesen Fürsprecher: Wir dürfen keine Angst haben, zu ihm zu gehen und um Vergebung zu bitten, um Segen zu bitten, um Barmherzigkeit zu bitten! Er vergibt uns immer, er ist unser Fürsprecher: Er verteidigt uns immer! Vergesst das nicht! Angelus, 17.4.13

11 [8]Aufgrund des Glaubens gehorchte Abraham dem Ruf, *wegzuziehen* in ein Land, das er zum Erbe erhalten sollte; und *er zog weg*, ohne zu wissen, wohin er kommen würde. Hebr 11,8

Nicht uns selbst genügen

Ein Pilger ist ein Mensch, der die Armut auf sich nimmt, der sich auf den Weg macht, sich nach einem großen und ersehnten Ziel ausstreckt und von der Hoffnung auf eine empfangene Verheißung lebt (vgl. *Hebr* 11,8–19). Das war die Lage Abrahams, das müsste auch unsere geistliche Haltung sein. Wir dürfen nie meinen, uns selbst zu genügen, Herren unseres Lebens zu sein; wir dürfen uns nicht darauf beschränken, sicher und verschlossen in unseren Überzeugungen zu verharren. Vor dem Geheimnis Gottes sind wir alle arm und spüren, dass wir immer bereit sein müssen, aus uns selbst hinauszugehen, folgsam gegenüber dem Ruf, den Gott an uns richtet, und offen gegenüber der Zukunft, die er für uns aufbauen will.

An den Großmufti von Jerusalem, 26.5.14

Die Katholischen Briefe

Der Jakobusbrief

1 [2]Seid voll Freude, meine Brüder, wenn ihr in mancherlei Versuchungen geratet. Jak 1,2

Der Rhythmus der Geduld

»Das, was uns der Apostel Jakobus sagt, mutet ein wenig seltsam an«. Es scheine fast, so bemerkte er, »eine Aufforderung dazu, den Fakir zu spielen«. Ja, so fragte er sich, »wie ist es möglich, dass es uns Freude bereitet, einer Prüfung unterzogen zu werden?« Der Papst fuhr fort mit der Lesung des Abschnitts aus dem *Jakobusbrief*: »Ihr wisst, dass die Prüfung eures Glaubens Ausdauer bewirkt.

Die Ausdauer aber soll zu einem vollendeten Werk führen; denn so werdet ihr vollendet und untadelig sein, es wird euch nichts mehr fehlen.« Die Anregung laute, »das Leben zu diesem Rhythmus der Geduld zu führen«. Aber »die Geduld«, so warnte er, »ist nicht dasselbe wie Resignation, sie ist etwas anderes«. Geduld bedeute, tatsächlich »die Wechselfälle des Lebens auf sich zu nehmen, die Dinge, die nicht gut sind, die hässlichen Dinge, die Dinge, die wir nicht wollen. Und eben diese Geduld wird unser Leben reif werden lassen.« Wer hingegen keine Geduld hat, »will alles gleich, hat bei allem Eile«. Und »wer diese Weisheit nicht kennt, die in der Geduld liegt, der ist ein launischer Mensch«, der sich letztendlich so verhält, wie »eigensinnige Kinder«, die sagen: »Ich will dies, ich will das, das da mag ich nicht« und die nie und mit nichts zufrieden sind …

In der Tat, so fuhr der Papst fort, »ist ein Mensch ohne Geduld ein Mensch, der nicht weiter wächst, der stehen bleibt bei der Launenhaftigkeit von Kindern, der das Leben nicht so zu nehmen weiß, wie es kommt«, und der nichts zu sagen wisse als: »entweder das oder gar nichts!« …

Der Bischof von Rom erinnerte daran, dass es viele leidende Menschen gebe, die dazu fähig seien, »geduldig ihr Leben fortzusetzen. Sie bitten um kein Zeichen«, wie es die Pharisäer taten, »aber sie verstehen es, die Zeichen der Zeit zu lesen«. So »wissen sie, dass zur Zeit der Blüte des Feigenbaums der Frühling kommt« …

Frühmesse, 17.2.14

2 [14]Meine Brüder, was nützt es, wenn einer sagt, er habe Glauben, aber es fehlen die Werke? Kann etwa der Glaube ihn retten?

Jak 2,14

Glaubensbekenntnis ohne Glauben

»Der Apostel Jakobus«, so erläuterte der Papst, »hält diese Katechese«, die »eine Paränese (Mahnrede) über den Glauben ist: Er möchte gut erläutern, wie der Glaube beschaffen ist.« Und um dies zu tun, »spielt er mit dieser Gegenüberstellung von Glaube und Werken«. Die Aussage des Jakobus »ist eindeutig: Ein Glaube, der keine Frucht trägt, ist kein Glaube.«

»Auch wir«, so warnte der Papst, »machen hierin oft Fehler.« »Wir hören jemanden sagen: Ich bin tief gläubig! oder: Ich glaube alles!« Aber gerade »der Mensch, der das sagt, führt vielleicht ein laues, schwaches Leben«, sodass »sein Glaube etwas Theoretisches ist, das in seinem Leben aber nicht lebendig wird«. »Wenn der Apostel Jakobus in seinem Brief über den Glauben spricht, dann spricht er eigentlich von der Lehre, von dem, was der Inhalt des Glaubens ist«, so fuhr der Papst fort. Und es sei, als ob er einem jedem von uns sage: »Doch ihr könnt alle Gebote, alle Prophezeiungen, alle Glaubenswahrheiten kennen, aber wenn sich das« nicht »in die Praxis und in die Werke« übersetze, »dann nützt es nichts«.

Auf diese Weise, so präzisierte der Papst, »können wir das Glaubensbekenntnis theoretisch aufsagen, aber ohne Glauben. Und es gibt sehr viele Menschen, die eben das tun! Auch die Dämonen!« In der Tat, so fügte er hinzu, »kennen die Dämonen das sehr genau, was man im Glaubensbekenntnis sagt, und wissen, dass es die Wahrheit ist. ›Sie zittern‹, sage der Apostel Jakobus, denn sie wissen, dass es die Wahrheit ist«, obwohl sie nicht glauben. Die Dämonen »kennen die gesamte Theologie, sie kennen den *Denzinger* auswendig« – das klassische Handbuch, in dem die kirchlichen Lehrdokumente enthalten sind –, »aber sie haben keinen Glauben«. Im Übrigen, so bekräftigte der Papst, »heißt Glauben haben nicht, Wissen zu haben: Glauben zu haben bedeutet, die Botschaft Gottes, die Jesus Christus uns gebracht hat, anzunehmen, diesen Glauben zu leben und weiterzugeben« …

Das also seien die beiden einander gegenüberstehenden Wirklichkeiten: auf einer Seite »jene, die die Lehre kennen oder das Wissen haben«, und auf der anderen Seite »die, die den Glauben haben … Ein Glaube ohne Werke, ein Glaube, der dich nicht direkt berührt und dich dazu bringt, Zeugnis abzulegen, ist kein Glaube. Dann sind es nur Worte. Und nichts weiter als Worte.«

Frühmesse, 21.2.14

5 [1]Ihr aber, ihr Reichen, weint nur und klagt über das Elend,
das euch treffen wird. [2]Euer Reichtum verfault und eure Kleider
werden von Motten zerfressen.

Jak 5,1–2

Der Herr ist drastisch

Christen, die nicht kohärent sind, erregen Ärgernis, da sie vor denen, die nicht glauben, ein negatives Zeugnis geben … (Tatsächlich) »kann einer auch sagen: Ich bin ein Christ!« Aber »wenn du nicht lebst wie ein Christ; wenn du nicht handelst wie ein Christ; wenn du nicht denkst wie ein Christ und nicht fühlst wie ein Christ, dann stimmt etwas nicht. Da liegt ein gewisser Mangel an Kohärenz vor!« Wir Christen, so warnte der Papst, »sind alle aufgerufen, von Jesus Christus Zeugnis zu geben«. Die Christen, die dagegen »als Normalzustand für gewöhnlich inkohärent leben, richten sehr viel Schaden an«.

Der heilige Apostel Jakobus spricht … ausdrücklich über sie, als er ganz direkt »einige Inkohärente« kritisiert, »die sich rühmten, Christen zu sein, die aber ihre Arbeiter ausbeuteten«. Der heilige Jakobus schreibt: »Aber der Lohn der Arbeiter, die eure Felder abgemäht haben, der Lohn, den ihr ihnen vorenthalten habt, schreit zum Himmel; die Klagerufe derer, die eure Ernte eingebracht haben, dringen zu den Ohren des Herrn der himmlischen Heere.«

»Der Herr ist drastisch!«, kommentierte der Papst, nachdem er den Text des heiligen Jakobus erneut verlesen hatte. So drastisch, dass »wenn einer« diese Worte »hört, er denken könnte: Das hat ein Kommunist gesagt! Nein, nein«, so präzisierte der Papst, »das hat der Apostel Jakobus gesagt: Es ist das Wort des Herrn!« Das Problem sei also »die mangelnde Kohärenz« und »die Christen, die nicht kohärent sind, erregen Ärgernis« …

Frühmesse, 27.2.14

5 [14]Ist einer von euch krank? Dann rufe er die Ältesten der Gemeinde zu sich; sie sollen Gebete über ihn sprechen und ihn im Namen des Herrn mit Öl salben. Jak 5,14

Die Krankensalbung
Das Sakrament der Krankensalbung (erlaubt) es uns, das Erbarmen Gottes gegenüber dem Menschen mit Händen zu greifen. Früher nannte man es »Letzte Ölung«, weil es als geistlicher Trost angesichts des bevorstehenden Todes verstanden wurde. Von der »Krankensalbung« zu sprechen hilft uns dagegen, vor dem Horizont der Barmherzigkeit Gottes den Blick für die Erfahrung der Krankheit und des Leidens zu weiten …

Dieser Auftrag wird im *Brief des Jakobus* ausdrücklich und genau bekräftigt … Es handelt sich also um eine Praxis, die bereits zur Zeit der Apostel geübt wurde. Denn Jesus hat seine Jünger gelehrt, dieselbe besondere Liebe zu den Kranken und den Leidenden zu haben wie er selbst, und hat ihnen die Fähigkeit und die Aufgabe gegeben, weiterhin durch die besondere Gnade dieses Sakraments in seinem Namen und nach seinem Herzen Trost und Frieden zu spenden. Generalaudienz, 26. 2. 14

Der erste Brief des Petrus

5 [8]Seid nüchtern und wachsam! Euer Widersacher, der Teufel, geht wie ein brüllender Löwe umher und sucht, wen er verschlingen kann. 1 Petr 5,8

Erobern? Nein – verkünden
»Welcher Stil der Verkündigung des Evangeliums, der Mission entspricht dem Willen Jesu?«, fragte sich der Papst. Und er wies auf die Antwort im Petrusbrief hin, wo »dieser Stil etwas erklärt wird: ›Brüder! Begegnet einander in Demut! Denn Gott tritt den Stolzen entgegen, den Demütigen aber schenkt er seine Gnade.‹ Der Stil der Verkündigung des Evangeliums geht in die Richtung

dieser Haltung, die Demut, Dienst, Nächstenliebe, brüderliche Liebe ist.« Der Papst wies dann auf den möglichen Einwand eines Christen gegenüber dem Herrn hin, der diesen Stil vorschlägt: »›Aber Herr, wir müssen die Welt erobern!‹« Und er zeigte auf, was an dieser Haltung falsch ist: »Dieses Wort ›erobern‹ ist nicht in Ordnung. Wir müssen in der Welt verkündigen.

Der Christ darf nicht wie die Soldaten sein, die, nachdem sie in einer Schlacht gesiegt haben, Tabula rasa machen, von allem ... Das ist nicht der Stil des Christen. Sein Stil ist der Stil des demütigen Jesus.« Der Christ, so betonte er, »predigt, verkündet das Evangelium mit seinem Zeugnis mehr als mit Worten. Vor einigen Tagen sagte mir ein kluger Bischof aus Italien: ›Zuweilen bringen wir etwas durcheinander und meinen, dass unsere Verkündigung des Evangeliums ein *salus idearum* und nicht ein *salus animarum* sein soll, das Heil der Ideen und nicht das Heil der Seelen.‹ Aber wie erreicht man das Heil der Seelen? Mit der Demut, mit der Liebe. Beim heiligen Thomas steht ein wunderschöner Satz dazu: ›Es ist so wie auf einen unendlichen Horizont zuzugehen, weil er immer ein Horizont bleibt.‹ Wie soll man also in dieser christlichen Haltung vorgehen? Er sagt, dass man keine Angst haben soll vor großen Dingen.

Weitergehen und dabei auch die kleinen Dinge berücksichtigen. Das ist göttlich. Es ist wie eine Spannung zwischen dem Großen und dem Kleinen: beides zusammen, das ist christlich. Christliche Mission, die kirchliche Verkündigung des Evangeliums geht diesen Weg.« Frühmesse, 25.4.13

Erster Brief des Johannes

1 [5]Das ist die Botschaft, die wir von ihm gehört haben und euch verkünden: Gott ist Licht und keine Finsternis ist in ihm.

1 Joh 1,5

Pilgern, nicht umherirren

Gehen. Dieses Verb lässt uns an den Lauf der Geschichte denken, an jenen langen Weg der Heilsgeschichte, angefangen von Abraham, unserem Vater im Glauben, den der Herr einst dazu rief aufzubrechen, sein Land zu verlassen, um in das Land zu ziehen, das er ihm zeigen werde. Von da an ist unsere Identität als Glaubende die Identität pilgernder Menschen auf dem Weg zum verheißenen Land. Diese Geschichte wird stets vom Herrn begleitet! Er ist seinem Bund und seinen Verheißungen immer treu. Weil er treu ist, ist »Gott … Licht und keine Finsternis ist in ihm« (*1 Joh* 1,5). Auf der Seite des Volkes wechseln hingegen Momente des Lichtes und des Dunkels, Treue und Untreue, Gehorsam und Auflehnung einander ab – Momente des pilgernden Volkes und Momente des umherirrenden Volkes.

Auch in unserer persönlichen Geschichte wechseln helle und dunkle Momente, Licht und Schatten einander ab. Wenn wir Gott und die Mitmenschen lieben, gehen wir im Licht, doch wenn unser Herz sich verschließt, wenn in uns Stolz, Lüge und die Verfolgung der eigenen Interessen vorherrschen, dann bricht in und um uns die Finsternis herein. »Wer aber seinen Bruder hasst«, schreibt Johannes, »ist in der Finsternis. Er geht in der Finsternis und weiß nicht, wohin er geht; denn die Finsternis hat seine Augen blind gemacht« (*1 Joh* 2,11). – Ein Volk unterwegs, jedoch ein pilgerndes Volk, das nicht ein umherirrendes Volk sein will.

Predigt in der Christmette, 24.12.13

3 [1]Seht, wie groß die Liebe ist, die der Vater uns geschenkt hat: Wir heißen Kinder Gottes und wir sind es. Die Welt erkennt uns nicht, weil sie ihn nicht erkannt hat. 1 Joh 3,1

Die Heiligen sind nicht perfekt zur Welt gekommen

So schreibt der Apostel Johannes: »Was wir sein werden, ist noch nicht offenbar geworden. Wir wissen, dass wir ihm ähnlich sein werden, wenn er offenbar wird; denn wir werden ihn sehen, wie er ist« (*1 Joh* 3,2). Die Heiligen, die Freunde Gottes, geben uns die Gewissheit, dass diese Verheißung nicht enttäuscht. In ihrem irdischen Dasein nämlich haben sie in tiefer Gemeinschaft mit Gott gelebt. Im Antlitz der kleinsten und am meisten verachteten Brüder und Schwestern haben sie das Antlitz Gottes gesehen und jetzt betrachten sie ihn von Angesicht zu Angesicht in seiner glorreichen Schönheit.

Die Heiligen sind weder Übermenschen noch perfekt zur Welt gekommen. Sie sind wie wir, wie jeder von uns, sie sind Menschen, die, bevor sie die Herrlichkeit des Himmels erlangten, ein normales Leben geführt haben, mit Freuden und Schmerzen, Mühen und Hoffnungen. Was aber hat ihr Leben verändert? Als sie die Liebe Gottes erkannt haben, sind sie ihm mit ganzem Herzen nachgefolgt, bedingungslos und ohne Heuchelei. Sie haben ihr Leben im Dienst an den anderen hingegeben, sie haben Leiden und Feindseligkeiten ertragen, ohne zu hassen und indem sie auf das Böse mit dem Guten geantwortet und Freude und Frieden verbreitet haben. Das ist das Leben der Heiligen: Menschen, die aus Liebe zu Gott ihm in ihrem Leben keine Bedingungen gestellt haben; sie sind keine Heuchler; sie haben ihr Leben im Dienst an den anderen hingegeben, um dem Nächsten zu dienen; sie haben viele Feindseligkeiten erlitten, doch ohne zu hassen. Die Heiligen haben nie gehasst …

Heilig sein ist kein Privileg weniger, so als hätte jemand eine große Erbschaft gemacht; wir alle haben mit der Taufe das Erbe, heilig werden zu können. Die Heiligkeit ist eine Berufung für alle. Wir alle sind daher dazu berufen, auf dem Weg der Heiligkeit zu gehen, und dieser Weg hat einen Namen, ein Antlitz: das Antlitz Jesu Christi. Er lehrt uns, heilig zu werden …

Angelus an Allerheiligen, 1.11.13

3 [23]Und das ist sein Gebot: Wir sollen an den Namen seines Sohnes Jesus Christus glauben und einander lieben, wie es seinem Gebot entspricht. [24]Wer seine Gebote hält, bleibt in Gott und Gott in ihm. Und dass er in uns bleibt, erkennen wir an dem Geist, den er uns gegeben hat. 1 Joh 3,23–24

Geradezu besessen

Das Herz des Menschen ähnelt einem »Straßenmarkt«, auf dem man alles Mögliche finden kann. Der Christ muss lernen, das, was in ihm vorgeht, gründlich zu kennen. Und er muss dabei zu unterscheiden lernen zwischen dem, was dem uns von Christus gewiesenen Weg folgt, und dem, was auf den Weg führt, den der Antichrist gewiesen hat …

Der Papst kommentierte mit diesen Gedanken den *ersten Johannesbrief* (3,22–4,6), in dem der Apostel »geradezu besessen« einige Empfehlungen wiederhole, vor allem aber diese: »Bleibt in Gott!« »In Gott bleiben«, so wiederholte der Papst und fügte hinzu: »Christ, ob Mann oder Frau, ist der, der in Gott bleibt.« Aber was heiße das? Vieles, erwiderte der Heilige Vater. Auch wenn sich, so erläuterte er, die Lesung aus dem *Johannesbrief* auf eine ganz bestimmte Verhaltensweise konzentriere, die sich der Christ zu eigen machen müsse, wenn er im Herrn bleiben wolle: nämlich dem vollen Bewusstsein »dessen, was in seinem Herzen geschieht«.

Der Christ, der im Herrn bleibe, wisse, »was in seinem Herzen vor sich geht«. Dies sei der Grund, weshalb der Apostel »sagt: ›Liebe Brüder, traut nicht jedem Geist, sondern prüft die Geister‹, versteht es, die Geister zu unterscheiden, zu unterscheiden, was ihr fühlt, was ihr denkt, was ihr wollt, ob es dazu gehört, im Herrn zu bleiben, oder ob es sich um etwas anderes handelt, das dich vom Herrn entfernt.« Im Übrigen »hat unser Herz«, so fuhr er fort, »stets Wünsche, Verlangen, Gedanken: Aber stammen sie alle vom Herrn? Oder entfernen einige von ihnen uns vom Herrn? Aus diesem Grund sagt uns der Apostel: Prüft alles, was ihr denkt, was ihr empfindet, das, was ihr wollt … Wenn es in die Richtung des Herrn geht, dann ist es gut; aber wenn es nicht in diese Richtung geht …« Es sei daher erforderlich, »die Geister zu prüfen«, so wiederholte der Bischof von Rom mit einem weiteren Zitat aus dem *Johannesbrief*: zu prüfen, »›ob sie aus Gott sind; denn viele falsche Propheten sind in die Welt hinausgezogen‹.« Und falsch, so warnte er, könnten nicht nur Propheten sein, sondern auch Prophezeiungen oder Vorschläge. Daher sei es nötig, immer wachsam zu sein. Ja, Christ sei gerade der Mann bzw. die Frau, »die über ihr Herz zu wachen verstehen«, präzisierte er. Ein Herz, so fügte Papst Franziskus hinzu, in dem »viele Dinge sind, die kommen und gehen … Es scheint der reinste Straßenmarkt zu sein, auf dem man alles Mögliche finden kann.« …

»Denken wir heute daran. Das wird uns guttun. Erstens: Was geschieht in meinem Herzen? Was denke ich? Was empfinde ich? Passe ich auf oder lasse ich zu, dass alles kommt und geht? Weiß ich, was ich will? Stelle ich das, was ich will, was ich mir wünsche, auf die Probe? Oder nehme ich alles? Ihr Lieben, glaubt nicht jedem Geist; prüft die Geister!« Wie oft, so fügte er hinzu, gleicht unser Herz »einem Weg, auf dem alle gehen«. Aber gerade deshalb sei es erforderlich, »zu prüfen« und uns zu fragen, »ob wir stets das wählen, was von Gott kommt, ob wir wissen, welche Dinge von Gott kommen, ob wir das wahre Kriterium kennen«, um unsere Wünsche, unsere Gedanken »zu unterscheiden«. Und, so schloss er, wir dürften nie außer Acht lassen, »dass das wahre Kriterium die Menschwerdung Gottes ist«.

Frühmesse, 7.1.14

4 [19]Wir wollen lieben, weil er uns zuerst geliebt hat. 1 Joh 4,19

Gott ist uns gegenüber nicht gleichgültig

Gott verlangt nichts von uns, das er uns nicht schon vorher geschenkt hätte: »Wir wollen lieben, weil er uns zuerst geliebt hat« (*1 Joh* 4,19). Er ist uns gegenüber nicht gleichgültig. Jeder von uns liegt ihm am Herzen, er kennt uns beim Namen, sorgt sich um uns und sucht uns, wenn wir uns von ihm entfernen. Jedem Einzelnen von uns gilt sein Interesse; seine Liebe hindert ihn, gleichgültig gegenüber dem zu sein, was uns geschieht. Es kommt allerdings vor, dass wir, wenn es uns gut geht und wir uns wohlfühlen, die anderen gewiss vergessen (was Gott Vater niemals tut); dass wir uns nicht für ihre Probleme, für ihre Leiden und für die Ungerechtigkeiten interessieren, die sie erdulden … Dann verfällt unser Herz der Gleichgültigkeit: Während es mir relativ gut geht und ich mich wohlfühle, vergesse ich jene, denen es nicht gut geht. Diese egoistische Haltung der Gleichgültigkeit hat heute ein weltweites Ausmaß angenommen, sodass wir von einer Globalisierung der Gleichgültigkeit sprechen können. Es handelt sich um einen Missstand, dem wir als Christen begegnen müssen …

Botschaft zur Fastenzeit, 4.10.14

5 [5]Wer sonst besiegt die Welt, außer dem, der glaubt, dass Jesus
der Sohn Gottes ist? [6]Dieser ist es, der durch Wasser und Blut
gekommen ist: Jesus Christus. Er ist nicht nur im Wasser gekommen, sondern im Wasser und im Blut. Und der Geist ist es,
der Zeugnis ablegt; denn der Geist ist die Wahrheit.

1 Joh 5, 5–6

Nicht salbungsvoll, sondern gesalbt!

Wie steht es um unsere Beziehung zu Jesus? Eine wirklich grundlegende Frage, »denn in unserer Beziehung zu Jesus wird unser Sieg stark.« Eine »starke« Frage, bemerkte er, vor allem »für uns, die wir Priester sind: Wie ist meine Beziehung zu Jesus Christus?«

Der Papst erinnerte daran, dass »die Stärke eines Priesters in dieser Beziehung liegt« …

»Wir werden gesalbt durch den Heiligen Geist«, lautete die Überlegung des Papstes, »und wenn ein Priester sich von Jesus Christus entfernt, dann ist er, statt gesalbt zu sein, nur noch salbungsvoll.« Und »wie viel Schaden fügen doch salbungsvolle Priester der Kirche zu! Diese Priester, die ihre Kraft für künstliche Dinge, für Eitelkeiten verschwenden«, andere, die »ein affektiertes Verhalten, eine gezierte Sprache an den Tag legen«. Und wie oft, so fügte er hinzu, »hört man die schmerzliche Bemerkung: Aber das ist ein Priester«, der einem »Schmetterling« gleicht, und zwar deshalb, weil er »immer eitel ist« und »keine Beziehung zu Jesus Christus hat: Er hat die Salbung verloren, er ist salbungsvoll.«

Mit all unseren Grenzen »sind wir doch gute Priester«, fuhr der Papst fort, »wenn wir zu Jesus Christus gehen, wenn wir den Herrn im Gebet suchen: in der Fürbitte, in der Anbetung«. Wenn wir uns aber »von Jesus Christus entfernen, dann müssen wir das mit anderen, weltlichen, Verhaltensweisen kompensieren«. Und so kommt es zu »all diesen Gestalten« wie etwa »dem geschäftstüchtigen Priester, dem Priester als Unternehmer«. Aber ein echter Priester, so bekräftigte der Papst mit Nachdruck, »betet Jesus Christus an, der Priester spricht mit Jesus Christus, der Priester sucht Jesus Christus und lässt zu, dass Jesus Christus ihn sucht. Das ist der Mittelpunkt unseres Lebens. Wenn das fehlt, dann verlieren wir alles! Und was können wir dann den Menschen noch geben?« Frühmesse, 11.1.14

Die Offenbarung des Johannes

2 [3]Du hast ausgeharrt und um meines Namens willen Schweres
ertragen und bist nicht müde geworden. [4]Ich werfe dir aber vor,
dass du deine erste Liebe verlassen hast.

Offb 2,3–4

Immer offen für die Überraschungen Gottes

Zunächst einmal ist es notwendig, die Frische des Charismas zu bewahren: Jene Frische darf nie verloren gehen! Frische des Charismas! Die »erste Liebe« (*Offb* 2,4) muss stets erneuert werden. Denn im Laufe der Zeit wächst die Versuchung, sich zu begnügen und beruhigenden, aber unfruchtbaren Schemata verhaftet zu bleiben. Die Versuchung, den Heiligen Geist einzusperren: Das ist eine Versuchung! Aber die Wirklichkeit ist wichtiger als die Idee. Wenn eine gewisse Institutionalisierung des Charismas für sein Überleben notwendig ist, darf man dennoch nicht der Täuschung unterliegen zu meinen, dass die äußeren Strukturen das Wirken des Heiligen Geistes garantieren können. Die Neuheit eurer Erfahrungen liegt nicht in den Methoden und Formen – auch wenn all das wichtig ist –, sondern in der Bereitschaft, mit immer neuer Begeisterung auf den Ruf den Herrn zu antworten: Aus einem solchen Mut heraus, der dem Evangelium entspricht, sind eure Bewegungen und neuen Gemeinschaften entstanden. Wenn Formen und Methoden um ihrer selbst willen verteidigt werden, dann werden sie ideologisch, stehen sie der Wirklichkeit fern, die sich in ständiger Entwicklung befindet; verschlossen gegenüber der Neuheit des Geistes ersticken sie am Ende das Charisma, das sie hervorgebracht hat. Wir müssen stets zu den Quellen der Charismen zurückkehren. Dort werdet ihr den Antrieb wiederfinden, euch den Herausforderungen zu stellen …

An kirchliche Bewegungen, 22.11.14

2 [7]Wer Ohren hat, der höre, was der Geist den Gemeinden sagt: Wer siegt, dem werde ich zu essen geben *vom Baum des Lebens*, der *im Paradies Gottes* steht. Offb 2,7

In die eigene Herde eintauchen

Pastorale Präsenz bedeutet, mit dem Volk Gottes zu gehen: vor ihm gehen und den Weg weisen; mitten unter ihm gehen, um es in der Einheit zu stärken; hinter ihm gehen, sowohl damit niemand zurückbleibt, aber vor allem, um dem Spürsinn zu folgen, den das Volk Gottes hat, um neue Wege zu finden. Ein Bischof, der mitten unter seinen Gläubigen lebt, hat offene Ohren, um zu hören, »was der Geist den Gemeinden sagt« (*Offb* 2,7), und die »Stimme der Schafe«, auch durch jene diözesanen Einrichtungen, die die Aufgabe haben, den Bischof zu beraten, indem er einen loyalen und konstruktiven Dialog fördert.

Man kann sich keinen Bischof vorstellen, der diese diözesanen Einrichtungen nicht hat: Priesterrat, Konsultorenkollegium, Pastoralrat, Verwaltungs- und Wirtschaftsrat. Da heißt es gerade, mit dem Volk zu sein. Diese pastorale Präsenz wird euch erlauben, auch die Kultur, die Bräuche, die Gewohnheiten des Territoriums, den Reichtum an Heiligkeit, den es dort gibt, zutiefst kennenzulernen. In die eigene Herde eintauchen!

Und hier möchte ich hinzufügen: Der *Stil des Dienstes* an der Herde soll jener der Demut sein, ich würde sagen auch der strengen Einfachheit und Wesentlichkeit. Bitte, wir Hirten sind keine Männer mit der »Mentalität von Fürsten« – bitte –, ehrgeizige Männer, die Bräutigam dieser Kirche sind, in Erwartung einer anderen schöneren oder reicheren Kirche. Aber das ist ein Skandal!

An Bischöfe, 19.9.13

3 [15]Ich kenne deine Werke. Du bist weder kalt noch heiß. Wärest du doch kalt oder heiß! [16]Weil du aber lau bist, weder heiß noch kalt, will ich dich aus meinem Mund ausspeien. Offb 3,15–16

Die Grauen richten viel Schaden an

Das »sind die grauen Christen«, die »einmal auf dieser Seite stehen und einmal auf jener«. Deshalb »sagen die Menschen über diese Art von Leuten: ›Auf welcher Seite steht denn diese Person, auf jener Gottes oder der des Teufels?‹« Und das sagten sie deshalb, weil das Christen seien, »die sich immer in der Grauzone bewegen: es sind die lauen Christen« und »sie sind weder leuchtend noch finster.«

Aber »für diese Menschen hat Gott nichts übrig.« Das könne man in der Offenbarung nachlesen, wo »der Herr zu diesen grauen Christen sagt: ›Du bist weder kalt noch heiß. Wärest du doch kalt oder heiß! Weil du aber lau bist‹ – grau! –, ›will ich dich aus meinem Mund ausspeien!‹« Also, so sagte der Papst, »geht der Herr hart mit den grauen Christen ins Gericht«. Und der Versuch, zu seiner Selbstverteidigung vorzubringen: ›Ich bin ein Christ, aber ohne zu übertreiben‹, nütze nichts.

In der Tat richteten diese grauen Menschen »sehr großen Schaden an, denn das Zeugnis, das sie als Christen ablegen, ist ein Zeugnis, das letzten Endes Verwirrung stiftet, es bringt ein negatives Zeugnis hervor.« Und Paulus werde in diesem Kontext ausgesprochen deutlich: »Denn einst wart ihr Finsternis, jetzt aber seid ihr durch den Herrn Licht geworden. Lebt als Kinder des Lichts!« Paulus redet von »Kindern des Lichts« und nicht von »Kindern der Finsternis, nicht von Kindern der Grauzone«.

Frühmesse, 27.10.14

3 [20]Ich stehe vor der Tür und klopfe an. Wer meine Stimme hört und die Tür öffnet, bei dem werde ich eintreten und wir werden Mahl halten, ich mit ihm und er mit mir. Offb 3,20

Wenn Jesus von innen anklopft

Wenn die Kirche sich verschließt, wird sie krank – wird sie krank. Denkt an ein Zimmer, das ein Jahr lang geschlossen bleibt; wenn du eintrittst, ist da dieser Geruch nach Feuchtigkeit, all das, was nicht gut ist … Eine in sich verschlossene Kirche ist genauso: Es ist eine kranke Kirche. Die Kirche muss aus sich herausgehen. Wohin? An die Peripherien des Seins, welche auch immer es sein mögen, aber hinausgehen. Jesus sagt uns: »Geht in alle Welt! Geht! Predigt! Gebt Zeugnis für das Evangelium!« (vgl. *Mt* 16,15). Doch was geschieht, wenn einer aus sich herausgeht? Da kann geschehen, was allen passieren kann, die das Haus verlassen und auf die Straße gehen: ein Unfall. Aber ich sage euch: Mir ist eine verunfallte Kirche, eine Kirche, die in einen Unfall geraten ist, tausendmal lieber als eine Kirche, die wegen ihrer Verschlossenheit krank ist! Geht hinaus, geht! Denkt auch an das, was die *Geheime Offenbarung* sagt. Sie sagt etwas Schönes: dass Jesus an der Tür steht und ruft, ruft, um in unser Herz einzutreten (vgl. *Offb* 3,20). Das ist die Bedeutung, die wir in der *Geheimen Offenbarung* finden.

Aber stellt euch einmal diese Frage: Wie oft ist Jesus drinnen und klopft an die Tür, um hinauszugehen – um hinauszugehen, und wir lassen ihn nicht, um unserer Sicherheiten willen? Denn oftmals sind wir eingeschlossen in vergängliche Strukturen, die nur dazu dienen, uns zu Sklaven zu machen und nicht zu freien Kindern Gottes! Bei diesem »Hinausgehen« ist wichtig, zur Begegnung zu gehen; dieses Wort ist mir sehr wichtig: die Begegnung mit den anderen. Warum? Weil der Glaube eine Begegnung mit Jesus ist, und wir müssen dasselbe tun wie Jesus: den anderen entgegengehen … Alle haben etwas mit uns gemeinsam: Sie sind Ebenbilder Gottes, sind Kinder Gottes. Zur Begegnung mit *allen* kommen … ohne über unsere Zugehörigkeit zu verhandeln, und – das ist wichtig – mit den Armen. Wenn wir aus uns herausgehen, finden wir die Armut. Ansprache, 18.5.13

> 7 [2]Dann sah ich vom Osten her einen anderen Engel emporstei-
> gen; er hatte das Siegel des lebendigen Gottes und rief den vier
> Engeln, denen die Macht gegeben war, dem Land und dem Meer
> Schaden zuzufügen, mit lauter Stimme zu: [3]Fügt dem Land, dem
> Meer und den Bäumen keinen Schaden zu, bis wir den Knechten
> unseres Gottes das Siegel auf die Stirn gedrückt haben.
>
> Offb 7,2–3

Was wir besser können als die Engel
Als wir … die Stimme des Engels gehört haben, der den vier Engeln, denen die Macht gegeben war, dem Land und dem Meer Schaden zuzufügen und alles zu zerstören, laut zurief: »Fügt dem Land, dem Meer und den Bäumen keinen Schaden zu« (*Offb* 7,3), da kam mir ein Satz in den Sinn, der nicht hier steht, den wir aber alle im Herzen haben: »Die Menschen können das besser als ihr.« Wir können die Erde besser zerstören, als die Engel dies tun könnten. Und wir sind gerade dabei, dies zu tun, wir tun es: die Schöpfung zerstören, das Leben zerstören, die Kulturen zerstören, die Werte zerstören, die Hoffnung zerstören. Und wie sehr brauchen wir die Kraft des Herrn, damit er uns mit dem Siegel seiner Liebe und seiner Kraft bezeichnet, um diesen irrsinnigen Lauf der Zerstörung aufzuhalten! Zerstörung dessen, was er uns geschenkt hat, der schönsten Dinge, die er für uns geschaffen hat, damit wir sie voranbringen, sie wachsen lassen, um Frucht zu bringen …

Der Mensch bemächtigt sich aller Dinge, er hält sich für Gott, er hält sich für den König. Und die Kriege: Die Kriege, die weiterhin alles andere als den Samen des Lebens ausstreuen, sondern die zerstören. Es ist die Industrie der Zerstörung. Das ist ein System, auch im Leben, dass man die Dinge, für die man keinen Platz findet, wegwirft. Man grenzt die Kinder aus, man grenzt die Alten aus, man grenzt die jungen Menschen ohne Arbeit aus. Diese Zerstörung hat die Wegwerfkultur bewirkt: Man grenzt Völker aus … Das ist das erste Bild, das mir in den Sinn gekommen ist, als ich diese Lesung gehört habe.

Das zweite Bild in derselben Lesung: diese »große Schar aus allen Nationen und Stämmen, Völkern und Sprachen; niemand konnte sie zählen« (7,9). Die Völker, die Menschen … Jetzt beginnt die Kälte: Diese Armen, die, um ihr Leben zu retten, aus ihren Häusern, ihren Völkern, ihren Dörfern in die Wüste fliehen müssen … und dort leben sie in Zelten, spüren die Kälte, ohne Medikamente, hungrig, weil der »Mensch, der sich für Gott hält«, sich der Schöpfung bemächtigt hat, all des Schönen, was Gott für uns geschaffen hat. Aber wer bezahlt das Fest? Sie! Die Kleinen, die Armen, jene, die aus einem Menschen zur Ausschussware geworden sind. Und das ist keine alte Geschichte: Es geschieht heute.

»Aber Vater, das ist weit weg …« – Auch hier, überall. Es geschieht heute. Ich sage noch mehr: Es scheint, dass diese Menschen, diese hungrigen, kranken Kinder nicht zählen, dass sie einer anderen Gattung angehören, dass sie keine Menschen sind. Und diese Menge steht vor Gott und bittet: »Bitte, Rettung! Bitte, Frieden! Bitte, Brot! Bitte, Arbeit! Bitte, Kinder und Großeltern! Bitte, junge Menschen mit der Würde, arbeiten zu können!« Unter diesen Verfolgten sind auch diejenigen, die um des Glaubens willen verfolgt werden. »Da fragte mich einer der Ältesten: Wer sind diese, die weiße Gewänder tragen, und woher sind sie gekommen? […] Es sind die, die aus der großen Bedrängnis kommen; sie haben ihre Gewänder gewaschen und im Blut des Lammes weiß gemacht« (7,13–14). Und heute, ohne zu übertreiben …, möchte ich, dass wir an sie alle denken, die unbekannten Heiligen. Sünder wie wir, schlimmer als wir, aber zunichtegemacht. An diese vielen Menschen, die aus der großen Bedrängnis kommen.

Der größte Teil der Welt ist in Bedrängnis. Und der Herr heiligt dieses Volk, das sündig ist wie wir, aber er heiligt es durch die Bedrängnis … Der Herr möge uns helfen und uns die Gnade dieser Hoffnung schenken, aber auch die Gnade des Mutes, hinauszugehen aus alldem, was Zerstörung ist, Schädigung, Relativismus des Lebens, Ausgrenzung von anderen, Ausschluss von Werten, Ausschluss von alldem, was der Herr uns geschenkt hat: Ausschluss des Friedens. Er möge uns davon befreien und uns die Gnade schenken, mit der Hoffnung voranzugehen, dass wir uns eines Tages mit ihm unter vier Augen befinden.

Predigt an Allerheiligen, 1.11.14

12 [4]Der Drache stand vor der Frau, die gebären sollte; er wollte ihr Kind verschlingen, sobald es geboren war. Offb 12,4

Wir alle müssen diesen Kampf aufnehmen

Der Abschnitt aus der Offenbarung stellt die Vision eines *Kampfes* zwischen der Frau und dem Drachen vor Augen. Die Gestalt der Frau, die für die Kirche steht, ist einerseits herrlich, triumphierend und andererseits liegt sie noch in Geburtswehen. So ist die Kirche tatsächlich: Auch wenn sie im Himmel schon an der Herrlichkeit ihres Herrn teilhat, erlebt sie in der Geschichte unablässig die Prüfungen und die Herausforderungen, die der Konflikt zwischen Gott und dem Bösen – dem Feind von jeher –

mit sich bringt. Und in diesem Kampf, dem die Jünger Jesu sich stellen müssen – wir alle, wir, alle Jünger Christi müssen diesen Kampf aufnehmen –, lässt Maria sie nicht allein; die Mutter Christi und der Kirche ist immer bei uns. Immer ist sie mit uns unterwegs, ist bei uns. In gewissem Sinne teilt auch Maria diesen zweifachen Zustand. Natürlich ist sie bereits ein für alle Mal in die Herrlichkeit des Himmels eingetreten. Doch das bedeutet nicht, dass sie fern, dass sie von uns getrennt ist; im Gegenteil, Maria begleitet uns, sie kämpft an unserer Seite, sie unterstützt die Christen im Kampf gegen die Kräfte des Bösen … Das Gebet mit Maria, besonders der Rosenkranz, besitzt auch diese »kämpferische« Dimension des Ringens; es ist ein Gebet, das in der Schlacht gegen den Bösen und seine Helfershelfer Unterstützung bietet. Auch der Rosenkranz unterstützt uns im Kampf!

Predigt in Castel Gandolfo, 15.8.13

12 [9]Er wurde gestürzt, der große Drache, die alte *Schlange*, die *Teufel* oder *Satan* heißt und die ganze Welt verführt; der Drache wurde auf die Erde gestürzt und mit ihm wurden seine Engel hinabgeworfen. Offb 12,9

Keine Szene des Todes, sondern des Lebens

(Der Text) stellt uns eine dramatische Szene vor Augen: Eine Frau – Bild Marias und der Kirche – wird von einem Drachen – dem Teufel – verfolgt, der ihren Sohn verschlingen will. Doch es ist keine Szene des Todes, sondern des Lebens, weil Gott eingreift und das Kind in Sicherheit bringt (vgl. *Offb* 12,13a.15–16a). Wie viele Schwierigkeiten gibt es im Leben jedes Einzelnen, in unserem Volk, in unseren Gemeinschaften, aber wie groß sie auch scheinen mögen, Gott lässt niemals zu, dass wir von ihnen gänzlich überflutet werden … Habt stets diese Gewissheit im Herzen:

Gott geht an eurer Seite, in keinem Augenblick verlässt er euch! Verlieren wir niemals die Hoffnung! Löschen wir sie niemals in unserem Herzen aus! Es gibt den »Drachen« – das Böse – in unserer Geschichte, aber nicht er ist der Stärkste. Der Stärkste ist Gott und Gott ist unsere Hoffnung!

Predigt in Aparecida / Brasilien, 24.7.13

18 [2]Und er rief mit gewaltiger Stimme: *Gefallen, gefallen ist Babylon, die Große!* Zur Wohnung von Dämonen ist sie geworden, zur Behausung aller unreinen Geister und zum Schlupfwinkel aller unreinen und abscheulichen Vögel. Offb 18,2

Keine Depression, sondern Hoffnung

Babylon, so betonte Franziskus, »war verdorben, es hielt sich für den Herrn der Welt und seiner selbst, durch die Macht der Sünde.« … Daher sei Babylon, wie der Papst sagte, das »Symbol für jede Gesellschaft, für jede Kultur, für alle Menschen, die sich von Gott entfernt haben; auch für die Menschen, die sich von der Nächstenliebe entfernt haben und schließlich zu verfaulen beginnen, die in ihrem Inneren verfaulen.« Und am Schluss »fällt dieses Babylon, das zur Wohnung von Dämonen geworden war, durch den Geist der Weltlichkeit, es fällt durch seine Verderbtheit, es entfernt sich vom Herrn durch die Verderbtheit.« …

Gleichwohl »endet die Botschaft der Kirche in diesen Tagen nicht mit der Zerstörung«, so Franziskus … Tatsächlich sei im selben Augenblick, in dem Babylon falle, »der Siegesruf zu vernehmen: Halleluja! Selig, wer zum Hochzeitsmahl des Lammes geladen ist. Halleluja, denn gekommen ist die Hochzeit des Lammes, nun, wo alles rein ist!« Diese Stadt, so fügte er hinzu, »war dieses Festmahls nicht würdig« …

Der Papst schloss seine Meditation mit diesem Aufruf zur Hoffnung. »Wenn wir an das Ende denken, an das Ende unseres Lebens, an das Ende der Welt«, so erläuterte er, »dann wird jedem Einzelnen von uns sein eigenes Ende zuteil; wenn wir an das Ende denken, mit all unseren Sünden, mit unserer ganzen Geschichte, dann denken wir an das Festmahl, das unentgeltlich für uns gegeben wird, und wir erheben das Haupt.« Daher: »keine Depression«, sondern »Hoffnung«. Es stimme, so räumte Franziskus ein, dass »die Wirklichkeit hässlich ist: Es gibt viele, unzählig viele Völker, Städte und Menschen, sehr viele Menschen, die leiden; viele Kriege, viel Hass, viel Neid, viel geistliche Weltlichkeit und sehr viel Verderbtheit.« Aber »das alles wird zu Fall kommen«. Frühmesse, 27.11.14

21 [1]Dann sah ich *einen neuen Himmel und eine neue Erde;* denn der erste Himmel und die erste Erde sind vergangen, auch das Meer ist nicht mehr. Offb 21,1

Alles wird zur Fülle des Seins gelangen

Die Heilige Schrift (lehrt uns), dass die Vollendung dieses wunderbaren Planes (Gottes mit uns) auch all das betrifft, was uns umgibt und das aus dem Geist und dem Herzen Gottes hervorgegangen ist. Der Apostel Paulus bekräftigt es ausdrücklich, wenn er sagt: »Auch die Schöpfung soll von der Sklaverei und Verlorenheit befreit werden zur Freiheit und Herrlichkeit der Kinder Gottes« (*Röm* 8,21). Andere Texte benutzen das Bild vom »neuen Himmel« und von der »neuen Erde« (vgl. *Offb* 21,1), in dem Sinne, dass das ganze Universum erneuert und ein für alle Mal von jeder Spur des Bösen und auch des Todes befreit sein wird. In Aussicht gestellt ist also eine neue Schöpfung. Der Kosmos und all das, was uns umgibt, wird also nicht vernichtet, sondern alles wird zur Fülle des Seins, der Wahrheit, der Schönheit gelangen. Das ist der Plan, den Gott – Vater, Sohn und Heiliger Geist – seit jeher umsetzen wollte und umsetzt.

Generalaudienz, 26.11.14

21 [2]Ich sah *die heilige Stadt,* das neue *Jerusalem,* von Gott her aus dem Himmel herabkommen; sie war bereit *wie eine Braut, die sich* für ihren Mann *geschmückt hat.* Offb 21,2

Das wird eine Hochzeit sein

Was wird am Ende der Zeiten mit dem Volk Gottes sein? Was wird mit einem jeden von uns sein? Was dürfen wir uns erwarten? … Es ist bezeichnend, dass Johannes im *Buch der Offenbarung* in Anlehnung an die Eingebung der Propheten die letzte, endgültige Dimension als »das neue Jerusalem« beschreibt, das von Gott her aus dem Himmel herabkommt, »bereit wie eine Braut, die sich für ihren Mann geschmückt hat« (*Offb* 21,2). Das ist es, was uns erwartet! Und das also ist die Kirche: Sie ist das Volk Gottes, das dem Herrn Jesus nachfolgt und sich Tag für Tag bereitet für die Begegnung mit ihm, wie eine Braut für ihren Bräutigam. Und das sagt man nicht nur so, sondern es wird im wahrsten Sinne des Wortes eine Hochzeit sein! Ja, denn Christus hat sich, indem er Mensch geworden ist wie wir und uns durch seinen Tod und seine Auferstehung mit sich vereint hat, wirklich mit uns vermählt und uns als Volk zu seiner Braut gemacht. Und das ist nichts anderes als die Erfüllung des Plans der Gemeinschaft und der Liebe, den Gott im Laufe der ganzen Geschichte, der Geschichte des Volkes Gottes und auch der eigenen Geschichte eines jeden von uns entworfen hat. Der Herr bringt das voran.

Es gibt jedoch noch ein anderes Element, das uns weiter tröstet und das uns das Herz öffnet: Johannes sagt uns, dass in der Kirche, der Braut Christi, das »neue Jerusalem« sichtbar wird. Das bedeutet, dass die Kirche, die Braut ist, auch dazu berufen ist, zur Stadt zu werden, zum Symbol des Zusammenlebens und der zwischenmenschlichen Beziehungen schlechthin. Wie schön also, dass wir bereits jetzt, einem weiteren äußerst eindrucksvollen Bild der *Offenbarung* zufolge, alle Menschen und alle Völker gemeinsam in dieser Stadt – gleichsam in einer Wohnung, der »Wohnung Gottes« (vgl. *Offb* 21,3) – versammelt betrachten können! Und in diesem herrlichen Rahmen wird es keine Absonderung, keinen Machtmissbrauch und keine Unterschiede jeglicher Art – sozialer, ethischer oder religiöser Natur – mehr geben, sondern wir werden alle eins sein in Christus.

Angesichts dieses beispiellosen und wunderbaren Szenariums muss unser Herz sich stark in der Hoffnung bestätigt sehen. Ihr seht: Die christliche Hoffnung ist nicht einfach nur eine Sehnsucht, ein Wunsch, sie ist kein Optimismus. Für einen Christen ist die Hoffnung Erwartung ... es ist die Erwartung, dass jemand bald kommt: Es ist Christus, der Herr, der uns immer näher kommt, Tag für Tag, und der kommt, um uns endlich in die Fülle seiner Gemeinschaft und seines Friedens einzuführen ...

Wir müssen uns jedoch ganz ehrlich fragen: Sind wir wirklich leuchtende und glaubwürdige Zeugen dieser Erwartung, dieser Hoffnung? Leben unsere Gemeinschaften noch im Zeichen der Gegenwart des Herrn Jesus und in der freudigen Erwartung seiner Wiederkunft oder scheinen sie müde dahinzudämmern unter der Last der Mühe und der Resignation? Laufen auch wir Gefahr, das Öl des Glaubens und das Öl der Freude zu verbrauchen? Seien wir achtsam!

Generalaudienz, 15.10.14

22 [20]Er, der dies bezeugt, spricht: Ja, ich komme bald. – Amen. Komm, Herr Jesus! [21]Die Gnade des Herrn Jesus sei mit allen!

Offb 22,20

In diesem Ruf gipfelt die ganze christliche Offenbarung

Wenn wir an die Wiederkunft Christi und an sein Jüngstes Gericht denken, das bis in seine äußersten Konsequenzen hinein das Gute offenbaren wird, das ein jeder in seinem irdischen Leben vollbracht oder zu vollbringen unterlassen hat, dann spüren wir, dass wir einem Geheimnis gegenüberstehen, das uns übersteigt, das wir uns nicht einmal vorstellen können. Dieses Geheimnis erweckt in uns fast instinktiv ein Gefühl der Furcht und vielleicht auch der Sorge. Wenn wir jedoch gut über diese Wirklichkeit nachdenken, dann muss sie einfach das Herz eines Christen weit machen und ein starker Beweggrund für Trost und Vertrauen sein. In diesem Zusammenhang ist das Zeugnis der ersten christlichen Gemeinden äußerst eindrucksvoll.

Denn es war bei ihnen üblich, die Feiern und die Gebete mit dem Ruf »Maranathà« zu begleiten. Dieser Ausdruck besteht aus zwei aramäischen Wörtern, die, je nachdem wie sie betont werden, als Bitte – »Komm, Herr!« – oder als eine vom Glauben genährte Gewissheit verstanden werden können: »Ja, der Herr kommt bald, der Herr ist nahe.« In diesem Ruf gipfelt die ganze christliche Offenbarung, sie steht am Ende der wunderbaren Betrachtung, die uns in der *Offenbarung des Johannes* geboten wird (vgl. *Offb* 22,20). In diesem Fall ist es die Kirche als Braut, die sich im Namen der gesamten Menschheit und als ihre Erstlingsfrucht an Christus, ihren Bräutigam, wendet und es kaum erwarten kann, von ihm umarmt zu werden: die Umarmung Jesu, die Fülle des Lebens und Fülle der Liebe ist. So umarmt uns Jesus. Wenn wir aus dieser Perspektive heraus an das Gericht denken, dann schwindet alle Angst und alles Zaudern und gibt der Erwartung und einer tiefen Freude Raum: Es wird genau der Augenblick sein, in dem wir endlich für bereit befunden werden, mit der Herrlichkeit Christi bekleidet zu werden wie mit einem Hochzeitsgewand und zum Festmahl geführt zu werden – Bild der vollen und endgültigen Gemeinschaft mit Gott.

Generalaudienz, 11.12.13

BIBELSTELLENREGISTER

Altes Testament

Die fünf Bücher des Mose

Die Bücher der Geschichte Israels

Weisheitsbücher und Psalmen